KLAUS LEDERER wurde 1974 in Mecklenburg geboren und wuchs in Frankfurt (Oder) auf. 2005 wurde er zum Landesvorsitzenden der LINKEN in Berlin gewählt. Von 2016 bis 2023 war er Bürgermeister und Senator für Kultur und Europa in Berlin.

Vielfache Krisen und Zukunftsängste beherrschen unseren Alltag. Die Beruhigungspillen der Merkel-Jahre wirken nicht mehr. Einst ist die Linke angetreten, um ein besseres Leben für alle zu erstreiten. Heute muss sie um ihr politisches Überleben fürchten. Ein wütender Populismus und Zerstrittenheit lähmen sie. Der frühere Kulturbürgermeister Berlins und einer der beliebtesten Politiker seiner Partei denkt Linkssein radikal neu. Er befragt die Geschichte, schildert seine eigenen Umbruchserfahrungen und gibt Antworten auf die drängenden Fragen unserer Zeit: Wie können wir unsere Welt gerechter, lebenswerter und nachhaltiger machen? Wie können wir in Freiheit und Gemeinschaft einer besseren Zukunft entgegensehen?

KLAUS LEDERER

MIT LINKS DIE WELT RETTEN

FÜR EINEN RADIKALEN HUMANISMUS

kanon verlag

ISBN 978-3-98568-110-5

1. Auflage 2024
© Kanon Verlag Berlin GmbH, 2024
Umschlaggestaltung: Ingo Neumann / boldfish.de
Umschlagfoto: © Ingo Neumann
Herstellung: Daniel Klotz / Die Lettertypen
Satz: Ingo Neumann / boldfish.de
Druck und Bindung: Pustet, Regensburg
Printed in Germany

www.kanon-verlag.de

Meinen Eltern

INHALT

VORWORT 8

ERSTES KAPITEL

NEUNZEHNHUNDERTNEUNUNDACHTZIG ... 13
Als der Kapitalismus übrigblieb

ZWEITES KAPITEL

KAPITALISMUS 30
Wie das Wachstum zum Selbstzweck wurde

DRITTES KAPITEL

SOZIALISMUS 48
Marx' kategorischer Imperativ und
die Kritik der halben Freiheit

VIERTES KAPITEL

ALTERNATIVLOS GEGEN DIE WAND? 69
Vom Goldenen Zeitalter des Kapitalismus
zum antidemokratischen Neoliberalismus

FÜNFTES KAPITEL

SUCHBEWEGUNGEN 109
Freiheit, Gleichheit, Geschwisterlichkeit
und universale Demokratie

SECHSTES KAPITEL

DIE FRAGE NACH DEM WIR 143
Über Klassen, historische Subjekte und
eine emanzipatorische Linke

ANMERKUNGEN 173
LITERATUR 197
PERSONENREGISTER 219
DANK 223

Wir leben in einer Zeit verkrampfter menschlicher Renitenz gegen das Notwendige, das als notwendig im Grunde eingesehen, aber aus einer Art von Ungezogenheit großen Stils geleugnet und umgangen wird. Meine Überzeugung ist, daß die Vernunft – nicht die der Menschen, aber die Vernunft der Dinge – sich durchsetzen wird, und man kann nur hoffen, daß das ohne allzu schwere Katastrophen vonstatten gehen möge […] – welche unbegreifliche Feindseligkeit wäre es, den Menschen eine Ordnung zu mißgönnen, die ihnen gestattete, Mensch und nicht eine furcht- und haßgequälte Kreatur zu sein!

Thomas Mann, 1935

VORWORT

»Mit links die Welt retten« ist ein persönliches Buch. Darin versuche ich mich einerseits an einer Positionsbestimmung: Woher beziehe ich meine Überzeugungen als Linker? Andererseits interessiert mich, wie praktische linke Politik unter den Bedingungen der Welt von 2024 aussehen könnte. Was sind das für Verhältnisse, in denen wir leben? Was bedeutet es in diesen Zeiten, eine linke, kritische Sicht auf die Welt zu werfen?

Dieses Buch beansprucht nicht, auf jede Frage eine eindeutige Antwort anbieten zu können. Erst recht keine in Stein gemeißelten Sätze mit großen Ausrufezeichen oder ewige Wahrheiten. Vielleicht ist es derzeit vor allem wichtig, einige Fragen möglichst genau, nüchtern und illusionslos zu stellen – zum Beispiel die Frage, was an Klassenkampf-Konzepten des 19. Jahrhunderts im 21. Jahrhundert noch hilfreich und brauchbar ist und was nicht. Oder welche Antworten linke Bewegungen und Parteien auf die großen Menschheitsaufgaben dieses Jahrhunderts haben: den Klimawandel, den fortschreitenden Raubbau an natürlichen Ressourcen und die schreiende Ungleichheit weltweit.

Ich habe dieses Buch in recht kurzer Zeit und mit dem Gefühl einer gewissen Dringlichkeit geschrieben. Sonst wäre es womöglich kürzer geworden. Meiner Partei fehlen seit einiger Zeit eine kohärente Programmatik und auch der politische Kompass. Das liegt nicht nur an dem mehr als zwei Jahre lang öffentlich inszenierten Streit um die Positionen Sahra Wagenknechts. Die Probleme liegen tiefer. Bei kaum einem Thema, das in den letzten zehn Jahren die öffentliche Wahrnehmung beherrschte, war DIE LINKE mit einer überzeugenden, konsistenten linken Haltung sichtbar.

Dass »DIE LINKE gebraucht« würde, gehört zu den gern bemühten Stehsätzen vieler Spitzenleute meiner Partei, seit sie Wahlen eher verliert als gewinnt. Aber ist das so? In der Demokratie wird der Gebrauchswert von Parteien an der Zustimmung bei Wahlen gemessen. Wenn dieser Rückhalt immer weiter bröckelt, ist es höchste Zeit für eine kritische Reflexion. Formeln der Beschwörung helfen da nicht weiter. Es geht um die grundsätzlichen Fragen, und das ist durchaus schmerzhaft. Seit dem 6. Dezember 2023 ist die Linksfraktion im Bundestag Geschichte. Dass es links von SPD und Grünen nach der Bundestagswahl 2021 noch eine solche Fraktion gab, war nur drei Direktmandaten zu verdanken. Fünf Prozent aller abgegebenen Voten, die dafür eigentlich nötig waren, hatte DIE LINKE knapp verfehlt.

Angesichts dessen ein Buch mit dem Titel »Mit links die Welt retten« vorzulegen, mag verwundern, um es mal zurückhaltend zu formulieren. Ist es Hybris? Kompletter Realitätsverlust? Dieses Buch soll weder ein Manifest noch eine Programmschrift und schon gar keine Wahlplattform sein. Es ist der Versuch einer Intervention, zum Auftakt einer notwendigen Debatte: Wie sorgen wir dafür, dass wir wieder gebraucht werden und mit praktischer Politik dazu beitragen, das Leben der Menschen zu verbessern? Es ist eine Einladung zum gemeinsamen Nachdenken.

Seit gut drei Jahrzehnten bin ich jetzt Mitglied erst der PDS, dann der Partei DIE LINKE. In diesen Jahren habe ich mich ehrenamtlich an der Basis und hauptberuflich in Parteiämtern und als Parlamentarier im Berliner Abgeordnetenhaus engagiert. Bis Ende April vergangenen Jahres konnte ich sechseinhalb Jahre als Kultursenator in Berlin in einer Regierungskoalition arbeiten. Ich war viele Jahre lang Politiker, mit Haushaltsberatungen, Wahlkämpfen, Koalitionsverhandlungen, mit Partei- und Parlamentsarbeit befasst und als Leiter einer Verwaltung tätig. Das war ich nicht, weil ich unbedingt Politiker, Abgeordneter oder Senator werden wollte. Mir ging es darum, linke Politik praktisch um- und durchzusetzen.

Die Arbeit an diesem Text war für mich eine Selbstverständigung, ein Prozess, um mir wieder Orientierung zu erarbeiten – nach bald zwanzig Jahren in einem engen Zeitkorsett durchgetakteter Terminkalender, das für grundsätzlichere Überlegungen nicht viel Raum gelassen hat.

Das Jahr 1989 hat mich als damals Fünfzehnjährigen politisch stark geprägt. Ich habe die Friedliche Revolution erlebt, als die

DDR-Bevölkerung ihre Geschichte gemacht hat. Das war auch der Bankrott des real existierenden Sozialismus. Als ich mich 1992 für den Eintritt in die PDS entschieden habe, war für mich auch das Versprechen von sozialistischen, demokratischen Linken ausschlaggebend, mit dem Stalinismus und seinen Spätfolgen in der Diktatur der DDR ohne Wenn und Aber zu brechen und die eigene Geschichte, auch in ihren schrecklichen Aspekten, bis an die Wurzel gehend aufzuarbeiten. Das war sozusagen die Geschäftsgrundlage meiner Mitgliedschaft.

Mit bald fünfzig Lebensjahren gehöre ich inzwischen zu den Älteren in meiner Partei. Ich kann nicht einfach unterstellen, dass andere Menschen die Erfahrungen und Erlebnisse teilen, die meine Sicht beeinflusst haben. Um meine Perspektive nachvollziehbarer zu machen, erschien es mir deshalb sinnvoll, in den ersten Kapiteln dieses Buches in die Geschichte zurückzuschauen.

Die Linken – als gesellschaftliche Strömung und als Partei – stecken in einer tiefen Krise. Um wieder wirklich politik- und gestaltungsfähig zu werden, müssen wir uns streiten – nicht als Selbstzweck und bitte ohne die destruktiven Spiele eines hohl klingenden Verbalradikalismus. Im Text habe ich nicht immer trennscharf zwischen meiner Partei und der gesellschaftlichen Linken unterschieden. Es besteht ohnehin ein Wechselverhältnis zwischen beiden. Natürlich ist die linke Welt sehr bunt und vielfältig – und mehr, als die Partei DIE LINKE je abgebildet hat. Ich kann nicht mal behaupten, sie in Gänze zu kennen. Es ist meine Perspektive.

Wenn es auf den folgenden Seiten explizit um die Partei DIE LINKE geht, habe ich versucht, das deutlich zu machen. Für meine Partei ist zentral, dass wir uns sehr schnell auf ein gemeinsames Programm verständigen und politische Antworten auf die drängenden Fragen der Zeit entwickeln. Im Jahr 2025 wird (spätestens) der nächste Bundestag gewählt. Auch unsere Gesellschaftskrise macht es dringlich. Wir können es uns nicht leisten, uns erst noch ein paar Jahre mit uns zu beschäftigen.

Auch die gesellschaftliche Linke steht vor der Herausforderung, sich auf ihren Wesenskern zu besinnen. Nach dem Überfall Russlands auf die Ukraine am 24. Februar 2022 und dem Massaker der Hamas in Israel am 7. Oktober 2023 kenne ich immer mehr Linke, die an »der Linken« verzweifeln. Gefragt ist ein linkes Denken, das befreit ist von der eigenen Dogmengeschichte, von Selbstgerechtigkeit und Selbstbezogenheit. Das attraktiv ist, weil es sich den bestehenden Verhältnissen in ihrer Widersprüchlichkeit mit dem Ziel ihrer Verbesserung zuwendet, ohne seinen Kompass zu verlieren und ohne sich nur in routinierter Empörung zu erschöpfen. Aus meiner Sicht sind Freiheit, Gleichheit und Universalismus seine Eckpfeiler und die Demokratie sein Lebensraum. In Zeiten, in denen die Demokratie und universale Menschenrechte von den unterschiedlichsten Seiten so eklatant unter Druck geraten, ist ein radikaler Humanismus wichtiger denn je.

Berlin im Dezember 2023

ERSTES KAPITEL

NEUNZEHNHUNDERTNEUNUNDACHTZIG
ALS DER KAPITALISMUS ÜBRIGBLIEB

Im Herbst 1989 war ich 15 Jahre alt, geboren in Schwerin, in Frankfurt an der Oder aufgewachsen. Mein Vater war Berufspendler, weshalb unsere Familie im Sommer 1988 schließlich nach Berlin umgezogen ist. Geistig damals ganz ein Kind der DDR, nahm ich die Verhältnisse, in die ich hineingeboren worden war, als gegeben. Ich wuchs auf in die Gewissheit, dass der Sozialismus dem Kapitalismus »gesetzmäßig überlegen« sei. Irritationen dieser Gewissheit durch die Wirklichkeit, soweit ich sie in meiner Kindheit und frühen Jugend wahrgenommen habe, sah ich nicht als Verfallserscheinungen eines sich auflösenden Systems. Sie waren für mich Ausdruck der Beschwernisse eines langen Wegs, der noch vor uns lag. Außerdem war ja da auch noch der feindliche Westen, der immer verlässlich seinen Teil beitrug, um die Lösung der gesellschaftlichen Herausforderungen zu torpedieren.

Mein Weltbild war orthodox und binär. Richtig und falsch, gut und schlecht waren klar definiert. Kinder brauchen vielleicht solch klare, überschaubare Weltbilder. Das begann sich erst zu verändern, nachdem wir nach Berlin gezogen waren. Und auch das nicht von einem auf den anderen Tag, tatsächlich war das ein sehr langsamer Prozess. Ich erinnere mich, zu Weihnachten 1988 von einer Freundin in meiner neuen Schulklasse eine Schwarz-Weiß-Brille geschenkt bekommen zu haben; das dürfte eine zutreffende Illustration meiner Weltsicht in diesen Tagen gewesen sein. Da wohnten wir gerade mal sechs Monate in der Hauptstadt der DDR, doch in dieser kurzen Zeit hatte ich mit jedem neuen Tag erlebt, wie die innere Spannung in der Gesellschaft zunahm und diese sich enorm politisierte. Außerdem kam ich in das Alter, in dem ich begann, die Dinge differenzierter und in ihrer Widersprüchlichkeit wahrzunehmen. Ich wurde langsam erwachsener.

Als die sowjetische Zeitschrift Sputnik, ein Gorbatschows Diktum der Offenheit verpflichteter Digest der Presse des »Bruderlandes« UdSSR in der DDR, im November 1988 verboten (im Agitprop-Sprech der SED: »nicht mehr ausgeliefert«) wurde, erlebte ich an meiner Schule sprachlose Lehrer*innen, viele von ihnen treue Parteimitglieder. Auch bei vielen von ihnen bröckelten die Gewissheiten. Egal, ob in der Familie oder im Freundeskreis, überall wurde über originär politische Fragen diskutiert, durchaus sorgenvoll mit Blick in die Zukunft, aber auch voller Hoffnung: Auf einmal war die Zukunft offen und nicht einfach die Fortsetzung einer stillgestellten Gegenwart.

Die Ostberliner Punkband Die Skeptiker spielte in der Blechturnhalle unserer Schule »DaDa in Berlin« und der Liedermacher Gerhard Schöne sang die Lieder »Alles muß klein beginnen« und »Mit dem Gesicht zum Volke«. Das war ein anderer Sound als der vom »planmäßigen Aufbau des Sozialismus«, den uns unser Klassenlehrer im Fach Staatsbürgerkunde, ein kritischer Zeit- und SED-Genosse, nicht ohne eine Spur von Ironie vermittelte. Das alles war dann auch für mich, knapp jenseits der Jugendweihe – dem von den meisten Jugendlichen in der DDR gefeierten Übergang ins Erwachsenenalter – bei Weitem nicht mehr nur eine Sache des Kopfes. Es war geradezu körperlich spürbar, dass es so nicht weitergehen konnte. Dringend musste sich etwas ändern im Lande. Wir hatten es ja bei Lenin so gelernt: Wenn die Beherrschten nicht mehr wollen und die Herrschenden nicht mehr können, entsteht eine revolutionäre Situation. All die gewohnten und langweilenden Parolen wichen einer neuen, klareren Sprache. Die »Klassiker-Zitate«, die das System bisher als Worthülsen zur Dekoration und Selbstfeier seiner Herrschaft benutzt hatte, richteten sich plötzlich gegen die Herrschenden. Diese Sätze hatten wirklich etwas mit der Welt zu tun, in der ich mich versuchte zurechtzufinden. Plötzlich war überall echte Politik.

Gleichzeitig liefen dem Land zu Zehntausenden die Leute weg. Weder Mauer noch Stacheldraht und Selbstschussanlagen konnten sie noch aufhalten. Was hätten auch bestens aufgestellte

Propagandaabteilungen des Politbüros der SED daran kaschieren können? Es wurde schlicht zu einer im Alltag spürbaren, nicht mehr zu leugnenden Erscheinung: Alle konnten im Berufsleben, in der Familie, in der Kneipe oder im Garten von anderen erzählen, die plötzlich nicht mehr bei der Arbeit aufgetaucht waren. In einem Land mit knappem Wohnraum waren viele Wohnungen auf einmal »freigezogen«. Im September 1989 entlud sich die Unzufriedenheit und Wut der Hiergebliebenen in immer heftigeren Protesten – zunächst in Leipzig, bei den legendären Montagsdemonstrationen, dann bald überall, auch in der DDR-Hauptstadt. Die Eindämmungs- und Erklärungsversuche der Staatsmacht, die in gewohnter Weise »auf vom Westen gesteuerte konterrevolutionäre Umtriebe« verwies und mit zunehmender Repression antwortete, bewirkten das glatte Gegenteil.

Am 9. September kündigten Vertreter*innen verschiedener Oppositionsgruppen die Gründung des Neuen Forums als einer republikweiten Oppositionsbewegung an, die auf Grundlage der geltenden DDR-Verfassung die Zulassung als politischer Verein beanspruchte. Im Gründungsmanifest »Aufbruch 89« wurde aber nicht nur zu Dialog aufgerufen und ein Ende der staatlichen Gewalt und der Bespitzelung durch den Staatssicherheitsdienst gefordert. Es wurde ein Gestaltungsanspruch für das Land formuliert: »Auf der einen Seite wünschen wir uns eine Erweiterung des Warenangebotes und bessere Versorgung, andererseits sehen wir deren soziale und ökonomische Kosten und plädieren für die Abkehr von ungehemmtem Wachstum. Wir wollen Spielraum für wirtschaftliche Initiative, aber keine Entartung in eine Ellenbogengesellschaft. Wir wollen das Bewährte erhalten und doch Platz für Erneuerungen schaffen, um sparsamer und weniger naturfeindlich zu leben. Wir wollen geordnete Verhältnisse, aber keine Bevormundung.«

So eine Klarheit und Reflexion, so viel Mut zum offenen Denken wünsche ich mir heute manchmal von den politischen Parteien, auch von meiner eigenen. Der Ausgangspunkt waren die konkreten, unhaltbar gewordenen Missstände in der DDR. »Wir wollen ein wirksames Gesundheitswesen für jeden; aber niemand soll auf

Kosten anderer krankfeiern. Wir wollen an Export und Welthandel teilhaben, aber weder zu Schuldner und Diener der führenden Industriestaaten noch zum Ausbeuter und Gläubiger der wirtschaftlich schwachen Länder werden.« Zusammengefasst hieß es: »Allen Bestrebungen, denen das NEUE FORUM Ausdruck und Stimme verleihen will, liegt der Wunsch nach Gerechtigkeit, Demokratie und Frieden sowie Schutz und Bewahrung der Natur zugrunde. Es ist dieser Impuls, den wir bei der kommenden Umgestaltung der Gesellschaft in allen Bereichen lebensvoll erfüllt wissen wollen.«[1]

Ich nehme an, es dürfte klar sein, weshalb mir dieser Aufruf noch gut drei Jahrzehnte später sehr aktuell vorkommt. Er erfuhr in jenen Tagen eine überwältigende Resonanz. Sein Widerhall reichte weit über das Spektrum derjenigen hinaus, die bereits seit Jahren oder gar Jahrzehnten in der DDR in oppositionellen Zirkeln engagiert waren. »Dialog« wurde zum Schlüsselbegriff der Stunde. Diejenigen, die die Kirchen zu Friedensgebeten füllten, wollten meist das Land nicht verlassen. In den Betrieben, Universitäten, Schulen und Freundeskreisen gab es kaum ein anderes Thema. »Es lag schon eine gewisse Ironie darin, dass sich Oppositionsgruppen unter denen formierten, die bleiben wollten. Die immer größere Zahl der Fliehenden brachte diejenigen, die nicht bereit waren, sich selbst zu entwurzeln, dazu, Reformen zu fordern, die ihr Bleiben rechtfertigen würden.«[2]

Der vierzigste Geburtstag der DDR, der 7. Oktober 1989, geriet zum bizarren Sinnbild der Widersprüche, die sich innerhalb des Landes – und damals sozusagen als »real existierende innersozialistische Widersprüche«, als Widersprüche des Systems – aufgestaut hatten. Im Palast der Republik am Marx-Engels-Platz speiste die Partei- und Staatsführung und feierte sich. »Vorwärts immer, rückwärts nimmer!«, verkündete der SED-Generalsekretär Erich Honecker in seiner Festansprache in Gegenwart des KPDSU-Chefs Michail Gorbatschow. Und vor dem Haus demonstrierten die Menschen, sie riefen »Wir sind das Volk!« und »Gorbi, hilf uns!«. Gorbatschow soll den Satz »Wer zu spät kommt, den bestraft das Leben« ja so nie gesagt haben.[3] Dass er ihm dennoch zugeschrieben wurde, hat vermutlich etwas mit der Stimmung der meisten Menschen zu tun, die an diesem Tag auf den Straßen waren, die sich Wasserwerfern aussetzten, Prügel und Verhaftung riskierten und eben auch erlitten. Viele von ihnen hat die Hoffnung auf eine bessere Gesellschaft motiviert, die ihre Angelegenheiten unter freien und gleichen Menschen kollektiv regeln, ihre Geschicke selbst in die Hand nehmen würde. Letztlich war es doch der eigene hehre Anspruch, den die Demonstrierenden der SED-Führung entgegenhielten. Dem hatte die Diktatur der Partei nichts mehr entgegenzusetzen. Eine stets größer werdende Zahl von Leuten machte einfach nicht mehr mit. Es war der komplette moralische und politische Bankrott des alten Systems. Dass es auch Ausdruck des ökonomischen Bankrotts war, spielte in diesen Tagen zumindest in meinem Erleben tatsächlich eine eher kleine Rolle.

Am 18. Oktober 1989 trat der SED-Parteichef Erich Honecker »aus gesundheitlichen Gründen« zurück. Das war nichts Halbes und nichts Ganzes, bestenfalls eine kleine Bewegung, eine Öffnung – die Möglichkeit, die Entwicklung weiterzutreiben. Aber es war ersichtlich nicht der komplette Abtritt der »alten Riege«, nicht die Übernahme von Verantwortung für die Zustände und auch nicht die ersehnte Zukunftsperspektive. Als am 4. November 1989 eine halbe Million Menschen auf dem Alexanderplatz demonstrierte, erlebte die DDR ihre erste genehmigte Demonstration, die nicht von der Parteibürokratie als Inszenierung von Zustimmung oder zur allgemeinen Erbauung organisiert war. Menschen aus der Kultur-, vor allem der Ostberliner Theaterszene hatten sich unter dem Eindruck der polizeilichen Willkür an jenem 40. Jahrestag der DDR zusammengetan, um auf weitere Veränderungen zu drängen.

Nach meinem Unterricht, der Sonnabend war seinerzeit ein regulärer Schultag, verfolgte ich in Hohenschönhausen die Übertragung der Reden im DDR-Fernsehen. Ich erinnere mich noch gut daran, welche Kraft und welcher Enthusiasmus von dieser Kundgebung ausgingen. »Es ist, als habe einer die Fenster aufgestoßen nach all den Jahren der Stagnation, der geistigen, wirtschaftlichen, politischen, den Jahren von Dumpfheit und Mief, von Phrasengewäsch und bürokratischer Willkür, von amtlicher Blindheit und

Taubheit. Welche Wandlung! Vor noch nicht vier Wochen: Die schön gezimmerte Tribüne hier um die Ecke, mit dem Vorbeimarsch, dem bestellten, vor den Erhabenen! Und heute? Heute ihr! Die ihr euch aus eigenem freien Willen versammelt habt, für Freiheit und Demokratie und für einen Sozialismus, der des Namens wert ist«, sprach der Schriftsteller Stephan Heym zu den Massen: »Der Sozialismus – nicht der Stalin'sche, der richtige –, den wir endlich erbauen wollen, zu unserem Nutzen und zum Nutzen ganz Deutschlands, dieser Sozialismus ist nicht denkbar ohne Demokratie.«[4] Mich haben diese Worte begeistert.

Der jüdische und antifaschistische Literat Heym war nach seiner Emigration 1935 mit der US Army im Kampf gegen die Nazis zurück nach Deutschland gekommen. Er hatte sich immer gegen die Engstirnigkeit der Partei-Oberen gewehrt, gegen die Ausbürgerung des Liedermachers Wolf Biermann im November 1976 protestiert und die demokratischen, linken oppositionellen Bewegungen im Land schon in den 1980er Jahren unterstützt. Zweimal war er deshalb aus dem Schriftstellerverband der DDR ausgeschlossen worden. Heym gehörte zu denjenigen, die wenige Wochen später den Aufruf »Für unser Land«[5] initiierten. Erarbeitet hatten ihn Persönlichkeiten aus Kultur, Betrieben und Politik, auch aus der DDR-Opposition. Sie sprachen sich für den Erhalt einer eigenständigen DDR »mit demokratischem Sozialismus« aus, in der die in der Friedlichen Revolution schon erreichten Freiheiten unter selbstbestimmten Verhältnissen erhalten und ausgebaut werden müssten. Den Aufruf unterzeichneten 1,17 Millionen Menschen. Darunter war auch der Vorsitzende der DDR-CDU, Lothar de Maizière, der einige Monate später der letzte Ministerpräsident des Landes werden würde.[6] Heutzutage wäre das eine stolze Zahl für eine Petition, und seinerzeit genügte dafür nicht der schnelle Klick am mobilen digitalen Endgerät.

Der Schriftsteller und Dramatiker Heiner Müller war schon in diesen Tagen deutlich illusionsloser. Auf der Großdemonstration am 4. November hatte er einen Aufruf zur Gründung freier Gewerkschaften verlesen. Er sah die Perspektiven, die durch die Friedliche

Revolution eröffnet wurden, wohl klarer als viele andere Zeitgenoss*innen. Seine Autobiografie »Krieg ohne Schlacht« legt davon Zeugnis ab.[7] Auch wenn diese Rede damals nicht meinen Empfindungen entsprach: Er behielt schließlich Recht. Eigenständig würde die DDR nicht mehr lange bleiben.

Am Abend des 9. November 1989 öffnete die SED-Führung überraschend und unvorbereitet die Berliner Mauer – unter dem Druck der Straße, des Rufes nach Reisefreiheit und offenen Grenzen, der wachsenden Dringlichkeit einer politischen Lösung für die Ausreisewilligen in den bundesdeutschen Botschaften in Prag, Budapest oder Warschau und der massiven Kritik an einem wenige Tage zuvor veröffentlichten Entwurf für ein Reisegesetz. Die angeschlagene DDR-Führung erhoffte sich von ihrem versuchten Befreiungsschlag wohl, diesen Druck kontrolliert ablassen zu können. Stattdessen demonstrierte sie mit dieser Episode nur umso drastischer, wie sehr sie nur noch von der Dynamik der Ereignisse getrieben war.

Das Symbol für die jahrzehntelange Teilung der Welt wurde über Nacht eingerissen. Die Bilder dieser Nacht gingen um den Globus. Es sind letztlich diese Bilder, auf die die gesamte widersprüchliche Geschichte der Friedlichen Revolution 1989 und 1990 in unserer kollektiven Erinnerung geschrumpft ist. Mit der Maueröffnung stand sofort die »deutsche Frage« auf der Tagesordnung, die staatliche Einheit des seit 1949 in zwei feindliche Staaten geteilten Landes. Diese Frage war mit der ökonomischen Perspektive der DDR verbunden – staatliche Einheit unter den Bedingungen der Bundesrepublik bedeutete Kapitalismus.

Die Zeitung der DDR-Blockpartei CDU, die Neue Zeit, berichtete am 11. Dezember 1989, Mitarbeiter des Dresdner Forschungsinstitutes Manfred von Ardenne, Mitglieder der Staatskapelle Dresden, Solisten der Staatsoper und Kollektive Dresdner Betriebe hätten den Aufruf »Für unser Land« als »Illusion« seiner Verfasser*innen abgelehnt: »Es genügt nicht, wenn wir uns den Kopf über gerechtes Verteilen zerbrechen. Es muss zuerst effektiv und genügend produziert werden. Wir haben genug von den Utopien! Alle Versuche, die zentrale Planwirtschaft zu reparieren, sind gescheitert.

Das sozialistische Wirtschaftssystem mit zentralisierter Planung ist der sozialen Marktwirtschaft Westeuropas unterlegen.« Damit war eine Schlüsselfrage des demokratischen Aufbruchs, nach der ökonomischen Grundlage für die Zukunftsgestaltung des Landes, aufgerufen. Die Autor*innen der Wortmeldung beantworteten diese Frage so: »Wir sind gegen weitere Experimente. Die Vereinigung der beiden deutschen Staaten ist nicht für alle Zeiten ausgeschlossen. Unsere Blicke richten sich jedoch mehr nach Strasbourg als nach Bonn. Unsere Zukunft liegt in einer engen Bindung an die EG. Von der Regierung fordern wir ein Programm zur Einführung marktwirtschaftlicher Prinzipien.«[8]

Auch die rasche Maueröffnung konnte den Autoritätsverlust des SED-Staates nicht mehr aufhalten. Am 1. Dezember 1989 wurde die »führende Rolle der SED« aus der Verfassung gestrichen. Knapp eine Woche später trat der Runde Tisch der DDR unter Moderation von Kirchenvertretern erstmals zusammen, mit Vertreter*innen der Regierung, der SED und der Blockparteien sowie verschiedener Bürgerbewegungen.[9] Der Runde Tisch der DDR nahm gewissermaßen parlamentarische Funktionen wahr. Denn die Volkskammer hatte dafür in den Augen der Bevölkerung jegliche Legitimation verloren. Die Beteiligten dieser neuen Institution, vor allem die mit wenig institutioneller Erfahrung ausgestatteten Bürgerbewegten, fanden sich einem Staatsapparat gegenüber, dem sie nach all ihren Erfahrungen zutiefst misstrauen mussten. Was folgte, war die Einübung einer völlig neuen Art, das Land zu regieren, und zwar nach Regeln, für die es keinerlei historisches Vorbild gab. Eine der ersten Entscheidungen des Runden Tisches war der Auftrag zur Erarbeitung einer neuen Verfassung für das Land, über deren Annahme die DDR-Bevölkerung in einer Volksabstimmung entscheiden sollte.[10]

Die Praxis des Runden Tisches machte im ganzen Land Schule. Überall entstanden jetzt lokale Runde Tische, die sich nach dem überregionalen Vorbild mit den politischen Angelegenheiten vor Ort befassten. Am Berliner Runden Tisch im Roten Rathaus saß plötzlich auch ich, knapp 16 Jahre alt. Vom Runden Tisch der Jugend Berlins war ich gemeinsam mit einem Mitstreiter aus der christlichen DDR-Jugendarbeit dorthin entsandt worden. Wir beide verfügten über eine Stimme, übten also unser Mandat im Konsens aus. Ich konnte hautnah erleben, wie Menschen einmal wöchentlich über alle politischen Lager hinweg konzentriert an der Lösung der drängenden Alltagsfragen der Stadt arbeiteten. Für mich war das die erste und wohl eindrücklichste Schule der Demokratie. Ich lernte, was demokratischer Austausch und Streit und die Suche nach gemeinsamen Lösungen bedeuten – auf Augenhöhe und in gegenseitigem Respekt. Ich erhielt schockierende Einblicke in die Arbeitsweise des DDR-Geheimdienstes, denn die Auflösung des MfS/AfNS Berlin war in unseren Diskussionen ein Dauerthema. Auch die Arbeit an einer neuen Berliner Verfassung gehörte zu den kontinuierlich erörterten Themen an dem in unserem Fall rechteckigen Berliner Tagungsmöbel.

Über die Zeit wurden die Bedingungen, unter denen diese neue, aus der Revolution geborene Form der politischen Interessenvermittlung stattfand, jedoch immer widersprüchlicher und auch unübersichtlicher. Der Exodus von Menschen aus der DDR ließ, allen Erfolgen der Friedlichen Revolution zum Trotz, nicht nach. Die entscheidende Frage nach einer zukunftsfähigen wirtschaftlichen Perspektive, nach der ökonomischen Entwicklungsbasis des Landes, ließ sich unter den unsicheren Verhältnissen und kurzfristig kaum überzeugend beantworten. Auch westdeutsche Politik wurde seit der Maueröffnung zwangsläufig ein immer wichtigerer Faktor – natürlich auch immer stärkerer Orientierungspunkt für die Bevölkerung, die Debatten und den Gang der Dinge im Land. Schließlich wurde die zunächst erst für Mai 1990 geplante Volkskammerwahl auf den 18. März vorgezogen.

Die »Bruderparteien« lösten sich von der SED und orientierten sich an ihren neuen Schwesterparteien in der Bundesrepublik. Einst in der »Nationalen Front« der DDR vereint? Das war Geschichte, von der man schnell nichts mehr wissen wollte. In den westdeutschen Parteien CDU und FDP nahmen umgekehrt proportional die Berührungsängste gegenüber DDR-Politfunktionär*innen rasant ab, die gerade noch von der Bevölkerung als systemtreue

»Blockflöten« verspottet worden waren. Auch die SPD (Ost) und die SPD (West) bezogen sich immer stärker aufeinander. Innerhalb der verschiedenen Gruppen und Initiativen der Bürgerbewegung differenzierten sich die Vorstellungen zu allem, was die Zukunft bringen sollte, nach und nach aus. Diese zweistaatliche und doch in wachsendem Maße »innerdeutsche« Politik, die immer mehr um das zukünftige Verhältnis zwischen DDR und BRD mäanderte, hatte wiederum weltpolitische Implikationen: Die einstigen Alliierten der Anti-Hitler-Koalition hatten ja auch noch ein Wort mitzureden.

Bundeskanzler Helmut Kohl versprach für den Fall eines Wahlsiegs der unter Führung der DDR-CDU gebildeten »Allianz für Deutschland« eine schnelle Wirtschafts- und Währungsunion. Zu den Auftritten des westdeutschen Kanzlers (und erfahrenen Wahlkämpfers) in der DDR strömten in diesen Monaten hunderttausende Menschen. Er brachte eine eingängige Botschaft mit: die D-Mark. Nun hieß es nicht mehr »Wir sind das Volk!«, sondern »Wir sind ein Volk!«. Wo gerade noch eine kreative und originelle Pluralität politischer Parolen geherrscht hatte, wehten nun immer mehr Deutschlandfahnen. Das Ergebnis der Volkskammerwahl am 18. März war nicht nur eine bittere Enttäuschung für die meisten Bürgerbewegten. Es war ein Schock für alle, die auf die Chance eines eigenständigen demokratischen Reformprozesses gesetzt hatten. Zu diesen Menschen gehörte auch ich. Das Wahlergebnis zeigte, dass wir in der Minderheit waren. Helmut Kohl hatte gewonnen. Jetzt ging es nur noch um die Geschäftsbedingungen einer schnellen Vereinigung.

Aus heutiger Perspektive hätte mich der Ausgang der Volkskammerwahl 1989 eigentlich überhaupt nicht überraschen dürfen. Die Bevölkerung der DDR hatte die freie Wahl. Große Teile der DDR-Bevölkerung hatten, wie die Autor*innen des Dresdner Aufrufs, offensichtlich genug von Utopien. Sie hatten sich gegen »weitere Experimente« und für ein weitgehend geordnetes, materiellen Konsum und grundlegende Freiheiten garantierendes Gesellschaftsmodell entschieden. Das war sehr konkret. Und es war sehr viel attraktiver als alles, was in der DDR bis dahin im Angebot war. Ein Staat, der über Jahrzehnte eine Betonmauer und Schießbefehl brauchte, um die Bürger im Land zu halten, die nicht besonders feinsinnige anti-westliche Propaganda der SED, für die sich schließlich mehr und mehr Mitglieder der Partei nur noch schämten, konnten die Anziehungskraft des westlichen Gesellschaftsmodells nicht erschüttern.

Aus der Schule und von meinen damaligen Freundschaften wusste ich: Wenn die Staatspropaganda bei vielen Menschen etwas bewirkt hatte, dann wohl eher das Gegenteil, eine eigentümliche Mystifizierung der gesellschaftlichen Verhältnisse auf der anderen Seite des »Eisernen Vorhangs«. Dort gab es alles, was wir nicht hatten. Warum sollte es da nicht plausibel sein, dass Helmut Kohl »blühende Landschaften« binnen weniger Jahre[11] in Aussicht stellte? Angesichts dieser Verheißungen schienen die enthusiastischen Ansprüche und Hoffnungen des Herbstes 89 nur mehr abstruse Weltverbesserei zu sein – oder der Versuch der alten Genossen, sich irgendwie an der Macht zu halten.

Für Kanzler Kohl und seine CDU-FDP-Regierungskoalition war es nicht nur verwaltungstechnisch die naheliegendste Lösung, die Abwicklung der DDR als eine Gebietsvergrößerung der Bundesrepublik zu veranstalten. Im Westen konnte alles einfach bleiben wie gewohnt. Wer sich als Sieger der Geschichte fühlen kann, macht die Regeln. Die Entwicklung in der Endphase der DDR verschaffte der Politik und auch den Menschen im Westen eine komfortable Selbstvergewisserung: Die Bundesrepublik repräsentierte die bestmögliche aller Welten, die Systemfrage schien für alle Zeit entschieden. Aus diesem Blickwinkel konnte der Bevölkerung der DDR, in ihrem wohlverstandenen Eigeninteresse, nichts Besseres passieren, als Teil dieser bestmöglichen aller Welten zu werden – und zwar zu den bestehenden Konditionen. Leider produzierten die Sieger der Geschichte dabei jede Menge Verlierer*innen, die sich gefälligst anzupassen hatten, auch wenn sie auf die westdeutsche Konkurrenzgesellschaft denkbar schlecht vorbereitet waren. Für die Bevölkerung in der DDR änderte sich mit dem 3. Oktober 1990 nahezu alles.

Die Friedliche Revolution wurde mit der DDR-Konkursmasse durch den ökonomisch potenten Westen übernommen. Der

Zwei-plus-Vier-Vertrag mit den einst gegen Nazideutschland verbündeten Alliierten beendete die staatliche Teilung. Deutschland war wieder ein Land, legitimiert durch demokratische Wahlen. Die Bevölkerung der DDR war damit mehrheitlich zufrieden. Die Menschen im Westen musste das nicht direkt berühren, solange sie nicht mit der Ostverwandtschaft und ihren vielleicht etwas komischen Ansichten in Berührung kamen. Der Alltag in Düsseldorf oder Passau war auch 1991 noch weitgehend derselbe wie zwei Jahre vorher. Was in der DDR stattgefunden hatte, war für die Menschen in der »alten Bundesrepublik« selten mehr als ein für einige Wochen sehr aufregendes Fernsehereignis. Ja, es gab jetzt nicht mehr elf Bundesländer und West-Berlin, sondern 16 Bundesländer.

Mittlerweile haben sich die meisten Menschen hierzulande daran gewöhnt, die Friedliche Revolution in der DDR 1989/90 von ihrem Ende her zu betrachten. Das rebellische, revolutionäre, freiheitlich-demokratische und auch subversive Moment, die kollektive Emanzipation der Menschen in der DDR von ihrer Obrigkeit trat in den Hintergrund, wurde nur noch als Zwischenstation auf dem Weg zur wiedergewonnenen nationalen Einheit gesehen. Im Sommer 1989 hatte der US-Politikwissenschaftler Francis Fukuyama die These vom Ende der Geschichte[12] postuliert, die den damals herrschenden Zeitgeist ebenso widerspiegelte wie prägte: Mit dem Zusammenbruch der UdSSR und ihrer realsozialistischen Satelliten-Regimes würde sich nunmehr Schritt für Schritt der Liberalismus mit »Demokratie und Marktwirtschaft« endgültig und überall durchsetzen.

Aber die Monate des Aufbruchs hatten der Bevölkerung der DDR eine gemeinsame Erfahrung verschafft, die die Menschen im Westen des Landes nicht machen konnten. Im Osten des Landes hatten sie erlebt, wie starre und überkommene Verhältnisse überwunden werden konnten – Verhältnisse, die gestern noch dauerhaft und zementiert erschienen waren. Die Zukunft schien plötzlich, anders als von der Obrigkeit immer behauptet, nicht mehr festgelegt und vorherbestimmt, sondern offen. Es herrschte, wenn auch nur für eine kurze Zeit, das Empfinden, dass es an uns allen läge, daraus gemeinsam etwas Neues zu machen. Wäre auch nur ein Hauch dieses frischen Winds, dieses »großen Beginnergefühls«[13] der Ergebnisse des Herbstes von 1989, zu einem Teil des Selbstverständnisses des vereinigten Deutschlands geworden – wo stünden wir dann heute, im Jahr 2024?

Seit der Friedlichen Revolution in der DDR sind inzwischen mehr als drei Jahrzehnte vergangen. Ich finde es schade, ja, geradezu tragisch, dass der Anspruch auf Veränderung der Gesellschaft bestenfalls noch im Hintergrund rauscht, wenn wir auf diese Zeit zurückblicken. Gänzlich überraschend ist das nicht. Im Osten, den »neuen Bundesländern«, mussten sich die Leute in den ihnen völlig ungewohnten und neuen Verhältnissen zurechtfinden, die sich ihnen nicht nur in Gestalt westdeutscher Lehrmeister*innen in der Verwaltung und Eigentümer*innen von Unternehmen, Grundstücken und Wohnhäusern zeigten, sondern vor allem als neue und entpersonalisierte Macht, als Geld und Kaufkraft. Aus Bürger*innen wurden Marktteilnehmer*innen. Über die gebrochenen Biografien und ökonomischen Verwerfungen für Millionen neuer Bundesbürger*innen ist immer wieder gesprochen worden.

Es vergeht hierzulande keine festliche Würdigung der Jahrestage von 1989 und 1990, in der nicht »der Mut der Ostdeutschen« in offiziellen Reden beschworen wird. Verbunden ist das noch immer mit der Beteuerung, eine »gemeinsame Kraftanstrengung« werde über kurz oder lang alle Benachteiligungen des Ostens auflösen. In der DDR hatten sarkastische Geister einen Floskelgenerator gebastelt, mit dem sich zur Erbauung im Bekanntenkreis und zur subversiven Spöttelei verschiedene Varianten offizieller Reden der »Partei- und Staatsführung« für alle Gelegenheiten aus vorgegebenen Satzfragmenten zusammenstellen ließen. Sicherlich bin ich nicht der Einzige, der sich bei heutigen Reden zur Friedlichen Revolution und zum Mauerfall an den Floskelgenerator erinnert.

Ob über die sozialen Fragen gesprochen wird, über das immer noch gravierende Lohngefälle, die Rentenungerechtigkeit, die von Anfang an bestehende Ungleichheit der Eigentumsbildung in Ost und West und die damit verbundene Vererbung von Ungleichheit über Generationen oder über demokratische Defizite – der

Fluchtpunkt der (Ost-West-)Debatten blieb seit 1989/90 im Kern derselbe.¹⁴ Es drehte sich um das Gelingen der »Integration der Ostdeutschen«, was (wie immer wieder auch gegenüber Migrant*innen) stets die schwer paternalistische Note der herrschenden Machtverhältnisse (und ihrer Nichthinterfragbarkeit) in sich trägt. Beschworen werden die Postulate des Grundgesetzes, vor allem das Gebot der Gleichwertigkeit der Lebensverhältnisse im Bundesgebiet.

Es ist – wie erst jüngst bei Dirk Oschmann – von der Notwendigkeit ostdeutscher Selbstverständigung die Rede und von einer Politik, die das »Vertrauen der Ostdeutschen in die Demokratie«¹⁵ erhalten, bestärken oder sichern solle. Das angestaute Unbehagen und der Unmut in Ostdeutschland werden als Ausdruck einer mehr und mehr im Vagen verharrenden »Ost-Identität« bewirtschaftet. Selbst die um ihre Relevanz kämpfende Linkspartei, als PDS die einstige »Ost«-Partei, hofft mit der Anrufung diffuser »Ostinteressen« und der Forderung, »die Politik« müsse sich »wieder um den Osten kümmern«, auf größere Resonanz. Die rechtsextreme AfD versucht das Ganze sogar zu einem Kulturkampf zu stilisieren. Sie plakatierte in Brandenburg 2019 nicht ganz erfolglos »Vollende die Wende!«.

Eigentlich ist von Ostdeutschland und über die Bürger*innen der ehemaligen DDR seit über dreißig Jahren nur aus einer Defizitperspektive die Rede. Das liegt, denke ich, auch daran, dass die Ereignisse von 1989/90 bis heute nur von ihrem Ende her – und ihn ihrem Verlauf als alternativlos – erzählt werden. Aber weder die »Treuhand« noch die Vereinigung aufgrund von Art. 23 GG a. F. waren das. Das Grundgesetz für die Bundesrepublik Deutschland war vom Verfassungskonvent der drei Westzonen 1948 in Herrenchiemsee nie für die Ewigkeit entworfen worden, es sollte Provisorium sein. Die Arbeitsgruppe des Runden Tisches »Neue Verfassung der DDR« hatte am 4. April 1990 den Abgeordneten der neu gewählten Volkskammer ihren einstimmig verabschiedeten Verfassungsentwurf für die DDR übermittelt. Da stand schon fest, dass die staatliche Einheit sehr bald vollzogen werden würde. Offen war allerdings noch, ob das Grundgesetz auf Dauer gestellt oder nach Art. 146 GG a. F. eine neue gesamtdeutsche Verfassung gemeinsam erarbeitet werden würde. Diese Entscheidung war keine von zwei gleichberechtigten Partnern auf Augenhöhe. Sie fiel in Bonn.

Es lohnt sich auch angesichts der heutigen Herausforderungen wieder, den Entwurf des Runden Tisches für eine DDR-Verfassung[16] genau zu lesen – nicht nur für an Zeitgeschichte interessierte, sondern auch für gegenwärtig ganz akut beunruhigte Menschen. Aus der Erfahrung der Friedlichen Revolution geschöpft, enthält er eine ganze Reihe von Regelungen, die auf eine größere Partizipation der Bevölkerung und gestärkte soziale und ökonomische Rechtspositionen zielen. Auch die Runden Tische sind als Institutionen jenseits der »Linearperspektive« der herrschenden Parteipolitik für mich keine überlebten Formate. Der Bürgerrechtler Wolfgang Ullmann hat einige Monate nach ihrem Ende festgehalten, ihre Stärke habe in einer Orientierung bestanden, »die nicht mit Gewalt und Konkurrenz erzwingbar ist, sondern nur im gemeinsamen Diskurs und in gemeinsamer Entscheidung für eine realisierbare Zukunft«.[17] Ist das nicht ein Bezugspunkt, der auch heute noch wichtig ist, vielleicht wichtiger als je zuvor? Dass Menschen Demokratie vor allem dann als wertvoll erfahren, wenn sie sich selbst darin als Handelnde erleben, die Einfluss auf die Gestaltung ihres täglichen Lebens nehmen können? Welche Voraussetzungen bräuchte es, damit das wieder besser gelingen kann?

Womöglich war es, trotz aller Hindernisse, Frustrationen, Enttäuschungen über nahezu vierzig Jahre, die in der DDR erlebte relative materielle Gleichheit der Menschen, die es ihnen überhaupt erst ermöglichte, die kollektive Emanzipation vom SED-Regime unter dem Motto »Wir sind das Volk!« zu bewerkstelligen. Der Soziologe Wolfgang Engler hat 2002 darauf hingewiesen, dass annähernde soziale Gleichheit die Menschen mit Wahrnehmungen, Urteilen und Gefühlen ausstatte, die selbst geringfügige Unterschiede registrierten. Missgunst und Neid würden, so Engler, diese Dynamik ebenso antreiben wie Mitgefühl und Großherzigkeit. Es hänge von der konkreten Lage eines Menschen ab, und ich meine: auch vom Hintergrundrauschen des jeweils aktuellen Zeitgeists, ob der trennende Affekt über die verbindende Emotion triumphiere oder umgekehrt.¹⁸ Vielleicht steckt in dieser Beobachtung auch ein Grund dafür, dass im Westen der Republik ein solches Unverständnis über das im Osten verbreitete Unbehagen besteht. Möglicherweise deutet das auch auf ein ungenutztes gesellschaftliches Potenzial hin, weil die Freiheit von brutaler sozialer Ungleichheit auch andere Formen der Individualität ermöglichen würde als die von Eigentum und Statussymbolen?

Die verbindende Emotion hatte sich in den Ereignissen des Herbstes 1989, mit großen Hoffnungen und Erwartungen, Bahn gebrochen. Offenbar hat ihre Erfahrung »nach der Wende«, wie es im Osten immer noch distanziert heißt, vielen Menschen bewiesen, dass sie unter den neuen Verhältnissen bestenfalls einen Teil ihrer Erwartungen realisieren können, wenn sie ihre Ansprüche als Mitglieder der nationalen Gemeinschaft geltend machen: »Wir sind ein Volk!« Die neue Lage beförderte nun eher Missgunst und Neid. Gleichheit als eine Voraussetzung für die gemeinsame Gestaltung des Gemeinwesens stand – nach dem Ende der »Experimente« – unter dem Verdacht und Geruch »sozialistischer Gleichmacherei« und »leistungsloser, überzogener Anspruchshaltungen«. Fortan war jede*r des eigenen Glückes Schmied.

Unter meinen Freund*innen hieß es im Sommer 1990, nachdem über den Beitritt der DDR zur Bundesrepublik entschieden war, oft etwas trotzig: »Der Kapitalismus hat nicht gesiegt, er ist nur übriggeblieben!« Es waren nur einige Monate gewesen in dem Gefühl, dass es möglich und vereinbar sei, einander als frei und gleich zu verstehen, individuelle und kollektive Selbstbestimmung zu leben. Noch Jahre nach 1990 war an einem ostdeutschen Funktionsbau am Rosa-Luxemburg-Platz in Berlin-Mitte ein Graffito zu lesen: »Das Chaos ist aufgebraucht, es war die schönste Zeit.«

In der Zeit um den Herbst 1989 begann mein Nachdenken über die Welt, in der wir leben. Während andere das »Ende der Geschichte« ausriefen, fing ich an, mich dafür zu interessieren, was Geschichte ist. Als der »realexistierende Sozialismus« zusammenbrach, wurde für mich ein von Deformierungen der Diktatur befreites sozialistisches Denken interessant. Ich begann Literatur über die Erfahrungen und das Leben sozialistischer Dissident*innen zu verschlingen.[19] Es war mir klar, dass eine radikal humanistische Idee sich in ein System von Unfreiheit und Bevormundung verwandelt hatte. In der aus der Staatspartei SED entstandenen PDS, so hatte ich den Eindruck, gab es Menschen, die das genauso sahen. Auch deshalb entschied ich mich 1992 für die Mitgliedschaft in der PDS.

Der Zusammenbruch der parteibürokratischen Diktaturen des Ostblocks scheint bis heute bemerkenswerterweise dem Nachdenken über ein anderes und besseres gesellschaftliches Zusammenleben kein Ende bereitet zu haben. In repräsentativen Umfragen hält sich bis heute hartnäckig die Auffassung, »dass heute sozialistische Werte von großer Bedeutung für den gesellschaftlichen Prozess sind«.[20] In Deutschland teilen über Generationen hinweg mit nur geringen Unterschieden 45 Prozent diese Auffassung. Dass gleichzeitig 49 Prozent den staatlich organisierten Sozialismus für ein System der Unterdrückung, Massenüberwachung und staatlichen Terrors halten[21], steht für mich dazu nicht im Widerspruch. Die Ereignisse von 1989/90 bildeten meine erste demokratische Erfahrung, gleichzeitig stellen sie eine verpasste Chance dar, die mich bis heute beschäftigt. So gesehen bin ich ein »Neunundachtziger«.

ZWEITES KAPITEL

KAPITALISMUS

WIE DAS WACHSTUM ZUM SELBSTZWECK WURDE

In den Jahren nach 1989/90 schien es vielen kaum lohnenswert, über Sozialismus nachzudenken. Die Zeit nach 1945, nach dem Zweiten Weltkrieg, war für die Menschen in den Industrienationen, den Zentren der Weltwirtschaft, relativ stabil gewesen. Heiße Kriege gab es über mehr als vier Jahrzehnte nur an der Peripherie, der Kalte Krieg zwischen West und Ost war durch außenpolitische Vernunft auf beiden Seiten eingefroren, trotz mancher Krise im Herzen Europas und etlichen blutigen Stellvertreterkriegen von Vietnam bis Afghanistan. Auch wenn wir in den 1980er Jahren große Sorge vor einer atomaren Eskalation hatten, als die Kontrahenten Mittelstreckenraketen am »Eisernen Vorhang« stationierten – am Ende des Jahrzehnts wurden die großen Abrüstungsverträge zwischen der UdSSR und den USA geschlossen. Alles in allem war es für Europa ein friedliches halbes Jahrhundert der Koexistenz der Systemkonkurrenten.

Der Kapitalismus war nach dem Zusammenbruch des Sowjetkommunismus auf der Welt mit sich allein. Es war nicht unplausibel, dass wir am »Ende der Geschichte« und in »der Besten aller Welten« angekommen sein sollten. Auch die Staaten des Sowjetsystems hatten die Systemkonkurrenz zur entscheidenden Schlacht zum Beweis ihrer Überlegenheit stilisiert. Den Westen überholen, ohne ihn einzuholen, hieß es in der DDR der späten 1950er Jahre.[22] Das war nun endgültig gescheitert, was nur als Bestätigung der Überlegenheit des westlichen Modells aufgefasst werden konnte.

Auch ich war damals daran gewöhnt, Kapitalismus und Sozialismus als »sich gegenseitig ausschließende Alternativen«, als »binäres Gegensatzpaar«[23], zu begreifen: Sozialistisch waren die nach dem Modell der Sowjetunion organisierten Gesellschaften, die anderen gehörten zum Rest. Freiheit und liberale Demokratie waren tendenziell, wenn auch nicht überall, in kapitalistischen Systemen auf dem Vormarsch. Die Zeichen standen auf Fortschritt von Demokratie, Menschenrechten und Prosperität. Aber was oberflächlich betrachtet eindeutig erscheint, kann sich bei genauerem Blick als optische Täuschung herausstellen. Es war tatsächlich eine außerordentliche kollektive Verdrängungsleistung, Freiheit und Demokratie mit dem Kapitalismus in eins zu setzen. Das mochte vielleicht auf die westlichen Länder nach dem Ende des Zweiten Weltkrieges zutreffen. Die Jahrzehnte davor waren voller Katastrophen und Bredouillen.

Das gesamte 19. Jahrhundert war vom Ziel geprägt, eine weltumspannende Wirtschaft unter kapitalistischem Vorzeichen aufzubauen.[24] Mit dem Ersten Weltkrieg brach die politisch liberale und ökonomisch kapitalistisch organisierte Zivilisation plötzlich zusammen. »Es gab Zeiten«, sagte Eric Hobsbawm zur westlichen Zivilisation jener Tage, »in denen nicht einmal intelligente Konservative noch auf ihr Überleben gewettet hätten.«[25] Drei Jahrzehnte später, im Jahr 1945, stand die Welt vor dem Scherbenhaufen zweier Weltkriege, dem überfälligen Zerfall der kolonialen Imperien und einer Welle weltweiter Aufstände und Revolutionen. Als wäre all das nicht genug, hatten Menschen in Russland in den Wirren dieser Malaise ein System etabliert, das sich als grundsätzliche Alternative zur bürgerlich-kapitalistischen Ordnung anbot. Aber es war eine Alternative, in der nur wenige westliche Linke mit Verstand freiwillig hätten leben wollen.

In der Zeit zwischen den Weltkriegen erschütterte eine Wirtschaftskrise die Welt, wie sie der Kapitalismus noch nicht erlebt hatte. Mächtige Volkswirtschaften entgingen mit Mühe dem Kollaps, mit verheerenden sozialen und politischen Folgen. Der Liberalismus und demokratische Verhältnisse gerieten weltweit von 1917 bis 1945 unter die Räder von Faschismus und autoritären Regimes, Ausnahmen gab es wenige. Es ist eine ironische Volte der Geschichte, dass ausgerechnet der Sowjetkommunismus unter Stalin in einer bizarren Allianz auf Zeit mit den kapitalistischen Mächten die liberale Demokratie und die kapitalistische Ökonomie vor dem

Untergang bewahrt hat. Ohne den militärischen Beitrag der Sowjetunion hätten Nazideutschland und seine Verbündeten nicht besiegt werden können. Und ohne die Präsenz seines Gegenspielers im Osten hätte sich der liberale Kapitalismus wohl nicht so reformiert, um eine neue Phase wirtschaftlicher Stabilität in sozialstaatlicher Einhegung zu erleben.[26]

So lange war das 1989/90 alles noch nicht her. Aber Deutschland war in Feierlaune. Die deutsch-deutsche Vereinigung – verbunden mit dem Zwei-plus-Vier-Vertrag und der europäischen Integration – bestärkte ein Selbstbild von Läuterung und »Wiedergutwerdung der Deutschen« (Eike Geisel)[27]. Noch um Helmut Kohls »geistig-moralische Wende«, seine Kranzniederlegung auf dem auch SS-Männern gewidmeten Soldatenfriedhof in Bitburg 1985 und im »Historikerstreit«[28] hatte es im Westdeutschland der 1980er Jahren scharfe Debatten gegeben. Die Ausstrahlung der Serie »Holocaust« im Jahr 1979 hatte in der BRD eine sehr breite Auseinandersetzung mit dem Zivilisationsbruch der Shoa, der Beteiligung der Bevölkerung[29] und gerade der Bürgerlichen[30] an NS-»Volksgemeinschaft« und Vernichtung ausgelöst. Das rückte jetzt eher in den Hintergrund. Wurde Deutschland nicht überall wegen seiner hervorragenden Vergangenheitsaufarbeitung gelobt?[31]

In der DDR galt »der Faschismus« als »mit Stumpf und Stiel ausgerottet.« Man hatte ja den »Sozialismus« errichtet und damit »die ökonomischen Grundlagen« des Nationalsozialismus beseitigt. So war es möglich, die Verstrickungen der Bevölkerung weitgehend unbearbeitet zu lassen. Ja, viele in der DDR bekannten sich aus tiefer Überzeugung zum Antifaschismus. Er war Teil des Selbstverständnisses und Legitimation für das Land – aber gerade deshalb instrumentell und verkürzt propagiert worden. Schon als Kind habe ich in Frankfurt blanken und unverstellten Rassismus gegenüber polnischen Menschen von jenseits der Oder und gegenüber Vertragsarbeiter*innen aus den afrikanischen und asiatischen »DDR-Bruderländern« erlebt. Auch der unreflektierte Gebrauch von Floskeln aus der Sprache des Dritten Reiches[32] war mir schon aus dieser Zeit vertraut. In der neuen Republik erlebte ich dann, dass nicht rassistische und neofaschistische Alltagserscheinungen »problematisch« waren, sondern diejenigen, die sie öffentlich thematisierten: »Sie reden den Standort schlecht.« Als Reaktion auf den rassistischen Terror – zum Beispiel der Nazis in Rostock, unter dem Beifall »ganz normaler Leute«, die in der DDR sozialisiert worden waren – schränkte 1993 eine breite verfassungsändernde Mehrheit das Grundrecht auf Asyl massiv ein. Das Grundrecht, welches eine Konsequenz aus dem Terror der Nazizeit war.

Ich war also nicht in Partystimmung. Der rassistische Terror von Hoyerswerda 1991 und Rostock-Lichtenhagen 1992 wurde kulturalisiert, den Ostdeutschen und ihrer »Diktaturschädigung« zugeschoben.[33] Die Morde von Solingen 1993 an türkischstämmigen Menschen galten dagegen als Einzelfall. Ich habe mich gefragt, wie der erwachende Nationalstolz, die Funktion von Nationalstaaten in der globalen kapitalistischen Arbeitsteilung (nach innen wie nach außen) und diese ausgelebte Menschenfeindlichkeit zusammenhingen. Diese Stimmung von »Wir sind wieder wer!« war mir unbehaglich. Ich kriegte einfach kein unbeschwertes Verhältnis zu diesem »unverkrampften Patriotismus«[34] hin, der sich da Bahn brach. Vielleicht war diese Allianz zwischen Demokratie und Kapitalismus ja doch nicht so ewig und unverbrüchlich, wie es die meisten so selbstverständlich annahmen?

Kurz nach dem Beitritt, im November 1990, räumte die Berliner Polizei auf Anordnung des SPD-Innensenators die in den Wendewochen besetzten, einst dem Abriss geweihten Häuser in der Mainzer Straße in Friedrichshain. Ich war am Tag der Räumung in der Schule, drei Querstraßen weiter, als auf der Frankfurter Allee unzählige Polizeifahrzeuge und schweres Räumgerät auffuhren. Mein Kunstlehrer verstand, dass ich nicht unterrichtsfähig war, und ließ mich gehen. Ich wurde Augenzeuge von bürgerkriegsähnlichen Auseinandersetzungen. Es war eine harte Machtdemonstration des West-Berliner Senats – der erst im Mai frei gewählte Ost-Berliner Magistrat hatte da schon nichts mehr zu melden. Vermittlungsversuche von DDR-Bürgerrechtler*innen und Kirche liefen ins Leere, viele Menschen im Kiez solidarisierten sich mit den Besetzer*innen. Für mich war das eine schockierende Erfahrung. Die sozioökonomische Ordnung (West) wurde in Ost-Berlin mit Mitteln durchgedrückt, die normalerweise autoritären Regimes zugeschrieben werden. Das war ein Vorgeschmack auf das Verschwinden der selbstorganisierten Freiräume des 1989/90er Aufbruchs durch das segensreiche Wirken der »freien Marktkräfte« im Immobiliensektor, und auf repressive Innenpolitik. Heute ist von dieser kurzen »Zeit der Freiheit« nur ein Werbesegment des Berliner Tourismusmarketing übriggeblieben.

Der Osten machte unterdessen eine brachiale ökonomische Rosskur durch. Nach dem Beitritt stand die einstige DDR-Staatswirtschaft buchstäblich über Nacht im direkten Produktivitätsvergleich mit den westdeutschen Unternehmen. Für die Betriebe und die Beschäftigten waren die Folgen verheerend. »Die ehemalige DDR, die einmal als die zehnt- oder elftgrößte Industrienation der Welt galt, erschien jetzt wie ein Brachfeld rückständiger und veralteter, die Umwelt vergiftender Industrien und Betriebe.«[35] Bis 1991 war das Sozialprodukt im Osten um ein Drittel, die Industrieproduktion sogar um zwei Drittel zurückgegangen. Etwa 4 Millionen Menschen waren erwerbslos geworden.[36] Im gesamten früheren Ostblock war die »Einführung der Marktwirtschaft« ein Großexperiment neoliberaler Strukturreformen, in Ostdeutschland kamen noch grobe wirtschaftspolitische Fehler dazu.[37]

Der Kapitalismus war im Osten jetzt nicht mehr nur die verlockende »ungeheure Warensammlung«[38], die vollen Regale mit tollen Produkten, die man aus dem westlichen Fernsehen oder von der Westverwandtschaft kannte. Ja, die konnten die Ostdeutschen sich dank der D-Mark endlich kaufen. Wenn denn das Geld da war. Sie schlossen jetzt aber auch mit dem »stummen Zwang der ökonomischen Verhältnisse«[39] Bekanntschaft. Viele Menschen verloren ihre Häuser an die »Alteigentümer« aus dem Westen. Andere standen von einem auf den anderen Tag ohne Erwerbsarbeit da, mussten sich »neu orientieren«, lernten echte Existenzsorgen kennen und die »Maßnahmen« der Arbeitsagentur. An wem konnte das alles spurlos vorübergehen? Man lernte sich »anzupassen«, was sicherlich nicht die beste Schule für eine mündige und emanzipierte Staatsbürgerschaft ist. Zwei Jahrzehnte später sprach Angela Merkel von »marktkonformer Demokratie«.[40] Das heißt nichts anderes als: Alle Demokratie und Freiheit hat ihre Grenzen in den ökonomischen Verhältnissen, die gefälligst unangetastet bleiben sollen.

Mit der Abwicklung der DDR wurden auch zahlreiche Bücher heimatlos oder zu Altpapier, denen ihre Besitzer in der neuen Ordnung keinen Wert mehr beimaßen. Ich konnte eine Ausgabe der »blauen Bände«, der Ostberliner Werkausgabe von Karl Marx und Friedrich Engels, vor dem Ramsch bewahren und wurde so ein kleines bisschen auch ein Einheitsgewinner. Ex-Arbeitsminister Norbert Blüm hatte 1989 in Polen gefeiert: »Marx ist tot, Jesus lebt!«[41] Das war so richtig wie falsch zugleich. Mit der Erhebung zum Säulenheiligen einer Diktatur war das Marx'sche Denken jeglicher Lebendigkeit beraubt. Aber das Ende der parteibürokratischen Diktaturen verfrachtete den Sozialismus und Marx jetzt in ein »Niemandsland.«[42] Ich war neu- und wissbegierig darauf. Es gab da doch einiges am Kapitalismus, das mich sehr an das erinnerte, was Marx und Engels in ihrem »Kommunistischen Manifest« beschrieben hatten.

Also fing ich an, mich mit Marx und seinem Denken zu beschäftigen. Mir wurde dabei nur noch deutlicher, wie wenig seine Statur dazu taugte, in Bronze gegossen oder in Stein gehauen zu werden. Karl Marx war in der Tat ein eigensinniger und brillanter Denker seiner Zeit.[43] Mit einer faszinierenden Fähigkeit zur analytischen Durchdringung und Kritik der herrschenden Zustände ausgestattet, schleuderte er streitsüchtig und scharf Bannstrahlen gegen alle, die ihn nicht oder falsch verstehen wollten. Er war ein von den politischen Auseinandersetzungen seiner Zeit mit Leidenschaft erfüllter Exilant, ständig in Geldnot und von Krankheiten geplagt, mit Vergnügen am Ulk, seiner Familie innig und in Liebe verbunden, ein Freund der Zecherei, des derben Wortes und Schabernacks. Es ist nicht frei von geschichtlicher Ironie, dass er auf die Einkünfte eines Kapitalisten angewiesen war, um arbeiten zu können. Ohne die regelmäßigen Geldzuwendungen seines engen Freundes und *partners in crime*, des Industriellensohnes Friedrich Engels[44] aus Barmen, wäre er wohl verhungert. Mich interessierte das!

»Kein Denker des neunzehnten Jahrhunderts hat so unmittelbar, planmäßig und mächtig auf die Menschheit gewirkt wie Karl Marx«, befand einst der große britische Liberale (und harte Antikommunist!) Isaiah Berlin.[45] Mit *radical chic*, umstürzlerisch-verschwörerischer Romantik und empörtem Pathos hätte Marx niemand kommen müssen. Er wollte, wie Robert Misik sagte, die Wirklichkeit ernst nehmen, nicht sich gegen sie stemmen. Jene Revoluzzereien, die sich nur auf den gefühligen Wunsch nach einer besseren Welt gründeten, waren ihm Donquichotterie und kleinbürgerliche Schwärmerei.[46] Marx hielt sich nicht mit flammenden Reden auf und war wohl auch kein großer Redner. Einen großen Teil seines Lebens in London arbeitete er allein zwischen Büchern, Skizzen und Manuskripten in der Bibliothek des British Museum. Wie mit seinen Widersachern ging er auch mit sich selbst hart ins Gericht. Stets suchend, wägend, verwerfend, neu ansetzend war jeder einmal erreichte Arbeitsstand »der nagenden Kritik der Mäuse«[47] überlassen. Schreiben war kein Selbstzweck, es diente ihm zur Selbstverständigung. Karl Marx wollte die Welt verstehen, um sie zu verändern.[48] Sein Lebensmotto: »An allem ist zu zweifeln.«[49] Sprach so ein Dogmatiker?

Was nach 1990 im Osten geschah, ließ sich vielleicht noch als »Niedergang einer maroden Planwirtschaft« verkaufen. Tatsächlich war das ja nicht falsch, denn seit den 1970er Jahren war die DDR-Wirtschaft im Niedergang. Nur herrschte sofort eine Rhetorik der Alternativlosigkeit: Es war eben ein steiniger und harter Weg im »nachholenden Osten« – all die Entbehrungen und Enttäuschungen, gebrochenen Biografien und sozialen Zumutungen würden sich auszahlen, sobald die ostdeutsche Wirtschaft das westdeutsche Produktivitätsniveau erreicht hätte. Auch als im Jahr 1998, dem 150. Jahrestag der Veröffentlichung des »Kommunistischen Manifests«, die globale Ökonomie heftig ins Schlingern geriet, irritierte das hierzulande noch kaum irgendwen wirklich. Und es gab immer irgendeine Größe der Wirtschaftswissenschaft, die uns genau erklären konnte, welcher Staat die unbarmherzigen Zwänge des Weltmarktes ignoriert und dafür die verdiente Strafe erhalten hatte. Die Proteste beim Weltwirtschaftsforum oder zu den Treffen der großen Wirtschaftsmächte wurden belächelt, wenn nicht gar in die Nähe des Terrorismus gerückt. Nur die paar schrulligen Hippies, Indigenen und Altlinken, die auf den Weltsozialforen »Eine andere Welt ist möglich!« skandierten, hatten immer noch nicht begriffen, wie sinnlos es sei, sich gegen das Unvermeidliche aufzulehnen. Mitte der »Nullerjahre« war ich dann selbst bei den Weltsozialforen in Porto Alegre und Nairobi dabei und lernte, wie der Kapitalismus in anderen Weltteilen aussah.

In Deutschland war Marx' Kapitalismuskritik erst wieder ein Thema, als in den USA 2008 plötzlich die Hypothekenkrise losbrach und Weltfinanzsystem wie Weltwirtschaft in ärgste Turbulenzen stürzte. Recht unsanft wurden Erinnerungen an das schwere Beben der Weltwirtschaft von 1929 geweckt. All die neunmalklugen »Weisen« der Wirtschaftstheorie wurden davon kalt erwischt. Seitdem wird Marx zumindest zugestanden, dass er nicht länger zu ignorieren ist. Der langjährige Chef des hart wirtschaftsliberalen Münchner ifo-Instituts Hans-Werner Sinn lobte jetzt Marx' Krisentheorie als »hochaktuell«.[50] Der des Sozialismus unverdächtige Kardinal Reinhard Marx bescheinigte seinem Namensvetter sogar, er sei »der Bruder aller Menschen«. Der Kirchenfürst war sich sogar einer bevorstehenden »Renaissance des Marxismus« sicher.[51] Das Magazin Cicero, das nun wirklich kein Hort linker Umtriebe ist, erklärte seinen Leser*innen, »warum Marx immer noch aktuell ist«.[52] Selbst Marx' Werke ließen sich auf einmal wieder verkaufen.[53]

Das Ganze ist nun anderthalb Jahrzehnte her. Mittlerweile gehört es unter den strammsten Neoliberalen zum guten Ton, Marx wenigstens symbolisch Achtung zu zollen, um sich nicht komplett blamiert zu zeigen. Aber Marx' Art, die Dinge zu betrachten, fristet an ökonomischen Fakultäten und Hochschulen nach wie vor ein Schattendasein – obwohl die herrschende Schule in den Wirtschaftswissenschaften unfähig ist, die immer wiederkehrenden Krisen und Instabilitäten der globalen Wirtschaft zu beschreiben, geschweige denn zu erklären. Man produziert beeindruckende Rechenmodelle in höherer Mathematik und Statistik und umgibt sich dadurch mit einer Aura allwissender Durchdringung der ökonomischen Welt. Unter dem Strich bleibt aber nur der an religiösen Wahn grenzende Glaube, Märkte und Marktökonomien neigten zum Gleichgewicht und sicherten eine stabile wirtschaftliche Entwicklung.

Marx war seinerzeit schon hellsichtiger. Er sah in der aufkommenden kapitalistischen Ordnung eine innere Antriebsdynamik, die sich nicht auf den ersten Blick zeigt. Ich erinnere mich noch daran, wie mich beim ersten Lesen des »Kommunistischen Manifests« die geradezu hymnische Würdigung der Leistungen des Bürgertums irritiert hat. »Die Bourgeoisie hat in ihrer kaum hundertjährigen Klassenherrschaft massenhaftere und kolossalere Produktionskräfte geschaffen als alle vergangenen Generationen«, heißt es da, »welches frühere Jahrhundert ahnte, dass solche Produktionskräfte im Schoß der gesellschaftlichen Arbeit schlummerten«.[54] Das war aber keine ritterliche Geste von Sportsgeist gegenüber dem Gegner, wie ich bald verstand. Es war eine mir bis dahin unbekannte Methode, die Welt in ihrer Widersprüchlichkeit wahrzunehmen. Das »Manifest«, dieses große Stück Weltliteratur, ist schon deshalb ein Zeugnis der intellektuellen Größe und des Weitblicks von Engels und Marx, weil in der Zeit seiner Entstehung – um 1848 – die großen technischen, wissenschaftlichen und ökonomischen Umwälzungen gerade erst in Babyschuhen daherkamen.

Märkte, kapitalistische Praktiken und Institutionen hatte es zwar schon sehr lange gegeben.[55] Aber erst in England geschah um 1780, was die Wirtschaftstheorie als »Abflug zum sich selbst erhaltenden Wachstum«[56] bezeichnet. Die Voraussetzungen für diese »Industrielle Revolution«, die zunächst nahezu unbemerkt im englischen Textilsektor vor sich ging, hatten sich in Europa bereits seit dem 12. Jahrhundert aus dem Fernhandel heraus entfaltet.[57] Seit der Mitte des 15. Jahrhunderts war durch Handel und auch mit Gewalt, von politischen Machtansprüchen und kommerziellen Interessen gleichermaßen angetrieben, ein weltwirtschaftliches System entstanden.[58] Sein Zentrum lag in Westeuropa, es begünstigte eine Ausbreitung kapitalistischer Praktiken. Aber in England nahmen nun erstmals in der Geschichte der Menschheit die Produktivkräfte in einer Weise Fahrt auf, mit der eine »konstante, schnelle und bis zur Gegenwart uneingeschränkte Vermehrung von Menschen, Sachgütern und Diensten«[59] möglich wurde. Bis heute ist nicht ganz klar, weshalb der kapitalistischen Produktionsweise ausgerechnet in England ihre Geburtsstunde schlug.[60] Aber von da an wurde es zur gesellschaftlich dominierenden Norm und zum Zwang, die Kräfte der Produktivität permanent zu revolutionieren und auszuweiten. Marx nannte das die »kapitalistische Produktionsweise«.

Aus den bürgerlich-liberalen Verhältnissen, in denen die Menschen einander rechtlich als Freie und Gleiche begegnen, war eine neue Art der Produktion entstanden, die auf dem privaten Eigentum an Fabriken, Maschinen und der sonstigen Arbeitsmittel beruht. Diese Produktionsweise war – anders als davor die feudale, genossenschaftliche und gemeinschaftliche Produktion – nicht mehr in politische, soziale oder moralische Bindungen eingebettet. Bislang hatten die Menschen alle Güter zur Befriedigung menschlicher Bedürfnisse produziert, um Gebrauchswerte zu schaffen. Von nun an wurden Waren für einen anonymen Markt hergestellt. Anfangs machte das für viele Beobachter*innen kaum einen Unterschied. Ohnehin sollte es noch einige Zeit dauern, bis diese Produktionsweise von England aus ihren Siegeszug auf dem Kontinent antreten sollte. Trotzdem könnten die Unterschiede zwischen feudalen und kapitalistischen Formen des Wirtschaftens kaum fundamentaler sein. Marx war einer der Ersten, die das erkannten. Also machte er sich auf den Weg, die Anatomie dieser Produktionsweise zu untersuchen und ihre »Bewegungsgesetze« zu ergründen.

Die kapitalistische Produktion muss »Tauschwert« realisieren, Profit erzielen. Da die meisten Güter arbeitsteilig hergestellt werden, kaufen die Kapitalisten (es waren damals ausschließlich Männer) die dafür erforderliche Arbeitskraft ein und entlohnen ihren Tauschwert. Formal ist das ein »gleicher Tausch«: Arbeitskraft gegen den am Arbeitsmarkt erzielbaren Lohn. Aber die Arbeit schafft mehr Wert, als von den Kapitalisten entlohnt wird. Im Produktionsprozess selbst eignen sie sich daher einen Teil des durch die Arbeitskraft geschaffenen Werts privat an. Diese Aneignung menschlicher Arbeitskraft hat Marx als Ausbeutung bezeichnet. Darin steckt auch ein moralischer Vorhalt. Bis heute sind dadurch sittenstrenge Anklagen gegenüber der Kapitalistenklasse motiviert, bis hinein in konservative Kreise. In der gesellschaftlichen Linken sind sie ein verlässlicher Teil der Empörung über »die Verhältnisse«, »das System«.

Aber diese Moralfrage war für Marx gar nicht das Entscheidende. Ihm ging es vor allem um die Konsequenzen dieser Versuchsanordnung: Der Tauschwert rückt bei der Gütererzeugung in den Mittelpunkt. Das ist der am Markt erzielbare Profit und damit ein ausschließlich ökonomischer Zweck. Damit sind die Kapitalisten in der Konkurrenz zu anderen Kapitalisten gezwungen, die Produktion permanent neu zu revolutionieren und die Produktionsmittel wie auch die Produktion selbst immer stärker auszuweiten. Um auf dem Markt bestehen zu können, bleibt den Kapitalisten nur die Möglichkeit, die Produktivität menschlicher Arbeit fortwährend zu steigern. Sie müssen die Arbeitsteilung verfeinern, neue Produktionsverfahren entwickeln, teure Arbeitskräfte durch Maschinen ersetzen oder den Lohn drücken – meistens alles gleichzeitig. Jeder muss schneller sein als die anderen, um – meist nur für sehr kurze Zeit – vorn zu bleiben und »Extraprofite« zu realisieren. Die erzielten Profite können auch nicht einfach verfrühstückt werden: Kapitalisten müssen bei Strafe des eigenen Untergangs einen Großteil ihrer Profite wieder investieren oder, wie es bei Marx und Engels heißt, »Kapital akkumulieren«.

Für mich ist das die eigentliche Pointe bei Marx: Die Produktion von Waren wird im Kapitalverwertungsprozess zum ökonomischen Selbstzweck. Es wird nicht produziert, was die Menschen benötigen, sondern was Profite verspricht. Für die fortgesetzte Akkumulation des Kapitals muss die Produktion immerzu wachsen. Kapitaleinsatz und -akkumulation erscheinen »als Ausgangspunkt und Endpunkt, als Motiv und Zweck der Produktion«.[61] Dieser ganze Prozess wiederholt sich stets zwanghaft auf höherem Niveau: »Die Bewegung des Kapitals ist daher maßlos.«[62] Es ist diese Dynamik, die die wirtschaftlichen Grenzen der Nationalstaaten niederreißt, die Arbeitsproduktivität grenzenlos steigert, immer größere Mengen an Konsumgütern hervorbringt und schließlich den die ganze Erde umfassenden Weltmarkt erobert.[63]

Ich habe mich immer gefragt, warum sich der blödsinnige Satz »Zeit ist Geld« im Alltagsverstand so vieler Menschen festsetzen konnte. Ganz offensichtlich ist Lebenszeit ja kein Geld, sondern gelebtes Leben. Aber im Kapitalismus hat dieser Satz seinen Sinn: »Das Kapital treibt seiner Natur nach über jede räumliche Schranke hinaus. Die Schöpfung der physischen Bedingungen des Austausches«, heißt es bei Marx, »wird also für es in ganz andrem Maße zur Notwendigkeit – die Vernichtung des Raums durch die Zeit.«[64] Marx prognostizierte schon damals, dass die noch kaum zu erahnende Revolution von Kommunikations- und Transporttechnologien das Ganze noch weiter beschleunigen würde.

Die klassische liberale Lehre sieht die »Natürlichkeit« einer Marktgesellschaft mit der Neigung der Individuen zum Tausch und der Neigung der Tauschmärkte zu Stabilität und zum Gleichgewicht begründet.[65] Für sie ist das die Welt, die der menschlichen Natur am ehesten entspricht. Marx setzt dieser Deutung eine andere Analyse entgegen: Die kapitalistische Dynamik ist alles andere als »natürlich«. Sie erscheint nur so. Der Kapitalismus ist ein gesellschaftliches Herrschaftsverhältnis – von Menschen über Menschen. Aber es ist zugleich »verdinglichte Herrschaft«, nämlich die des Kapitals über *alle* Menschen, sie erscheint als eine »Herrschaft von Sachen«. Für Marx ist der Kapitalismus in der Menschheitsgeschichte deshalb lediglich die Gesellschaftsform der modernen Epoche. Er trägt die Tendenz in sich, das komplette menschliche Zusammenleben und die Natur seiner besonderen ökonomischen Reproduktionslogik zu unterwerfen. Das ist der »stumme Zwang der ökonomischen Verhältnisse«, von dem bereits oben die Rede war.

Deshalb hatte Marx nicht allzu viel übrig für ein Kapitalismusbild, das den Kapitalisten als düstere Gestalt mit Melone, Monokel und Zigarre zeichnete, der auf großen Geldsäcken mit Dollarzeichen hockt und sich angesichts des Schweißes, der Mühsal und der Armut der geschundenen Fabrikbelegschaft lüstern grinsend die Hände reibt. Marx war klar, dass es nicht einfach eine Frage der Moral oder der Menschlichkeit ist, welche Löhne der einzelne Kapitalist zahlt oder welche Arbeitsbedingungen er schafft. Der Kapitalist schafft die Produktionsverhältnisse nicht nur immer wieder neu, sondern er ist ihnen durch den Konkurrenzmechanismus auch selbst unterworden. Entweder spielt er das Spiel mit oder er geht in Konkurs – und hört damit auf, Kapitalist zu sein. Für die eher schlichte Vorstellung mancher Einfaltspinsel vom Kapitalismus hätte Marx deshalb wohl nur Spott übriggehabt.

Aber wie findet diese »Unterwerfung« aller gesellschaftlichen Sphären unter das Kapitalverhältnis jetzt praktisch statt? Es liegt auf der Hand, dass eine Gesellschaft nur eine »Marktgesellschaft« sein kann, wenn die Verteilung und der Zugang zu allen Ressourcen, die für die wirtschaftliche Reproduktion gebraucht werden, »marktförmig« organisiert werden. Kaufen und verkaufen, das ist das allgemeine Grundgesetz einer solchen Ordnung. Arbeitskraft, Boden und Geld mussten deshalb zur Verfügbarkeit auf Märkten in Waren verwandelt werden. Arbeitskraft, Boden und Geld sind aber eigentlich keine Waren.[66]

»Arbeitskraft« ist nur ein anderer Begriff für die Vielfalt von Tätigkeiten, die das menschliche Leben insgesamt ausmachen.[67] Auf die Arbeitskraft zuzugreifen bedeutet zwangsläufig, auch auf die Menschen in ihrer physischen, psychischen und moralischen Beschaffenheit zuzugreifen. Menschen der Konkurrenz und dem Kommando der Lohnarbeit zu unterwerfen, prägt ihr Denken und Handeln, ihre Lebensumstände, soziale oder kulturelle Einstellungen und Kompetenzen. Prüfen wir uns selbst: Wir brauchen (fast) alle eine Lohnarbeit (oder sogar mehrere), um physisch existieren zu können. Was uns da offensteht und was nicht, wie wir arbeiten dürfen oder arbeiten müssen, bestimmt uns ganz entscheidend als gesellschaftliche Wesen – was wir essen, wie gesund oder krank wir sind, wie wir anderen Menschen und welchen wir überhaupt begegnen, welche Entfaltungschancen wir auf der Arbeit haben und auch sonst – ja selbst, wie wir von anderen Menschen angesehen werden, anders ausgedrückt: welchen »Wert« uns andere Menschen zumessen.

Im Produktionsprozess ist das paradox.[68] Arbeit ist immer Kooperation. Das geht nur gemeinsam. Gleichzeitig stehen wir uns auf dem Arbeitsmarkt als Konkurrenz gegenüber. Um die Arbeitsproduktivität kontinuierlich steigern zu können, ist das Unternehmen auf aktive Beteiligung, »Identifikation«, individuelle und kooperative Sinnstiftung am Arbeitsplatz angewiesen. Deshalb gibt es in manchen Betrieben jetzt auch gemütliche Sofas, Billardtische oder Tischtennisplatten.[69] Gleichzeitig diszipliniert und fesselt der Produktionsprozess menschliche Individualität und Kreativität permanent mit vorgegebenen Absatzzahlen, Planung und Kontrolle. Wer mit dem Rad Essen ausfährt oder im Logistikzentrum Pakete sortiert, wird mit modernen Apps oder Sensortechniken jede Sekunde überwacht. Das Lohnarbeitsverhältnis bewirkt gewissermaßen eine widersprüchliche Zurichtung der Menschen innerhalb seiner ökonomischen Zwänge: »Die Produktion produziert … nicht nur einen Gegenstand für das Subjekt, sondern auch ein Subjekt für den Gegenstand.«[70] Das ist ein Prozess voller Konflikte und Reibungen, der nicht nur unsere Gesellschaft insgesamt arg beansprucht, sondern auch die Gemüter der einzelnen Menschen.

Als auf meiner Ferienlagerdisko in den 1980er Jahren der Neue-Deutsche-Welle-Hit »Jetzt wird wieder in die Hände gespuckt, wir steigern das Bruttosozialprodukt« von der Band Geier Sturzflug gespielt wurde, fand ich das nur lustig. Ich wusste damals noch nicht, dass zur gleichen Zeit in Japan der Begriff »Karoshi« (für das Phänomen, sich zu Tode zu arbeiten) Karriere machte.[71] Beides zeigt aber: Kapitalismus ist nicht nur eine zweckmäßig scheinende ökonomische Form, sondern auch politische und soziale Herrschaft über Menschen. Verwertungsdruck bedeutet »Arbeitskosten« zu senken, mehr »Wert« aus einer Arbeitsstunde herauszuholen oder Menschen durch Maschinen zu ersetzen. Der Druck auf die Arbeitskraft wirkt enorm, und tendenziell ist immer weniger menschliche Arbeit nötig, um immer größere Mengen von Waren zu erzeugen.[72] Das Potenzial zur Befreiung vom Zwang zur Arbeit für die materielle Reproduktion des Menschen – als Teil des utopischen Versprechens – wurzelt bei Marx in diesem Mechanismus.

Mit der Ökosphäre, der Grundlage unserer Existenz als menschliche Gattung, ist es nicht anders als mit der Arbeit: Die Erde wird zum Katasterauszug, Grund und Boden zur Handelsware. All ihre gesellschaftlichen Funktionen sind im Kapitalismus auf »wertbildende« Komponenten reduziert. Egal ob in der Landwirtschaft, beim Bau von Fabriken und Wohnhäusern, bei der Gewinnung von Naturressourcen oder dem Abbau von Bodenschätzen – der Kaufpreis für jedes Stückchen Erde ist Maß dafür, was sich wirtschaftlich »aus ihm herausholen« lässt. Marx hat deshalb die industrielle Landwirtschaft im Kapitalismus als »Kunst« beschrieben, »den Boden zu berauben«, als »Fortschritt im Ruin der dauernden Quellen« seiner Fruchtbarkeit.[73] Damit der Kapitalverwertungsprozess weiterlaufen kann, werden unsere Naturressourcen immer exzessiver übernutzt und ausgeplündert. Ein immer größer werdender »Riss« im menschlichen »Stoffwechsel mit der Natur«[74] ist die logische Konsequenz.

Auch die Verwandlung von Geld in eine Ware ist eine solche Fiktion.[75] Geld war immer schon eine soziale Konstruktion. Es symbolisierte ursprünglich einfach Kaufkraft. Erst durch den Mechanismus von Kredit und Warentausch erhielt es im Kapitalismus seine Warenform.[76] Hier ist es das allgemeine Äquivalent für den Warentausch, das Wertmaß für die gesamte Warenfülle – sozusagen das »Schmiermittel« im kapitalistischen Verwertungsprozess. Es ist die »höchste Abstraktion«, die allgemeinste Vermittlung der Aneignung von Arbeitskraft und Naturressourcen. Im Kredit und seiner Verzinsung ist vom konkreten Produktionsgeschehen keine Spur mehr zu entdecken. Das Geld verschwindet als Kapital im Verwertungsprozess und kehrt als »mehr Geld« zurück zum Ausgangspunkt.[77] Wie das konkret passiert, sehen wir aber nicht mehr. Es »arbeitet«, wie es so schön heißt, nur noch »das Geld«.

Immer mehr Produktion verlangt nach immer mehr Kapital. Dieses Kapital wird von Banken oder Kapitalgesellschaften vorgestreckt und fordert seine Verzinsung, die aber nur im Produktionsprozess realisiert werden kann.[78] Das Ganze hat deshalb von vornherein eine spekulative Dimension, denn jede Investition ist eine Wette auf die Zukunft. Wenn solche Wetten aus ökonomischen Gründen oder wegen eines außerökonomischen »Schocks« in großem Maßstab schiefgehen, stottert der Motor der Kapitalverwertung oder wird ganz abgewürgt. Dann gibt es eine ökonomische Krise.

Akkumuliertes Kapital braucht immer neue lukrative Möglichkeiten, sich zu verwerten. Deshalb revolutioniert sich auch das Finanzsystem selbst immer wieder mit »Innovationen«, zuletzt hat das die US-Bankenkrise gezeigt. In Investmentfirmen und Banken sind Tausende Menschen täglich mit nichts anderem beschäftigt, als sich neue und immer ausgefallenere »Finanzprodukte« – Bonds, Derivate und Obligationen – auszudenken, in denen die Risiken der Investitionen scheinbar verschwunden sind. Diese Schuldtitel und Versicherungswetten werden dann anderen Menschen untergejubelt, die ihr Geld anlegen wollen und müssen. In der Welt des kreditfinanzierten Wachstums verschwimmen deshalb systematisch die Grenzen zwischen realem und fiktivem Kapitaleinsatz. Es bauen sich spekulative Blasen auf, die sich vom eigentlichen Produktionsprozess und seinen Ergebnissen – manche sagen: »der Realwirtschaft« – komplett ablösen. Das mag für eine ganze Weile gutgehen. Aber irgendwann wird deutlich, dass solche »Schecks nicht gedeckt« sind. Dann platzt die Spekulationsblase, und im Casino bricht der Angstschweiß aus. Solche Krisen im Finanzsektor können die gesamte Wirtschaftssphäre mit sich in den Abgrund reißen, wir haben es 2008 erlebt.[79] Plötzlich wollen alle ihr Geld in Sicherheit bringen und erzeugen wie im Herdentrieb eine Kreditklemme, die selbst die produktivsten Unternehmen in die Zahlungsunfähigkeit stürzt. Auch die Finanzspekulation ist kein ganz modernes Phänomen.[80] Aber erst im Kapitalismus kann sie solche ökonomischen Erdbeben auslösen, die die Stabilität der Gesellschaften insgesamt erschüttern.

Marx beschreibt den Kapitalismus als ein von den Menschen gemachtes Verhältnis der Beherrschung von Menschen und Natur. In dieser sozialen Struktur wird die Vielfalt der gesellschaftlichen Beziehungen anonym und abstrakt »am Markt« durch Geld vermittelt. Sie erscheint uns deshalb als selbstverständlich und natürlich. Wenn wir uns ein Mobiltelefon oder ein Elektroauto kaufen, machen wir uns um die darin enthaltenen Coltan-, Kupfer-, Lithium- und Silberanteile in der Regel keine Gedanken. Auch nicht darüber, unter welchen Arbeitsbedingungen sie auf welchem Kontinent mit welchen Verwüstungen der Natur aus der Erde geholt wurden.[81] Wenn ich mir ein Stück Fisch aus der Tiefkühltruhe angle, ist dem Päckchen nicht anzusehen, ob Seeleute auf den Tankern der Fischereiflotten der Welt in Zwangsarbeit gehalten oder gar in den Tod getrieben worden sind, welche Schäden die Meere genommen haben oder ob sich die Fischbestände im Ozean jemals regenerieren können.[82] Wir sind jeden Tag damit beschäftigt, irgendwelche Waren zu kaufen und zu verkaufen. Welche Auswirkungen das auf die sozialen und zwischenmenschlichen Beziehungen[83] oder unser Verhältnis zur Ökosphäre hat, ist uns dabei oft überhaupt nicht bewusst. Die Folgen unseres Handelns verschwinden in einer Kette von Zahlungsvorgängen, und damit verschwinden sie aus unserem Bewusstsein.

Auch wenn die Kapitalverwertung potenziell schrankenlos ist, steckt sie voller Widersprüche.[84] Deshalb sind Erschütterungen programmiert, kleinere und größere, auf die »allseitigere und gewaltigere Krisen« folgen und zugleich »die Mittel, den Krisen vorzubeugen, vermindert«[85] werden. Es gab eine Zeit, in der sich auch die bürgerliche Wissenschaft dieser Instabilitäten des Kapitalismus bewusst war. Der Ökonom Joseph A. Schumpeter nannte die »Ausdehnung und Konzentration, Krisenhaftigkeit und Selbsttransformation«[86] des Kapitalismus »schöpferische Zerstörung«[87], der Sozialist Karl Polanyi sprach von der »Teufelsmühle«[88].

Nach 1945, nach den Weltkriegen und Krisen, war der Ruf des Kapitalismus ziemlich im Eimer. Die CDU der britischen Zone schrieb in ihrem Ahlener Programm 1947, das »kapitalistische Wirtschaftssystem« sei »den staatlichen und sozialen Lebensinteressen des deutschen Volkes nicht gerecht geworden« und deshalb sei »eine Neuordnung von Grund aus« erforderlich.[89] Kurze Zeit später setzte sich in Westdeutschland für den Kapitalismus die euphemistische Bezeichnung »soziale Marktwirtschaft« durch. Vermutlich sollte der östlichen Konkurrenz im aufziehenden Kalten Krieg kein Propagandafutter zugespielt werden. Aber die Kapitalverwertung ordnet sich alle gesellschaftlichen Verhältnisse und Beziehungen permanent aufs Neue unter. Eine freundlichere Bezeichnung ändert daran nichts.

In diesem Kapitel war jetzt viel von Kapitalismus die Rede, vom Sozialismus aber überhaupt nicht. Damit will ich keinesfalls ablenken oder relativieren: Linke dürfen heutzutage nicht einfach vergessen, dass der Traum von einer besseren Welt im »real existierenden Sozialismus« für Millionen Menschen zu einem Alptraum von Terror und Diktatur geworden war. Ich wollte ja verstehen, was es mit dem Sozialismus auf sich hatte. Warum kam es so? Könnte es auch anders gehen? Wenn ja, wie könnte es gehen? Dazu braucht es einen Begriff vom Kapitalismus – das Verständnis der kapitalistischen Realität ist für sozialistisches Denken der zentrale Bezugspunkt. Erst dann lässt sich vernünftig über Sozialismus sprechen. Und das tue ich im folgenden Kapitel.

DRITTES KAPITEL

SOZIALISMUS

MARX' KATEGORISCHER IMPERATIV UND DIE KRITIK DER HALBEN FREIHEIT

Der Sozialismus war, sagt der Sozialphilosoph Axel Honneth, »von Anfang an eine Bewegung der immanenten Kritik der modernen, kapitalistischen Gesellschaftsordnung«.[90] Das ist ein immens wichtiger Punkt. Honneth will uns damit klarmachen, dass sozialistische Ideen nicht einfach zufällig aus irgendeinem Jenseits, als Phantasterei weltfremder und verschrobener Gestalten, in die Gesellschaft strömten. Sozialistische Ideen sind entstanden, weil Menschen die bestehende Realität – den »Ist-Zustand« – mit den Verheißungen und Potenzialen der gesellschaftlichen Verhältnisse abgeglichen haben, um daraus Möglichkeiten zu entwickeln, diese Realität zum Besseren zu verändern. Welche Metamorphosen hat sozialistisches Denken seitdem durchlaufen? Das lässt sich am besten vom historischen Ausgangspunkt her verstehen, dem Niedergang des Feudalismus.

Als um 1780 in England die »Industrielle Revolution« Fahrt aufnahm, herrschten überall in Europa absolute Erbmonarchen an der Spitze von Adelshierarchien, flankiert von der Kirche und anderen vormodernen Institutionen und Traditionen. Nur in England hatte das Bürgertum schon 1688 seine Glorreiche Revolution vollbracht und Königtum und Staatskasse an die parlamentarische Kandare genommen. Das Feudalsystem erlebten die weitaus meisten Menschen im Alltag als eine Welt kriegerischer Verheerungen, grassierender Seuchen und durch Missernten verursachter Hungersnöte, als eine Zeit der göttlichen Willkür, die durch beschwörende Riten gebannt werden musste, eine Zeit von Tyrannei, Leibeigenschaft, Folter und Hexenprozessen. Die große Mehrheit der Bevölkerung litt bitterste Armut, an den Fürstenhöfen herrschten dagegen Verschwendungssucht und Prunk. Aber die feudale Welt war damals schon in Bewegung geraten. Die ideellen Weltdeutungen, die jahrhundertelang die Herrschaft absoluter Fürsten legitimiert hatten, konnten immer weniger standhalten. Sie erodierten.

An ihre Stelle trat ein vom Fortschritt der Wissenschaft geprägtes säkulares Denken, das die materialistischen und empiristischen Methoden der Naturwissenschaften und Technik auch auf die Gesellschaft anwendete. Vordenker wie Hume, Voltaire oder Kant waren davon überzeugt, dass das menschliche Zusammenleben und die Menschen selbst nach rationalen Kriterien organisiert werden könnten und dass es an ihnen sei, diese Herausforderung zu bewerkstelligen. Das war die Geburtsstunde der Aufklärung. An ihrer vordersten Front stand im 17. und 18. Jahrhundert nicht nur zufällig das aufstrebende Bürgertum. Diese neue Klasse hatte es nicht durch Adelserbfolge und Gottesgnade, sondern durch eigene Arbeit in Handel, Handwerk und Manufakturwesen »zu etwas gebracht.« Sie hielt deshalb viel auf den eigenen Fleiß, Strebsamkeit, Sparsamkeit und rationales Kalkül. Aufklärung und liberales Denken, die natur- und vertragsrechtlichen Konstruktionen für die wünschenswerte Beschaffenheit der Welt, in der der einzelne Mensch und sein »Streben nach Glück« im Mittelpunkt stehen sollten – das entsprach ihrer Weltsicht und ihren ökonomischen Interessen. Damit einher gingen die Forderungen nach individuellen Freiheitsrechten, Gleichheit, Privateigentum und Volkssouveränität. Diese neuen Ideen, das stand für die Leute aus dem Bürgertum ganz außer Frage, ließen sich nur durch den Sturz der alten Regimes realisieren. Das war ein radikales, revolutionäres Ansinnen, das vor allem dort fruchtete, wo die Fundamente der alten Verhältnisse schon heftig erschüttert waren: in Großbritannien und Frankreich.[91]

Aber liberale Vordenker wie Adam Smith, der bis heute mit großem Pathos zur Legitimation kapitalistischer Verhältnisse herangezogen wird, konnten überhaupt noch nicht ahnen, welche Dynamik die »Industrielle Revolution« in England auslösen würde. Smith hatte die Ökonomie nie als Selbstzweck betrachtet. Sein berühmtes Werk »Der Wohlstand der Nationen«[92] von 1776 zeugt davon. Für ihn war sie nur eine besondere Sphäre menschlicher Aktivitäten, die nach eigenen »Gesetzen« funktionierte und entsprechend organisiert werden müsse. Den Eigennutz der Individuen hielt er ganz sicher für förderlich. Aber durch die Wirtschaft sollten höhere Ziele verfolgt werden. Individuelles Glücksstreben ohne Bevormundung durch die Fürsten, freie Arbeit und Eigentumsbildung galten den frühen Liberalen ganz selbstverständlich als notwendige Fundamente von Gleichheit und Freiheit. Aber sie hatten dabei lediglich das Eigentum im Blick, welches die unmittelbare Existenz sichern sollte: die Arbeitsmittel der Handwerker, Bauern und Gewerbetreibenden.[93]

Das Kapitalverhältnis, wie ich es zuvor beschrieben habe, gab es damals noch nicht. Bürgertum und Liberalismus verstanden sich in dieser Zeit als Repräsentanten eines allgemeinen gesellschaftlichen Fortschritts, der nicht ihnen allein, sondern der gesamten Menschheit nutzen sollte. Der Fortschritt würde sich in allen Sphären des gesellschaftlichen Lebens unaufhaltsam Bahn brechen, sobald die überkommenen Institutionen beseitigt wären. Es war also eine universelle Befreiungsmission: Die »gesamte Menschheitsgeschichte«, schrieb der britische Kulturwissenschaftler Terry Eagleton, »worunter die meisten dieser Denker im Grunde Europa verstanden«, würde »in einem Zustand der Freiheit, Harmonie und wirtschaftlichen Prosperität gipfeln«.[94]

In Frankreich war die absolutistische Fassade noch intakt, als 1789 in und um Paris plötzlich die Revolution losbrach. Ludwig XVI. war pleite und gezwungen, die »Generalstände«, das waren die Repräsentanten des Adels, des Klerus und des Bürgertums, nach Versailles zu laden. Genau wie in England 1688 ging es also auch in Frankreich ursprünglich um die Kontrolle über die Staatsfinanzen. Aber die Sache lief ihm gehörig aus dem Ruder. Der »Dritte Stand«, das Besitzbürgertum, konstituierte sich als Nationalversammlung und proklamierte im Namen aller Nichtadeligen – 96 Prozent der Bevölkerung[95] – Menschenrechte und Verfassung unter der Parole »Freiheit, Gleichheit, Brüderlichkeit«. Eine historisch beispiellose

Entladung der aufgestauten Widersprüche fegte das alte Regime schließlich hinweg und beraubte die Monarchie buchstäblich ihres Kopfes.

Wäre es dem Bürgertum um sein nacktes ökonomisches Interesse gegangen, hätte es sich, wie ein Jahrhundert zuvor in England, mit etwas Herrschaftskontrolle und wirtschaftlicher Freiheit begnügen können. Einem Teil dieser Klasse hätte das auch genügt. Aber das Bürgertum wurde von seinen radikaldemokratischen Vertretern im Bündnis mit den Habenichtsen unter der Fahne der Ideen der Aufklärung zur politischen Herrschaft getrieben. Die frühproletarischen Massen sollten die Französische Revolution in den folgenden Etappen des Revolutionsgeschehens immer wieder vorantreiben und verteidigen.[96] Denn die Nichtbesitzenden teilten die mit der Revolution verbundenen euphorischen Zukunftserwartungen des Bürgertums. Die Aufklärung war deshalb auch nicht einfach eine Ideologie des Bürgertums oder des Kapitalismus: »Alle fortschrittlichen, rationalistischen und humanistischen Ideologien«, betonte Eric Hobsbawm, »sind in ihr enthalten und entsprangen ihrem Schoß«.[97]

So auch der Sozialismus. »Freiheit! Gleichheit! Brüderlichkeit!« – diese moralischen Ansprüche an eine gerechte Ordnung der Welt waren jetzt in einer Verfassung und in Menschenrechtserklärungen niedergeschrieben worden.[98] Alle weltverbessernden Bewegungen konnten sich darauf berufen, und in dieser Gedankenwelt bewegten sich auch die »frühen Sozialisten«. Die wirtschaftlich-liberalen, rein individuell verstandenen Freiheiten, das hatten sie erkannt, ließen einen »inneren Widerspruch im Prinzipienkatalog«[99] der französischen Revolution aufscheinen, der zulasten der Gleichheit und auch umfassender Freiheit ging. Diese Freiheit war für sie nur eine halbe Freiheit: »Solange man nicht beweisen konnte, dass alle Mitglieder der Gesellschaft die gleiche Chance hatten, Eigentum zu erwerben«, gingen wirtschaftlicher Liberalismus und soziale Demokratie nicht zusammen.[100] Die frühen Sozialisten teilten also mit dem Liberalismus des Bürgertums dieselben Grundsätze. Sie sahen aber auch, dass die neuen Verhältnisse der Masse der Besitzlosen nur die Freiheit gebracht hatten, ihre Arbeitskraft zu verhökern. Deshalb zogen sie aus diesen Grundsätzen die radikalere Schlussfolgerung, der Gleichheitsanspruch aller Menschen dürfe nicht auf formale Gleichheit gegenüber dem Staat begrenzt bleiben, sondern müsse auch auf die wirtschaftliche Sphäre erstreckt werden.

Das Wasser floss in jenen Tagen überreichlich auf die Mühlen von Weltverbesserern. Es war nur noch eine Frage der Zeit, bis die bürgerliche Revolution überall auf dem Kontinent ausbrechen würde. Die nichtbesitzenden Klassen lernten allerdings recht schnell, dass ihre Hoffnung auf ein besseres Leben sich durch diese Revolution nicht erfüllte. Sie blieben von der Politik ausgeschlossen und verharrten in Armut und Elend. Als die frühen Sozialisten der »Verschwörung der Gleichen« in Frankreich die empörenden Lebensbedingungen der Armen aufgriffen und die Revolution zur sozialen Revolution weitertreiben wollten, wurden sie vom Bürgertum heftig verfolgt.

In Lyon lehnten sich 1831 die Weber gegen die bürgerliche Herrschaft auf.[101] Das frühe Proletariat meldete erstmals selbständig seine Ansprüche an. Immer mehr ordnungsliebende Liberale begegneten der politischen Demokratie von nun an mit Argwohn und erwärmten sich für die konstitutionellen oder gar absolutistischen Herrschaftsformen, die die breite Masse von der Macht fern- und ihnen selbst die soziale Revolution vom Hals hielten. In England geriet die Umwälzung der Wirtschaft, die durch die »Industrielle Revolution« entfesselt worden war, für die Masse der Nichtbesitzenden zur »wahren Hölle menschlicher Erniedrigung«.[102] Die katastrophale Lage der Armen in den Elendsvierteln der Fabriksiedlungen und in den Slums der Bauernhöfe sprach jeder Rede von menschlicher Würde und irdischem Glück Hohn.

Dieser krasse Widerspruch zwischen Ideal und Wirklichkeit rief »in den Reihen des Bürgertums moralisch empfindsame und philosophisch gebildete Alternativdenker«[103] auf den Plan. Es war dann Karl Marx, der drei unterschiedliche nationale Reaktionen aus der Aufklärung – die englische Ökonomie, die deutsche Philosophie und den französischen Sozialismus[104] – zu einem Gedankengebäude verschmolz. Alle drei entstammten dem bürgerlich-liberalen Denken.

Der klassischen liberalen politischen Ökonomie entlieh Marx die Grundlagen seiner Kapitalismusanalyse. Er griff auf den französischen Sozialismus und die Hegel'sche Philosophie zurück und aktualisierte so die revolutionären bürgerlichen Ansprüche für das 19. Jahrhundert. Und mit dem französischen Sozialismus beschrieb er die Menschheitsgeschichte als eine Geschichte von Klassenkämpfen.

Mit dieser Melange von modernen Ideen vermochte Marx die Errungenschaften des Kapitalismus hymnisch zu besingen und gleichzeitig seine innere Widersprüchlichkeit und zwangsläufige Endlichkeit zu diagnostizieren. Ganz dialektisch schlussfolgerte Marx, die Entwicklung des Kapitalismus werde einen Punkt erreichen, an dem seine inneren Widersprüche den weiteren Fortschritt behindern und gleichzeitig die Kräfte zu seiner Überwindung freisetzen würden. In Gestalt der immer größer werdenden Arbeiterklasse bringe der Kapitalismus notwendigerweise seinen eigenen Totengräber hervor, der in der proletarischen Revolution siegen und den Sozialismus verwirklichen würde. Das ist der Hintergrund der im »Kommunistischen Manifest« von 1848 mit kraftvollen Worten beschriebenen historischen Mission der Arbeiterklasse.[105]

Karl Marx erlag in seiner nüchternen Art zu analysieren nur selten der Versuchung, über die konkrete Beschaffenheit der neuen Gesellschaft zu orakeln, die dadurch entstehen sollte. Aber es wird doch sehr klar, dass es ihm nicht einfach nur um die »gerechtere« Verteilung der Reichtümer ging, von der heute die meisten Linken sprechen. Das war zwar auch wichtig. Marx lag aber an einer grundsätzlicheren Kritik des bürgerlichen Freiheitsverständnisses und des liberalen Individualismus: Bürgerliche Freiheit und Gleichheit waren darin formal in der politischen Sphäre gewährleistet, in der ökonomisch bestimmten Alltagswirklichkeit blieben sie aber unvollkommen.[106] Denn dort treten die Menschen – nur sich selbst verpflichtet – einander als »Kaufmann«[107] gegenüber, statt solidarisch und in Bezug auf die gesamte Gesellschaft zu handeln. Marx zufolge entspricht ein derartiges Verständnis von Freiheit und Gleichheit deshalb der Gesellschaft kapitalistischer Konkurrenz. Weil aber die gesellschaftliche Weiterentwicklung auch in der bürgerlichen Gesellschaft nur aufeinander bezogen und gemeinsam bewerkstelligt werden kann, widersprechen Kapitalismus und »halbe Freiheit« aus Marx' Sicht einer vernünftigen und rationalen sozialen Ordnung der Welt, wie sie die Aufklärung vor Augen hatte.

Im Kapitalismus wächst die Produktivität unter Einsatz menschlicher und natürlicher Ressourcen derart an, dass ein permanenter Überfluss an Zeit und Gütern entsteht. Damit könnten die grundlegenden Bedürfnisse aller Menschen komfortabel gestillt werden. Erstmals in der Geschichte sind wirkliche, umfassende gesellschaftliche Freiheit und Gleichheit nicht mehr nur eine rein theoretische Option. Herrschaft, Ungleichheit und Mangel sind von Menschen gemacht und können prinzipiell auch durch die Menschen überwunden werden. Für Marx ist der Sozialismus deshalb diejenige Gesellschaft, in der »die freie Entwicklung eines jeden die Bedingung für die freie Entwicklung aller ist.«[108] Die Aufgabe des Sozialismus beschrieb er mit »dem kategorischen Imperativ, alle Verhältnisse umzuwerfen, in denen der Mensch ein erniedrigtes, ein geknechtetes, ein verlassenes, ein verächtliches Wesen ist«.[109]

Für mich ist das bis heute der Kern des Sozialismus, sein Credo. Dennoch hält sich in der sozialistischen Linken unserer Gegenwart – weit über sektiererische, orthodoxe Kleingruppen hinaus – ein verhängnisvoller Grundbestand von kruden Vorstellungen, der das Denken verkleistert. Eine Reihe von Linken nimmt für sich in Anspruch, über eine Art besonderes höheres Wissen zu den Idealformen des menschlichen Zusammenlebens zu verfügen. Sie meinen deshalb auch, der Einsatz aller denkbaren Mittel sei legitim, um die »Morgenröte des Menschengeschlechts« herbeizuführen. Darin mischt sich die Verachtung bürgerlicher Freiheitsrechte und eine geradezu fetischistische Fixierung auf die »Arbeiterklasse«. So heißt es dann, der Sozialismus sei nur durch einen grundlegenden Bruch mit allen bestehenden Verhältnissen zu verwirklichen und jede Anstrengung unterhalb dessen entweder »Opportunismus« oder vergebliche Liebesmüh. Ich will Marx davor in Schutz nehmen, als Kronzeuge für solche Haltungen in Geiselhaft genommen zu werden. Aber selbst die größten Geister können dem Denken ihrer Zeit nicht vollends entkommen. Sein umfangreiches Werk, das nicht frei ist von Widersprüchen, leistet derartigen Deutungen zumindest dann Vorschub, wenn es einfach eins zu eins auf die heutige Welt gestülpt wird.[110]

Marx und die revolutionären proletarischen Sozialisten des 19. Jahrhunderts waren ganz der Aufklärung verhaftet. Sie waren sich mit den bürgerlichen Liberalen darin einig, dass es in der menschlichen Geschichte immer nur vorwärts gehe.[111] In Marx' Werk selbst kann der Eindruck entstehen, der Sozialismus käme zukünftig quasi »naturgesetzlich« wie von selbst über uns.[112] Würde das so sein, wären wir grandiose Sozialist*innen, indem wir einfach die Füße hochlegen, uns Popcorn schnappen und abwarten. Menschen, die die Geschichte bewusst gestalten, bräuchte es dann nicht mehr. Es wäre auch unnötig und sinnlos, mit Ideen, Vorschlägen, Experimenten und sozialen Kämpfen auszuprobieren, wie sich der Kapitalismus hin zu größerer sozialer Freiheit verändern lässt.[113] Friedrich Engels hat später solchen Interpretationen des Marx'schen Denkens energisch widersprochen.[114] Aber sie sind immer noch sehr lebendig.

Da Marx die Gründe für die Verkümmerung der menschlichen Freiheit – die »halbe Freiheit« – vor allem in der kapitalistischen Produktion ausgemacht hat, sah er das entscheidende Hindernis für die Entfaltung der »vollen Freiheit« anfangs ebenso vor allem in der Ökonomie.[115] Die Frage, wie Gleichheit und Freiheit auch außerhalb der Fabrik für alle umfassend zur Geltung gebracht werden könnten, stellte sich ihm nicht. Die »volle Freiheit« des Menschen würde sich nach der sozialen Revolution und der Umwälzung der kapitalistischen Verhältnisse wie von selbst einstellen.[116] Auch bürgerliche Rechte und Freiheiten bräuchte es dann nicht mehr.[117] Auch diese linken Sichtweisen sind immer noch sehr lebendig. Daraus folgt dann heute, dass Menschenrechte und der Kampf um mehr soziale Freiheit in der demokratischen Sphäre[118] geringgeschätzt oder gar abfällig betrachtet werden. Es wird ein »grundlegender Bruch mit dem Kapitalismus« beschworen und man übt sich in Abgrenzung oder Denunziation gegenüber liberal-radikaldemokratischen oder anderen reformorientierten Kräften mit partiell gleichen Zielen.

Marx und Engels waren zeitlebens allerdings absolut pragmatisch. Sie wussten den Wert bürgerlicher Freiheiten für sozialistische Politik durchaus zu schätzen und traten jederzeit für die Ausweitung der bürgerlichen Demokratie ein. Marx verteidigte schon als junger Mann vehement die Pressefreiheit als Basis demokratisch-liberaler Verhältnisse.[119] Die Durchsetzung des Zehnstundentages in der englischen Industrie würdigte er sogar als revolutionäres Ereignis, als »Sieg eines Prinzips«, nämlich »der politischen Ökonomie der Arbeit«.[120] Karl Marx war überzeugter Anhänger der Ideale des Bürgertums und »ihrer großen revolutionären Werte: Freiheit, Selbstbestimmung und Selbstentfaltung«, wie Terry Eagleton betont: »Selbst abstrakte Gleichheit hielt er für einen gehörigen Fortschritt gegenüber den Hierarchien des Feudalismus«.[121] Friedrich Engels wehrte sich im hohen Alter gegen die Tendenz jüngerer Marxisten, jegliches Dasein auf der Welt mit ökonomischem Determinismus schematisch und dogmatisch erklären zu wollen.[122] Was hätten Marx und Engels wohl dazu gesagt, dass ihre Kritik an der unzureichenden liberalen Freiheit, Gleichheit und Demokratie im Kapitalismus manchen ihrer Jünger im 20. Jahrhundert als Begründung gedient hat, Freiheit und liberale Demokratie komplett zu negieren und zu beseitigen? »Der Liberalismus ist die Wurzel des Sozialismus«, schrieb Friedrich Engels 1892 seinem Freund Karl Kautsky, »will man also *radikal* verfahren, so muss man den Liberalismus kaputtmachen, dann verdorrt der Sozialismus von ganz selbst.«[123] Dieser Brief findet sich in den »Blauen Bänden«, herausgegeben im Auftrag der SED!

Auch mit der Rolle der »Arbeiterklasse« und der sozialen Revolution liegen die Dinge komplizierter, als es manchen Linken bis heute erscheinen mag. Als im Februar 1848 das Kommunistische Manifest erschien, waren die weitaus meisten Zeitgenossen davon überzeugt, dass ganz Europa vor einer revolutionären Phase stünde. Die Hoffnung auf eine »universelle, in Permanenz sich ausweitende Welle von Empörungen und Umwälzungen«, die schließlich zur »sozialen Revolution führen«[124] werde, war daher mehr als eine abenteuerliche Spekulation. Für Marx und Engels war klar, dass die sozialistische Revolution »in allen zivilisierten Ländern, d. h. wenigstens in England, Amerika, Frankreich und Deutschland gleichzeitig« stattfinden müsste. Sie sollte – strikt internationalistisch – »eine universelle Revolution« sein, sie hätte »ein universelles Terrain«.[125]

Tatsächlich begann in Frankreich am 24. Februar 1848 mit dem Sturz der Monarchie und der Ausrufung der Republik die europäische Revolution, der »Völkerfrühling«.[126] Sie erfasste den gesamten Kontinent und war buchstäblich sozial: Sie betraf alle sozialen Klassen und war zuallererst ein Aufstand der arbeitenden Massen der Städte Mittel- und Westeuropas. Aber sie endete in einer krachenden Niederlage. Das Bürgertum hatte aufgehört, eine revolutionäre Kraft zu sein. Es sah, dass die Arbeitenden seine gesellschaftliche Position herausforderten, und lernte, dass sich seine ökonomischen Ziele auch in den restaurierten konstitutionellen oder sogar absolutistischen Regimes verwirklichen ließen. Das Signal, das von den brennenden Barrikaden in Paris ausging, verwandelte die meisten Liberalen schlagartig in potenzielle Konservative. Das Proletariat, auf dem Marx' und Engels' gesamte revolutionäre Hoffnungen ruhen, war aber weder organisiert und reif genug zur Verwirklichung der Revolution, noch waren die ökonomischen, sozialen und politischen Voraussetzungen dafür vorhanden.

Heute ist mir klar, dass die Marx'sche Revolutionsvorstellung und sein Blick auf das Proletariat seiner Perspektive in dieser Epoche geschuldet waren. Die den arbeitenden Massen zugewiesene historische Mission, die »allgemeine Emanzipation des Menschengeschlechts« zu bewerkstelligen, entstammte eher seinem durch Hegel geschulten dialektischen Denken[127] als den realen Verhältnissen. Zwar kommt keine Theorie, die die Menschen zur Veränderung der Welt motivieren soll, ohne einen Adressaten aus, der sie bewirken soll. Und tatsächlich kommt, wir sehen es gleich, Marx' mobilisierende Beschwörung des Proletariats zum Ende des 19. Jahrhunderts noch auf andere Weise zu ihrem Recht. Aber seine Projektion, mit dem Proletariat eine gesellschaftliche Kraft identifiziert zu haben, deren Motive und Interessen mit der eigenen revolutionären

Vorstellung übereinstimmen, erwies sich als fataler Fehlschluss. Zwei Jahre später waren Marx, Engels und ihre Mitstreiter ziemlich desillusioniert. Die Jahre der Restauration empfand Marx als Sieg der Barbarei über die Zivilisation. Von seinen großen weltpolitischen Hoffnungen blieb er aber weiterhin erfüllt.[128]

In den folgenden Jahrzehnten hatten solche Erwartungen in der gesellschaftlichen Wirklichkeit keine Entsprechung mehr. Mit den Revolutionen, wie Europa sie seit 1789 für ein gutes halbes Jahrhundert erlebt hatte, verhielt es sich nun »in etwa so wie mit den Schlangen in England: es gibt sie, aber einen besonders bemerkenswerten Anteil an der Tierwelt stellen sie nicht« (Hobsbawm).[129] In den Jahren bis 1875 erlebte das Kapital eine Blütezeit, die »entwickelten« europäischen Länder erfuhren von England ausgehend eine massive Umwälzung und Expansion ihrer Ökonomie. Der Siegeszug des wirtschaftlichen Liberalismus löste einen beispiellosen Boom aus, der die arbeitenden Klassen, wie von Marx prognostiziert, anwachsen ließ.[130]

Nach anschließender wirtschaftlicher Depression konsolidierte sich der Kapitalismus im »imperialen Zeitalter« ab 1875 in Europa und auf dem Weltmarkt.[131] Die Staaten organisierten mit der zunehmenden Konkurrenz der Kapitale immer aktiver die politischen Voraussetzungen für die Kapitalverwertung im Interesse ihrer nationalen Bourgeoisien. Die Zeit des Freihandels gehörte der Vergangenheit an, von nun an gingen Protektionismus und die imperialistische Sicherung von Einflusszonen Hand in Hand. Durch diese Politik wurden die Auseinandersetzungen (zumindest mit) heraufbeschworen, die die spätere marxistische Theorie »Imperialismus«[132] nannte und die 1914 in den Ersten Weltkrieg münden sollten. Der Kapitalismus veränderte in diesen Jahrzehnten seine Form tiefgreifend, hin zum »Managerkapitalismus« mit einem wachsenden Gewicht des Finanzkapitals. Es war der Kampf der Starken und der Schwachen, ausgetragen um die Fähigkeit, wirtschaftliches Wachstum zu organisieren. Die Konzentration des Kapitals erreichte neue Spitzenwerte, es kam zu einer »präzedenzlosen Zusammenballung von Macht und Reichtum.«[133] Im letzten Drittel des 19. Jahrhunderts ging damit in den europäischen Zentren erstmals ein wirklich bedeutsamer Anstieg der Einkommen im gesellschaftlichen Durchschnitt einher. Auf internationaler und nationaler Ebene herrschte allerdings weiterhin unerträgliche Ungleichheit.[134]

In den Jahrzehnten nach der Niederlage des »Völkerfrühlings« wuchsen die sozialen Organisationen und Massenparteien des Proletariats, deren kurzfristige Ziele oft weniger revolutionär waren als ihre Rhetorik. So nahm die mächtige Arbeiterbewegung tatsächlich Gestalt an, die Marx 1848, als sie kaum rudimentär existierte, noch a priori vorausgesetzt hatte: Sie *war* nicht einfach. Sie *wurde* durch menschliches Handeln und die historischen Bedingungen erst *gemacht*.[135] Marx' Ideen und Handeln hatten daran aber einen großen Anteil.[136] Den Regierungen und dem Bürgertum galten die neuen Bewegungen als höchst gefährlich. Tatsächlich teilten sie »in Wirklichkeit mit dem Liberalismus die programmatische Grundlage«, die Werte der Aufklärung.[137] Sie kämpften für demokratisches Wahlrecht, für erste wohlfahrtsstaatliche Institutionen, verbesserte Arbeits- und Lebensbedingungen und allgemeine Bildung, teils für die Emanzipation der Geschlechter[138], der Sexualität und gegen Rassismus.[139] Aber sie kämpften auch und immer stärker um Anerkennung als verlässlicher Teil ihrer nationalen Gemeinschaften – und der Internationalismus, der Anspruch, sich als Zelle des ganzen Weltproletariats zu begreifen, wurde sukzessive zur Floskel für die Reden an den Feiertagen.

Die arbeitenden Massen hatten gelernt, den Kartellen des Kapitals ihre Kartelle der Arbeitskraft, ihre organisierte Gewerkschaftsmacht, entgegenzusetzen. Und selbst wo ihre politische Organisation unterdrückt wurde, wie zur Zeit der Sozialistengesetze im Deutschen Reich 1878–1890, sorgte ihre pure Existenz für soziale Verbesserungen[140]: Reichskanzler Bismarck führte die Alters-, Kranken- und Invalidenversicherung ein, um der Sozialdemokratie das Wasser abzugraben, Kaiser Wilhelm I. lud zu einer internationalen Konferenz über die Arbeitsgesetzgebung. Die Bewegung der Arbeiter*innen erledigte jetzt, was das liberale Bürgertum liegengelassen hatte, und sorgte für erste Konturen moderner Sozialstaatlichkeit.

Die meisten Reformen, die wir heutzutage als wertvolle Errungenschaften einer demokratisch-liberalen Gesellschaft schätzen, hatten die sozialistische Linke und der Rest radikaldemokratischer Liberaler gegen den erbitterten Widerstand der jeweils Herrschenden durchgesetzt.[141]

Dass die politischen Organisationen der Arbeiter*innen an Einfluss gewannen, hat auch die Sicht auf die Methoden zur Durchsetzung ihrer Ziele verändert. In der Sozialdemokratie brachen heftige Debatten zum Verhältnis von revolutionärer und reformerischer Politik aus.[142] Karl Marx war in seinen jungen Lebensjahren durch die Revolutionen jener Zeit geprägt worden. Wenn er aber von der »sozialen Revolution« spricht, meint er eine gesellschaftliche Umwälzung, die vielleicht auch längere Zeit erfordert. Das ist nicht identisch mit den gewaltsamen Aufständen, die heute mit dem Begriff Revolution assoziiert werden.[143] Marx schien den Übergang zum Sozialismus in den hochentwickelten Industrienationen im reiferen Lebensalter auch auf dem friedlichen Weg, durch Demokratie und Wahlen, für möglich gehalten zu haben.[144] Friedrich Engels schrieb angesichts der sozialdemokratischen Erfolge bei der Reichstagswahl 1895: »Wir, die ›Revolutionäre‹, die ›Umstürzler‹, wir gedeihen weit besser bei den gesetzlichen Mitteln als bei den ungesetzlichen und dem Umsturz.«[145] Marx und Engels waren später davon überzeugt, dass es viel mehr Zeit und deutlich besserer Voraussetzungen für eine soziale Revolution bedürfe.[146]

Mitte des 19. Jahrhunderts gab es zur Gesellschaft und ihrer Entwicklungsrichtung nur zwei große Lager: die Anhänger des Fortschritts und seine Gegner. Liberales Bürgertum und proletarischer Sozialismus standen, allen Differenzen zum Trotz, gemeinsam auf der Seite des Fortschritts. Im Grunde galt sogar einzig der Fortschrittsoptimismus der Aufklärung als ernst zu nehmende Weltanschauung.[147] Mit der rasanten Entwicklung des Kapitalismus und den politischen Kämpfen in der zweiten Hälfte des 19. Jahrhunderts wurde diese pathetische Verknüpfung von Revolution, Verfassung und Fortschritt brüchig und der moralische Wohlklang dieser Verbindung dünner.[148] Die Entwicklung in Preußen und Deutschland hatte dem Bürgertum bewiesen, dass gesellschaftliche Erneuerungsschritte nicht zwingend auf eine liberale Verfassung angewiesen waren. Unruhe löste bei den Bürgerlichen eher die stärker werdende Bewegung der Arbeiter*innen aus. Ruhe und Ordnung waren in Gefahr! Diese Unsicherheit trieb Bürgertum und Reaktion in einer »Partei der Ordnung« zusammen.

Die Rolle und Funktion der Nationalstaaten veränderte sich nicht nur nach außen, sondern auch im Inneren, als die kapitalistische Umstrukturierung auf dem Kontinent die sozialen Verhältnisse ordentlich durchschüttelte. Die Entwurzelten strömten auf der Suche nach Beschäftigung in die Ballungszentren der neuen Industrien. Allein die Großstadtregion Berlin wuchs auf eine Million Menschen im Jahr 1877 an, schon 1905 sollten es zwei Millionen sein.[149] Staaten und Bürokratien hatten bald nur noch sehr wenig Ähnlichkeit mit dem bürgerlichen Ideal, ein »schlankes Korsett« für die individuelle und kollektive »Glückssuche« zu sein. Sie organisierten fortan als Agenten der Modernisierung die infrastrukturellen Voraussetzungen des kapitalistischen Wachstums – Strom, Gas, Verkehr, Wasser, Abwasser- und Müllentsorgung sowie Telefonie – und managten die negativen sozialen Auswirkungen durch rudimentäre Einrichtungen der »Wohlfahrt« oder durch den Ausbau des Polizeiwesens.

Die dominante Stellung des Liberalismus wackelte, an seiner Stelle schälten sich mehrere konkurrierende Ideologien heraus. Antisozialistische und antiliberale Parteien formierten sich, ursprünglich fortschrittsverbundene Nationalbewegungen lösten sich als nationalistische Kräfte aus ihrer einstigen ideologischen Partnerschaft mit dem radikalen Liberalismus, politisch-konfessionelle Strömungen erlebten einen Zustrom. Der moderne Antisemitismus, in Deutschland von Anfang an konstituierendes Element der Nationalbewegung gegen Napoleon, wurde zum »politischen Kitt« im verunsicherten Kleinbürgertum.[150]

Auch der Modus der Politik veränderte sich. Die verschwindende politische Rationalität des Fortschritts und der liberalen Verheißung hinterließ eine Lücke. Diese Lücke füllten die Herrschenden mit den neuen kulturellen Techniken der Massenunterhaltung und -mobilisierung – Presse, Reklame, Litfaßsäulen und Spektakel – und mit Ideologien, in denen »das Nationale« als Bindeglied diente. Die Staaten und Regierungen schufen »Symbole der Zusammengehörigkeit und der emotionalen Loyalität«, mit denen sie um die Kontrolle der öffentlichen Diskurse und Deutungen gesellschaftlicher Missstände kämpften, um die Hegemonie in den Köpfen und um die Herstellung von Konsens unter den Beherrschten.[151]

Als im August 1914 der Erste Weltkrieg ausbrach, nahmen die damaligen Beteiligten das endgültig als das »Ende einer Welt« wahr, »die von der Bourgeoisie für die Bourgeoisie gemacht worden war«.[152] Da waren die sozialistischen Parteien in den großen Industrienationen längst auf dem Weg von subversiven zu staatstragenden Kräften.[153] Nach 1871 war über die SPD und die arbeitenden Klassen das Verdikt verhängt, »antinational« und »vaterlandslose Gesellen« zu sein, um sie aus der liberal-demokratischen Partizipation herauszuhalten. In der nationalen Mobilmachung für den Krieg lag jetzt die Chance (oder die Falle?), ihre Integration in den Staat zu vollziehen. Der Kaiser kannte keine Parteien mehr, nur noch Deutsche.[154] Letztlich stimmten tatsächlich alle sozialistischen Parteien in den Parlamenten für den Krieg.

Mochten die sozialdemokratischen Parteien programmatisch weiterhin einem eher hölzernen sozialistischen Determinismus und der universellen Revolution verpflichtet gewesen sein – im Alltag hörten sie auf, internationalistisch zu sein. Praktisch schrumpfte die Idee umfassender menschlicher Emanzipation darauf zusammen, die Spielräume zu nutzen, die die liberale Demokratie ihnen bot. Die sozialdemokratischen Parteien widmeten sich nun der Zähmung des Kapitalismus und der Verteilung des nationalen Wohlstands.[155] »Die Grenzen des Klassenbewusstseins« waren »durch den Staat und die politisch definierte Nation abgesteckt«.[156] In ihrer großen Mehrheit tauschten die Arbeiter*innen den sozialistischen Wolkenhimmel der Zukunft gegen Brot und soziale Anerkennung in der Gegenwart. Ihr Klassenbewusstsein war ohnehin weniger ein Ausdruck theoretischer Einsichten Marx'schen Ursprungs. Es rührte aus gleichen kulturellen und sozialen Alltagserfahrungen her – und aus ihrem durch gemeinsame politische Erfolge gestärkten Stolz, Teil derjenigen Kraft zu sein, die mit harter Arbeit den Reichtum des Landes schafft.

Wer noch an der universellen Revolution festhielt – viele waren das nicht mehr – richtete den Blick auf die Staaten jenseits der europäischen Zentren. Die alten rückständigen Großreiche bröckelten unter dem Druck der imperialistischen Expansion. Ab 1905 machten die russischen Proletarier ihre erste (bürgerliche) Revolution, die scheiterte.[157] Ihre intellektuelle Führungsschicht war so intensiv wie kaum anderswo an der Peripherie von marxistisch-kommunistischen Überzeugungen beeinflusst.[158] Auf den Trümmern des Ersten Weltkriegs stürzten die russischen Revolutionäre schließlich 1917 den Zaren und schritten unmittelbar zu der sozialen Revolution, die – und sei es nur als Funke zur Entfachung der Weltrevolution im Westen – ihnen möglich erschien.[159] Lenin[160] und die Bolschewiki modifizierten das Marx'sche Erbe und formten das Modell der proletarischen Avantgardepartei, in der seine Dogmatisierung und die Verkehrung des Emanzipationsversprechens in eine Kaderdiktatur bereits angelegt war. Die radikale Sozialdemokratin Rosa Luxemburg verfolgte diese Entwicklungen genau. Ihre prophetische Kritik an Lenin und den Bolschewiki wurde kurz vor der Friedlichen Revolution 1989 zum Fanal in der DDR-Opposition: Freiheit nur für die Anhänger der Regierung, nur für Mitglieder einer Partei, und sei sie noch so groß, sei keine Freiheit, »Freiheit ist immer Freiheit der Andersdenkenden«.[161]

Die deutsche Sozialdemokratie hatte aufgrund ihrer Haltung zum Krieg bereits ab 1914 Risse bekommen. Die Politik der SPD in der Revolution des November 1918 und ihr mehrheitliches Verhältnis zur russischen Oktoberrevolution führte schließlich zur endgültigen Spaltung der deutschen Arbeiter*innenbewegung.[162] Im Dezember 1918 wurde die KPD, die Kommunistische Partei Deutschlands, gegründet. Der Terror der Reaktion beraubte die junge Partei noch in der Geburtsstunde der Weimarer Republik 1918/19 ihrer theoretischen Köpfe. Das Verhältnis zwischen KPD und SPD war von da an unversöhnlich.¹⁶³ Die KPD sah in den 1920er Jahren – vollständig Moskau verpflichtet – überall revolutionäre Situationen heranreifen und hoffte auf den proletarischen Aufstand.¹⁶⁴ Aber die Weltrevolution fiel aus. Der orthodoxe, mit dem Eifer der Inquisition propagierte historische Determinismus der KPD sollte mitverantwortlich werden für das Versagen der Arbeiter*innenbewegung im Kampf gegen die Nazis Anfang der 1930er Jahre. Die KPD war überzeugt, »der Faschismus sei das Todesröcheln des kapitalistischen Systems unmittelbar vor dem Untergang«.¹⁶⁵ Die SPD wurde in der berüchtigten »Sozialfaschismusthese«¹⁶⁶ zur »Hauptfeindin des Proletariats« erklärt. Kommunistische, sozialistische und bürgerlich-demokratische Antifaschist*innen kamen erst nach 1933 wieder zusammen – in den Folterkellern und Konzentrationslagern des deutschen Nationalsozialismus.

Die bolschewistischen Kader Sowjetrusslands spalteten 1920 die internationale Arbeiterbewegung endgültig, indem sie die Internationale des Kommunismus als »leninistische Vorhutpartei« strukturierten, als von Moskau angeleitete Avantgarde hauptamtlicher »Berufsrevolutionäre«.¹⁶⁷ Unter Stalins Ägide mutierte der Weltkommunismus zum außenpolitischen Instrument einer parteibürokratischen Diktatur, die mit unfassbaren menschlichen Opfern eine ökonomische Modernisierung des rückständigen agrarischen Großreichs einleitete, die ebenso brutal wie beeindruckend war. Jegliche Opposition wurde mit Terror bekämpft.¹⁶⁸ Der »Hitler-Stalin-Pakt« von 1939 zur Aufteilung der deutschen und sowjetischen Großmachtsphären ist eines der erschütterndsten Dokumente dieser Außenpolitik.¹⁶⁹ Ein »per Ukas« verkündeter und auf die wechselnden machtpolitischen Lagen zurechtgebogener »Marxismus-Leninismus« wurde Staatsreligion. Mit dieser Staatsreligion sollte ein Regime legitimiert werden, das die radikalen humanistischen Ansprüche des Sozialismus in ihr Gegenteil verkehrte.

Im Faschismus manifestierte sich die Gefahr von rechts für die liberale Zivilisation an sich.¹⁷⁰ Diese Gefahr konnte mit größten Opfern (vor allem für die Sowjetunion und die Rote Armee) durch die kurze Allianz der – nominell – den Werten der Aufklärung verpflichteten Großmächte besiegt werden. Aber Faschismus und autoritäre Herrschaft waren ersichtlich ein Resultat der Erschütterung in den ökonomisch kapitalistischen und politisch liberal-demokratisch verfassten Gesellschaften.[171] Der orthodox-dogmatische Sozialismus konnte bis zum Ende seines »geschichtlichen Heils- und Fortschrittsplans«[172] 1989/90 zu einer Überwindung des Kapitalismus nichts Wesentliches mehr beitragen. Mancher Reformbemühung in der kommunistischen Weltbewegung[173] zum Trotz führten ihre Parteien in den westlichen liberalen Demokratien ein randständiges Dasein, ohne größeren politischen Einfluss.[174] In ihrer Breite hat die sozialistische Linke bis heute eine intellektuelle Auseinandersetzung mit Ursachen und Erbe des Stalinismus und des Poststalinismus bestenfalls im Ansatz vollzogen.

Aus den Trümmern und Zerstörungen des Zweiten Weltkriegs heraus gelang den liberal-demokratischen Zivilisationen in den westlichen Zentren schnell ein wirtschaftlicher Aufschwung. Die bürgerlichen Gesellschaften hatten in ihrem wohlverstandenen eigenen Interesse durch politisch-soziale Reformen die Bedingungen der ökonomischen Reproduktion verändert und sicherten dem Kapitalismus einige Jahrzehnte eines »Goldenen Zeitalters«.[175] John Maynard Keynes, ursprünglich »lupenreiner« orthodoxer Liberaler und Verfechter der im Kapitalismus hinzunehmenden sozialen Ungleichheit[176], wurde angesichts der Verheerungen des Ersten und Zweiten Weltkrieges zum Vorkämpfer für institutionelle Strukturen und Regulative, die der Krisenneigung des Kapitalismus entgegenwirken sollten. Er war damit nicht allein. »Planung«, für den Liberalismus vor dem Ersten Weltkrieg (wie heute wieder) eine finstere Heimsuchung, war nun auch für bürgerliche Ökonomen kein Unwort mehr.[177]

Sie schufen die internationalen Institutionen von Bretton Woods und befürworteten die staatliche Steuerung des Konjunkturgeschehens, wovon sie sich auf Dauer stabile Währungen und Vollbeschäftigung versprachen.[178] Derartige Maßnahmen sollten aber auch den »realexistierenden Sozialismus« nach sowjetischem Vorbild eindämmen, dessen Territorium nach der Niederlage des

Nationalsozialismus bis in die Mitte Europas reichte. Ihren größten Resonanzraum fanden diese Rezepte in den Jahrzehnten nach Kriegsende bei den westlichen Sozialdemokratien und radikaldemokratischen Parteien. Aber nicht nur dort. Das liberale Credo in seiner Reinform war massiv erschüttert. »Es besteht kein selbstverständlicher Einklang zwischen persönlichem Vorteil und allgemeinem Wohl«, meinte 1971 die FDP. »Die liberale Reform des Kapitalismus erstrebt die Aufhebung der Ungleichgewichte des Vorteils und der wirtschaftlichen Macht, die aus der Akkumulation von Geld und Besitz und der Konzentration des Eigentums an den Produktionsmitteln in wenigen Händen folgen«.[179] Für Jahrzehnte sah es so aus, als sei die strukturelle kapitalistische Neigung zur Krise nur eine Kinderkrankheit gewesen, die der staatlich eingehegte Kapitalismus endgültig hinter sich gelassen habe. Dass zur neuen »freien Welt« auch rechtsautoritäre Diktaturen wie Spanien, Portugal und Griechenland gehörten, tat dem neuen Zukunftsoptimismus des Westens wenig Abbruch.

In den westlichen Metropolen machte der große Nachkriegsaufschwung ein neues Wohlstandsregime mit Produktivitätssteigerungen möglich, die für die weitere Akkumulation des Kapitals und für genügend »Verteilungsmasse« zum Aufbau eines sozialen Wohlfahrtsstaats ausreichten. Mit dem Akkumulationsmodus von Massenproduktion und Massenkonsum konnte sich die moderne Konsumgesellschaft entwickeln: Die neuesten Produkte aus Elektrotechnik, Chemie- und Autoindustrie, Medien- und Kommunikationstechnik und industrieller Landwirtschaft waren für breite Schichten der Bevölkerung erschwinglich und ihre Herstellung gleichzeitig ein regelrechter »Jobmotor«. Die USA hatten Großbritannien als hegemoniale Macht des kapitalistischen Weltmarktes schon vor dem ersten Weltkrieg abgelöst. Es war ihr Modell des Kapitalismus mit seiner systematischen Rationalisierung von Produktion und Betriebsmanagement, das in der Phase des Wiederaufbaus die gesamte westliche Welt und ihre Satelliten mit einem erneuten Wachstumsschub ergriff. Bis heute ist die »Wirtschaftswunder«-Legende, die Mythologie dieser Jahre in der frühen

Bundesrepublik, bei uns ein Fluchtpunkt nostalgischer Projektionen – auch in Teilen der gesellschaftlichen Linken.

Für diese Welt war die Marx'sche Skizze einer polarisierten Klassengesellschaft, wie sie aus dem 19. Jahrhundert oft sehr schlicht überliefert worden ist, tatsächlich nur noch unplausibel. Teile der Klassen der Arbeiter*innen konnten jetzt sozial aufsteigen. Der Westen erlebte die Bildung einer breiten Mittelschicht und mit ihr ein bis dahin unbekanntes Maß an (relativer) Gleichheit, mit dem die meisten für Lohn arbeitenden Menschen leben konnten. Man teilte kulturelle Codes, die Muster des Konsums und die Hoffnung auf eine Zukunft, in der es jeder neuen Generation noch ein bisschen besser gehen würde. Dass die Früchte dieser Wohlstandsgesellschaft nach wie vor äußerst ungleich verteilt waren, dass es im Wesentlichen eine Gesellschaft für weiße, heterosexuelle Männer war, während ein erheblicher Bevölkerungsanteil von ihren emanzipatorischen Potenzialen ausgeschlossen blieb, trat angesichts der rasanten Freiheitsgewinne in den Hintergrund. Für die Parteien der Arbeiterschaft war damit der Beweis erbracht, dass der Sozialismus sich überlebt habe. Es schien sinnvoller, sich politisch für sozialstaatliche Sicherungen und einen akzeptablen Anteil an den Wohlstandsgewinnen starkzumachen. Im Bekenntnis zur »Sozialpartnerschaft« wurde dieser Frieden begrifflich besiegelt.

Man muss nicht jede einzelne These von Marx überzeugend finden, um sich für seine Weise zu interessieren und zu begeistern, auf die Welt und ihre Beschaffenheit zu schauen. Mit Karl Marx und Peter von Oertzen sehe ich die Friedliche Revolution von 1989 als Auflehnung der DDR-Bevölkerung (»der Produktivkräfte«) gegen das vermeintlich sozialistische, verknöcherte und reformunfähige Regime der SED-Diktatur (»die Produktionsverhältnisse«), das in eine »Fessel« für »die schöpferischen Kräfte der Gesellschaft umgeschlagen«[180] war. Wieder so eine Ironie der Geschichte.

Ich habe gelernt, dass Kapitalismus und Sozialismus weder mit »Demokratie« und »Diktatur« gleichgesetzt noch einfach als überwundene Phänomene von gestern und vorgestern verstanden werden können. Beide sind auf widersprüchliche Weise miteinander verbunden und haben sich gegenseitig nachhaltig beeinflusst. Wie sie sich zukünftig entwickeln, wird davon abhängen, wie die Menschen sich ihre Welt erklären, was sie daraus schlussfolgern und was sie möglicherweise unternehmen, um sie zu ändern. Der Sozialismus hat zumindest dazu beigetragen, die konkrete Gestalt des Kapitalismus seit seiner Geburt drastisch zu verändern, ihn zu zivilisieren und sogar vor sich selbst zu retten. Ein kurzer Blick über die vergangenen 250 Jahre hat gezeigt: Es gibt wenig Anlass anzunehmen, die Zukunft hielte diesbezüglich nicht noch Überraschungen auf Lager. Sozialistisches Denken muss die Veränderungen des Kapitalismus und in der Gesellschaft aber als stets aktuelle Herausforderung begreifen. Sonst hört es auf, eine immanente Kritik der kapitalistischen Gesellschaft zu sein. Was dann übrigbleibt, ist eher ein Fall für die freie Religionsausübung.

Es kann heute ganz sicher nicht mehr um die Errichtung einer vollkommenen Gesellschaft und um ein paradiesisches Ende der Geschichte gehen.[181] Aber solange der Kapitalismus munter weiter akkumuliert, ist der Sozialismus nichts für die historische Abstellkammer. Solange die heutigen und zukünftigen, vielleicht noch unentdeckten Möglichkeiten von sozialer und demokratischer Freiheit in unserer Gesellschaft nicht allen Menschen auf dem Globus gleichermaßen offenstehen, bleibt sozialistisches Denken aktuell – in Gestalt eines realen, auf die Füße gestellten Humanismus (Ernst Bloch).[182] Wir haben aber auch gesehen, wie Anstrengungen für progressive Veränderung durch innere Blockaden, weltweite Zerstörungen oder Barbarei verstellt oder sogar zunichte gemacht werden können. Einen ewigen Aufstieg der menschlichen Gesellschaft zu einem immer höheren Zivilisationslevel gibt es nicht. Diese Grundüberzeugung des Sozialismus im 19. Jahrhundert können wir getrost begraben. Dass es inzwischen dennoch dringlicher geworden ist, über Sozialismus nachzudenken, beschäftigt mich im nächsten Kapitel.

VIERTES KAPITEL

ALTERNATIVLOS GEGEN DIE WAND?
VOM GOLDENEN ZEITALTER DES KAPITALISMUS ZUM ANTIDEMOKRATISCHEN NEOLIBERALISMUS

Einem großen Teil der Menschheit geht es gegenwärtig besser als je zuvor. Das mag uns, die wir täglich an furchtbare Nachrichten gewöhnt sind, als ziemlich steile These erscheinen. Aber sehen wir uns mal die langfristigen Entwicklungen an: In der vormodernen Welt lag die durchschnittliche Lebenserwartung bei etwa dreißig Jahren. Im 19. Jahrhundert stieg sie in den europäischen Zentren der Industrialisierung leicht an, seit 1900 hat sie sich weltweit mehr als verdoppelt. Sie liegt heute bei über 70 Jahren.[183] Wir erreichen dieses Alter bei besserer Gesundheit als vor einem Jahrhundert, weil mehr Menschen eine medizinische Grundversorgung genießen und mittlerweile 80 Prozent der Kinder gegen einst tödliche Krankheiten geimpft werden.[184] Auch bei der Bildung ist der Trend eindeutig: Um 1800 konnten kaum zehn Prozent der Menschen weltweit lesen und schreiben, die Alphabetisierung liegt heute bei über 85 Prozent. Damals besuchten Menschen im Durchschnitt ein Jahr lang eine Schule, inzwischen sind es acht Jahre.[185] 80 Prozent der Haushalte verfügen über elektrischen Strom[186], anderthalb Jahrzehnte nach der Vorstellung des ersten Smartphones besitzen weltweit 4,7 Milliarden Menschen ein solches Gerät.[187]

Die Welt ist heute gleicher als 1780, also zur Zeit der Französischen Revolution und des Aufbruchs in die Moderne. In den meisten Weltregionen hat sich die rechtliche Gleichheit, die Möglichkeit des diskriminierungsfreien Zugangs zu rechtsstaatlichen Verfahren verbessert. Einkommensunterschiede sind global geschrumpft. Die Ungleichheit der Geschlechter hat abgenommen – noch 1950 konnte in der Bundesrepublik eine Ehefrau nur mit Erlaubnis ihres Gatten ein Bankkonto eröffnen oder einen Beruf ausüben. Und auch rassistische Diskriminierung konnte zurückgedrängt werden.[188]

Lebensstandard und Massenwohlstand sind gewachsen. Geradezu atemberaubend sind die Erfolge bei der Bekämpfung des Hungers. Die letzten großen Hungersnöte hat Europa zwischen 1845 bis 1852 erlebt, vor allem in Irland, und in Finnland 1867.[189] Seitdem wurde die Nahrungsversorgung immer besser – erst in den Industrieländern, dann zunehmend weltweit. Noch 1950 litt die halbe Menschheit zumindest zeitweise bitteren Hunger. Heute ist es noch etwa ein Zehntel einer um das Dreifache gewachsenen Weltbevölkerung, das unter chronischem Mangel an Nahrung leidet – und weil andernorts Überfluss herrscht, wäre bei entsprechendem politischem Willen auch dieser Hunger vermeidbar.[190] Weltweit haben heute mehr Menschen Zugang zu ausreichender Nahrung als je zuvor. Das ist ein gewaltiger Fortschritt.

Die Moderne mit wissenschaftlich-technischer Entwicklung, Industrialisierung, Verrechtlichung staatlichen Handelns und breitem Zugang zu Bildung und Gesundheitsfürsorge ist in vieler Hinsicht eine beeindruckende Erfolgsgeschichte. Innovationskraft und Produktivitätsentwicklung der kapitalistischen Wirtschaft sind enorm. Hierzulande, in den USA oder in Großbritannien, Kernregionen der ersten Industrialisierung des 19. Jahrhunderts, stellen die Menschen im Vergleich zu 1800 die dreißigfache Menge an Gütern pro Arbeitsstunde her. Das durchschnittliche Jahreseinkommen in der Welt hat sich in diesem Zeitraum rund verzehnfacht.[191] Es ist in den reichsten Ländern von 5.000 auf 50.000 bis 70.000 Dollar (umgerechnet auf den heutigen Dollar-Wert) gestiegen, während sich dort die jährliche durchschnittliche Erwerbsarbeitszeit von 3.000 auf 1.588 Stunden nahezu halbiert hat.[192]

Aber weder die Entwicklung des materiellen Wohlstands noch die Fortschritte bei Gleichheit und Teilhabe können über unerträgliche, durch nichts zu rechtfertigende Ungleichheiten und die unnötige, weil vermeidbare Zerstörung und Beeinträchtigung der Lebenschancen von Millionen Menschen hinwegtäuschen. Obszöner Überfluss und gravierender Mangel am Notwendigsten gehen

Hand in Hand. Wer 2019 in Japan geboren wurde, kann sich auf durchschnittlich 83 Lebensjahre freuen, in der Zentralafrikanischen Republik sind es gerade 53 Jahre. Im viertreichsten Land der Welt, Deutschland, leben obdachlose Menschen durchschnittlich nur 49 Jahre.[193] Während die »Millenium Development Goals« der Vereinten Nationen zum Jahrtausendwechsel Hunger und extreme Armut noch bis 2015 überwunden sehen wollten, ist das aus heutiger Sicht selbst bis 2030 nicht mehr zu schaffen, obgleich ein Viertel aller weltweit produzierten Lebensmittel niemals gegessen wird. Sie vergammeln, werden aussortiert oder landen im Abfall.[194]

Die Bilanz ist also zutiefst widersprüchlich. Nicht nur in Deutschland, sondern in den reichen Ländern des Westens insgesamt glaubten lange Zeit und glauben noch heute viele, dass die Ungleichheit – zwischen den Kontinenten und Nationen wie innerhalb der Nationen – abnehmen werde. Die »Entwicklungs- und Schwellenländer« müssten lediglich »unser« Modell des Wirtschaftens übernehmen – dann kämen auch die Menschen dort nach und nach in den Genuss unseres Wohlstands. Nicht nur bei Superreichen und Ultraliberalen erfreuen sich solche scheinbar naiv optimistischen, in Wirklichkeit stark ideologisch gefärbten Annahmen großer Beliebtheit. Sie sind sehr komfortabel, schon weil sie unterstellen, die Armut in weiten Teilen der Welt hätte nichts mit unserem Wohlstand zu tun und sei lediglich die Folge einer Art Zurückgebliebenheit und Verspätung auf dem Weg der Entwicklung, den der aufgeklärte, wissenschaftlich überlegene Westen vorangegangen sei. Praktischerweise erlaubt diese Sicht, europäische Überlegenheit anzunehmen, die Gewaltgeschichte des Kolonialismus auszublenden und einem Neo-Kolonialismus zu huldigen. Übertragen auf die harten Ungleichheiten innerhalb der reichen Länder, landet dieses Narrativ dann bei der zynischen Faustformel und Lebenslüge aller Hardcore-Neoliberalen, wonach Reichtum wie Armut jeweils mit Leistung selbst verdient oder mit einem Mangel an Leistung selbst verschuldet und deshalb moralisch schon okay seien.

Das beruhigende Märchen von der nachholenden Entwicklung der armen Volkswirtschaften und den armen Mitmenschen, die sich halt etwas mehr anstrengen müssen, erlaubt uns, im Großen und Ganzen so weiterzumachen, wie wir es uns angewöhnt haben. Wir müssen weder unsere gesellschaftlichen Verhältnisse noch unsere Lebensweise überprüfen und zur Diskussion stellen. Wir können uns weiterhin einbilden, die Probleme anderswo auf der Welt seien nicht unsere und würden sich mit etwas gutem Willen irgendwann schon von selbst lösen. So können wir in den westlichen Wohlstandszonen an einer großen Lebenslüge festhalten: »Unseren« privilegierten Lebensstandard haben »wir« uns »mit harter Arbeit aufgebaut«, deshalb »verdienen wir es«, so zu leben, wie wir leben. Basta.

Dieser Glaube ans geheimnisvolle segensstiftende Wirken des Kapitalismus und »des Marktes« erinnert mich fatal an die Fortschrittsreligion des orthodoxen Marxismus, die ich im vorherigen Kapitel beschrieben habe. Auch dieses geschichtsteleologische Märchen, der »Kapitalismus als Religion« (Walter Benjamin), wird uneingestanden von dem Mythos getragen, die Menschheit werde sich aufgrund der Triebkräfte ihrer Geschichte geradezu zwangsläufig immer weiter zum Besseren hin entwickeln – Menschheitsgeschichte als eine leuchtende Aufwärtsbewegung. Nicht nur angesichts der ökologischen Herausforderung und des Klimawandels als der größten Bedrohung der Zukunft der Menschheit will man angesichts solch blauäugiger Fortschritts- und Technikeuphorie mit einem Stoßseufzer antworten: Schön wär's.

Vielmehr muss uns bewusst sein, dass unsere Gegenwart weder friedlich noch durch kontinuierliche Verbesserungen entstanden ist. Wie sich die Lebensperspektiven der Menschen irgendwo auf unserem Planeten ausnehmen, wird nicht (wie im neoliberalen Märchen) zuerst und vor allem durch ihren eigenen »Fleiß« oder durch eherne ökonomische Entwicklungsgesetze bestimmt. Die Wirklichkeit ist komplizierter, chaotischer und widerspruchsreicher, voller Konflikte und sozialer Kämpfe. Aber wir können drei große Tendenzen erkennen, die die Menschheit vor existenzielle Herausforderungen stellen. Sie lassen sich mit den Strategien der Vergangenheit vielleicht kaschieren, aber nicht bewältigen. Von diesen Herausforderungen und den Antworten, die sie verlangen, handelt dieses Kapitel.

Erstens hat sich im Kapitalismus ein neues Regime der Kapitalverwertung durchgesetzt, das ihn noch krisenanfälliger gemacht hat. Zweitens stößt die Kapitalverwertung inzwischen an absolute und unüberwindbare Grenzen. Und drittens zerstört der Kapitalismus auch innerhalb der Gesellschaften systematisch die Basis, ohne die er nicht existieren kann. Schauen wir uns das an.

Zunächst war die ökonomische Dynamik in Europa durch zwei Weltkriege und die Wirtschaftskrise der Zwischenkriegszeit massiv gebremst[195], während die Wirtschaft der USA sehr dynamisch wachsen konnte. Beide Kriege wurden (mit der Ausnahme des Bombenangriffs auf Pearl Harbour) nicht auf dem Territorium der USA ausgetragen.[196] Die USA rückte mit ihrem Modell des »organisierten Kapitalismus«[197] an die Spitze der technologischen Entwicklung. Massive staatliche Interventionen in das Wirtschaftsgeschehen trugen ab den frühen 1930er Jahren zu anhaltendem Wachstum und für einige Jahrzehnte zu seiner Stabilität bei. Die politische Klasse und die Bevölkerung der USA standen ganz unter dem Eindruck des Traumas der Finanz- und Wirtschaftskrise von 1929: Massenerwerbslosigkeit, materielle Not und wirtschaftliche Depression. Franklin D. Roosevelt versprach ein ambitioniertes keynesianisches Investitionsprogramm, den »New Deal«[198], und gewann 1933 die Wahl zum Präsidenten. Der »New Deal« kurbelte, kreditfinanziert mit staatlichen Geldern, die Nachfrage nach Waren und Dienstleistungen an, schuf eine Sozialversicherungsgesetzgebung, besteuerte große Einkünfte und Vermögen massiv und regulierte das Bankensystem zulasten reiner Spekulationsgeschäfte – ein gigantisches Konjunktur- und Wohlfahrtsprogramm. Heute wagen in Deutschland nicht einmal linke Sozialdemokraten von vergleichbaren Staatsinterventionen zu träumen.

Der »New Deal« löste einen Produktivkraftschub aus. Die Unternehmen konnten in bessere Technologien investieren und ihre Betriebsorganisation modernisieren. Die Produktionskosten in der Massenfertigung sanken rapide und mit ihnen die Preise für Waschmaschinen, Kühlschränke, Autos und Telefone. Plötzlich konnten sich Millionen Amerikaner*innen Konsumgüter leisten, die noch eine Generation zuvor nur einigen wenigen Wohlhabenden vorbehalten gewesen waren.[199] Stabile Wachstumsraten erlaubten ein steigendes Lohnniveau. Der Staat besteuerte Wachstumsgewinne zugunsten breiter Bevölkerungsschichten. Dieses Wohlfahrtsmodell wurde unter anderem, gut keynesianisch, über Schulden finanziert – die dank des so ermöglichten Wirtschaftswachstums und dadurch generierter Steuereinnahmen den Staatshaushalt nicht überlasteten. Als zweite entscheidende Finanzierungsquelle dienten Steuern auf hohe Einkommen und große Vermögen. Die besonders Wohlhabenden mussten sich im Interesse der Volkswirtschaft, des Landes und seiner Bürger an den Kosten des »New Deal« beteiligen – eine Maßnahme, die heute als ideologische Abseitigkeit komplett durchgeknallter Linker gelten würden. In den 1950er Jahren lag in den erzkapitalistischen USA der Spitzensatz für Einkommen bei 91 Prozent. Bei Erbschaften waren es 71 Prozent.[200] Das war kein Sozialismus, sondern kluger Pragmatismus.

In gewisser Weise war das »Goldene Zeitalter« des Kapitalismus in Westeuropa ein Import dieser US-amerikanischen Rezepte. In Bretton Woods schufen 44 Länder unter Führung der USA 1944 eine neue internationale Finanzarchitektur, die mit einem System fester Wechselkurse und der Golddeckung des Dollars einen stabilen Welthandel garantieren sollte. Über den »Marshall-Plan« flossen bis in die frühen 1950er Jahre Milliarden von US-Dollars als Anschubfinanzierung in die westlichen Staaten Europas – ein riesiges staatliches Investitionsprogramm, gleichzeitig ein Instrument der Wirtschafts- und der Außenpolitik zur Stabilisierung der US-Verbündeten im beginnenden Kalten Krieg. Zusätzlich erließen die USA ihren Partnerstaaten in Westeuropa ihre Staatsschulden.[201] So konnten sie technologisch aufholen. Die berühmte »unsichtbare Hand« des Marktes hatte im europäischen Nachkriegskapitalismus mindestens ein paar sehr starke helfende Finger des Staates.

Der damit ausgelöste Wachstumsimpuls hielt bis in die 1980er Jahre an. In diesen Jahrzehnten organisierten die Industriestaaten Westeuropas ihre notwendigen Infrastrukturen (z. B. Verkehr, Energie, Gesundheit, Bildung) jenseits der Marktlogik. Die öffentliche

Daseinsfürsorge sicherzustellen, war Staatsaufgabe. Der volle Zugang zu ihren Leistungen sollte allen Bürger*innen offenstehen, unabhängig von ihren Einkommensverhältnissen und Zahlungsmöglichkeiten. Wenn das heute geradezu utopisch klingt, zeigt das nur, wie weitgehend die Einschnitte in öffentliche Infrastruktur gewesen sind. Seit Beginn der 1980er Jahre hat sich staatliches Handeln unter dem Einfluss neoliberaler Ideologie aus erheblichen Bereichen der einst öffentlichen Daseinsfürsorge zurückgezogen und sie zulasten eines Großteils der Bevölkerung dem kapitalistischen Markt überlassen.

Bis zur neoliberalen Wende der 1980er Jahre war es in Politik und Gesellschaft weitgehend Konsens, dass der Staat die Bedingungen der gesellschaftlichen Entwicklung zu verantworten hat. Das galt in Westeuropa relativ unabhängig davon, welche Parteien gerade die Regierung stellten. Mit öffentlichen Investitionen förderte die Politik gewünschte wirtschaftliche Aktivitäten. Sie etablierte Systeme zur sozialen Absicherung und zur Vorsorge gegen die Risiken des modernen Lebens. All das zeigt, wie nachhaltig die Dogmen des ökonomischen Liberalismus erschüttert waren. Auch die Ungleichheit der Vermögen ging in den westlichen Industrienationen bis in die 1980er Jahre, auch dank einer auf Umverteilung zielenden Steuergesetzgebung, zurück.[202]

Diese Entwicklung war kein politischer Selbstläufer. In den meisten westlichen Staaten galt nun das allgemeine Wahlrecht. Die in starken Gewerkschaften organisierte Arbeiterbewegung, sozialdemokratische und sozialistische Parteien taten das Ihre zur Einhegung des Kapitalismus und der sozialstaatlichen Abfederung seiner Härten. Dazu kam die Systemkonkurrenz des Kalten Krieges: Ein relativ hoher Lebensstandard der Bevölkerung, auch der abhängig Beschäftigten, demonstrierte die wirtschaftliche Überlegenheit der Marktwirtschaft. Staatliche Politik musste schon aus Gründen der Selbstlegitimierung die Interessen der breiten Bevölkerung wahrnehmen.

Aber diese »nivellierte Mittelstandsgesellschaft« (Schelsky) hatte auch ihre dunkle Seite.[203] Die hohe Produktivität als Voraussetzung des wachsenden Wohlstands war nur mit konsequenter Durchrationalisierung möglich. Die Sphäre der menschlichen Arbeit wurde in den Unternehmen streng diszipliniert. Inzwischen war ein Großteil der Menschen zur Existenzsicherung auf die Verrichtung von Lohnarbeit angewiesen. Sinnbild schlechthin für die industrielle Lohnarbeit dieser Epoche ist das Fließband. Massenproduktion und Massenwohlstand, uniforme Waren und uniforme Lebensstile sind kennzeichnend für diese Zeit. Die Massenproduktion setzt sich jetzt auch in der Landwirtschaft mit riesigen Schlachthöfen und Lebensmittelkonzernen durch.

Mit der Überproduktion der hochtourig arbeitenden Unternehmen wird auch das Marketing immer raffinierter: Es geht nicht mehr nur um die Befriedigung notwendiger Bedürfnisse, stattdessen müssen ständig neue Bedürfnisse geweckt werden, um den Absatz entsprechender Produkte sicherzustellen. So ist die »Wegwerf-Gesellschaft« entstanden, die wir heute beklagen, als sei sie ein Zufall oder so etwas wie die Folge fehlender Aufklärung und schlechter Sitten. In Wirklichkeit gehört sie zum hochentwickelten Kapitalismus wie seine Überproduktionskrisen oder das Fließband für Henry Fords T-Modell. Schneller Warenumschlag, solides Wachstum und die notwendige Auslastung der Produktionskapazitäten erfordern häufig wechselnde Trends und Produkte mit begrenzter Lebensdauer für den Konsumgütermarkt.[204] Eine andere ambivalente Folge des Massenwohlstands war, dass sich das »Alleinernährer«-Familienmodell verallgemeinerte: Ein Familienangehöriger konnte eine Familie ernähren – aber es verfestigte auch eine patriarchale geschlechtliche Arbeitsteilung, die den Frauen die reproduktiven Care-Aufgaben zuwies und ökonomische Abhängigkeit mit sich brachte. Das überholte »Ehegatten-Splitting« im deutschen Steuerrecht zeugt bis heute davon. Die Fortschritte der »Goldenen Jahre« sind höchst widersprüchlich. Wer heute nostalgisch auf diese Zeit zurückblickt, übersieht das gern.

Im zweiten Kapitel habe ich – auf Marx bezugnehmend – von einem wachsenden Riss im menschlichen Stoffwechsel mit der Natur gesprochen. Das Wirtschaftsmodell von Massenproduktion und

Massenkonsum funktionierte nur, weil riesige Mengen an Ressourcen günstig bereitstanden. In den zwei Jahrzehnten nach 1950 verdoppelten die westlichen Industrienationen den Verbrauch ihrer einheimischen natürlichen Ressourcen. Sie verbrauchten in dieser Zeit die Hälfte des damals weltweit insgesamt verarbeiteten Materials.[205] Ökonomische Prozesse benötigen die Umwandlung natürlicher Ressourcen. Das ist kein Problem, solange günstige fossile Energieträger und Naturressourcen verfügbar sind – zumindest kein ökonomisches Problem. Auch eine andere Ressource gab es in den Ländern des globalen Südens im Überfluss: billige menschliche Arbeit.[206] Die westlichen Industrieländer importierten Rohstoffe und andere Güter und hielten sich so gleichzeitig die destruktiven ökologischen und sozialen Folgen des Produktionsprozesses vom Hals. Von 1960 bis 1970 verdreifachten sich die westlichen Nettoimporte fossiler Energieträger.[207] So ging das »Goldene Zeitalter« der westlichen Zentren mit höherer Arbeitsdichte und der beschleunigten Ausbeutung von Naturressourcen auf dem ganzen Planeten einher.

Der britische Wirtschaftswissenschaftler John Maynard Keynes hatte 1930 prognostiziert, die entwickelten Nationen würden aufgrund des technischen Fortschritts um das Jahr 2000 eine 15-Stunden-Arbeitswoche haben.[208] Da die Kapitalverwertung aber zwanghaft an den Einsatz menschlicher Arbeitskraft gebunden ist, wurden die Fortschritte der Produktivität nicht für mehr freie Lebenszeit der Menschen genutzt. Stattdessen wurde die Produktion bei etwa gleichbleibender Arbeitszeit immer weiter gesteigert, die erzeugte Warenmenge wuchs auf ein Vielfaches. Auch die UdSSR und ihre Satelliten versuchten sich an einer Variante dieser Strategie.[209] Denn der Osten schaute durch den »Eisernen Vorhang« hindurch auf den Westen. Auch in meiner Schulklasse waren die neuesten Produkte aus der Bundesrepublik regelmäßig Thema. Wer sie hatte, war Queen oder King. Aber das Konsumniveau des Westens blieb für die Leute im Osten unerreichbar. Auch das trug zum Ansehensverlust des »realen Sozialismus« bei.

Im planetaren Maßstab nahm im »Goldenen Zeitalter« die Ungleichheit zwischen den reichen und armen Ländern zu.[210] Der allgemeine, stark konsumorientierte neue Lebensstil in den westlichen Industrienationen – Exportgut und Verheißung für den Rest der Welt – setzte die rücksichtlose Ausbeutung unserer natürlichen Lebensgrundlagen im großen Maßstab voraus, und zwar tendenziell zulasten des globalen Südens. Dank des Massenkonsums in den Industrieländern ließ sich dort der Widerspruch zwischen Kapital und Arbeit sozialpartnerschaftlich befrieden. Es ist deshalb präziser und auch ehrlicher, dieses Arrangement zwischen Kapital und Arbeit als »fossilen Klassenkompromiss« und sein globales Muster von Produktion und Lebensstil als »imperiale Lebensweise«[211] zu bezeichnen. Dieser Klassenkompromiss kriselte schon in den 1970er Jahren. Die imperiale Lebensweise bestimmt unser Verhältnis zur Natur und die Beziehung zwischen reichen Staaten und dem Rest der Welt bis heute.

Als ich 1990 mit gut 16 Millionen anderen DDR-Bürger*innen Teil der Bevölkerung der Bundesrepublik wurde, kaufte ich mir ziemlich bald einen »Floppy-Disc«-Recorder für 99 D-Mark. Jüngeren Leser*innen zur Erklärung: Es handelte sich um ein ziemlich großes Gerät, das die Speicherung von Computerdaten auf einer Magnetspur-Scheibe erlaubte – allerdings kaum ansatzweise solche Mengen, wie sie heute ein kleiner USB-Stick fasst. Noch im Sommer 1989 war ich glücklicher Käufer eines westlichen Computermodells vom Typ Commodore 64, den ich mit Geld aus Ferienjobs und elterlicher Hilfe gebraucht für 3.000 DDR-Mark erwarb. Kurze Zeit später, nach der Währungsunion 1990, hätte ich diesen Computer für 279 D-Mark bekommen. Meine Generation ist die erste, die mit Kleincomputern groß wurde. Unser schulischer Informatikunterricht fand auf den Robotron-Rechnern aus DDR-Produktion statt. Ich hatte einen sehr konkreten Begriff vom technologischen Abstand zwischen Osten und Westen. Ich musste nur vormittags in der Schule und nachmittags daheim den PC anschalten, dann war das plastisch. Seitdem erlebe ich den Modellwechsel der Endgeräte und die Entwicklung neuer digitaler Technologien in einer Geschwindigkeit, die die vorherigen veralten lässt, noch bevor wir überhaupt richtig verstanden haben, wie wir sie bedienen müssen.

Eins war mir damals – noch vor Internet, E-Mail und social media – nicht klar: Die Technologie des »Zweiten Maschinen-Zeitalters«[212] war schon im Begriff, die ganze Welt erneut und gründlich zu verändern. Datenverarbeitung und Datennetze halfen, den fossilen Klassenkompromiss zu transformieren, die industriellen Wertschöpfungsketten der Produktion global wieder neu zu organisieren und die Herzschläge des globalen Finanzsystems in den Rhythmus winziger Bruchteile von Sekunden zu zwingen. Moment! Ja, das globale Finanzsystem. Wir erinnern uns: Hatten nicht die Siegermächte des Zweiten Weltkriegs unter Führung der USA 1944 vereinbart, das Casino der Finanzspekulation nach den verheerenden Folgen der Finanzkrise von 1929 stillzulegen? Ja, so war es. Halbwegs funktioniert hatte das nur für dreieinhalb Jahrzehnte. In den 1960er Jahren zeigte der national organisierte Kapitalismus in den Industrienationen erste Erschöpfungserscheinungen. Das Wirtschaftswachstum verlangsamte sich, zunehmende Spannungen zwischen den westlichen Industriestaaten waren die Folge.

Auch diesmal war den Zeitgenoss*innen der Auslöser kaum bewusst, mit dem das Zeitalter endete.[213] Um die erheblichen Kosten für den Vietnam-Krieg zu finanzieren, hatte die US-Regierung Dollars gedruckt und damit im System der festen Wechselkurse ihre Kriegslasten faktisch auf andere Staaten abgewälzt. Damit unterminierte sie das Vertrauen in den Goldstandard des Dollars und provozierte Gegenreaktionen. Der Dollar kam unter Druck, und 1971 stiegen die USA aus dem System fester Wechselkurse aus. Damit herrschte wieder das freie Spiel der Währungen. Es löste eine Kettenreaktion aus, die auch die Gütermärkte erfasste. Es kam 1973 zur Ölpreiskrise, die Weltwirtschaft geriet in die Rezession. Die verschärfte globale Konkurrenz traf vor allem die Industriestaaten mit ihrem hohen Lohnniveau. Aber die Gewerkschaften setzten weiter hohe Löhne durch, sodass die Rezession anhielt. Damit war das »Goldene Zeitalter«, die »Vermählung des wirtschaftlichen Liberalismus mit der sozialen Demokratie«[214] (Hobsbawm), vorüber. Jetzt stand auch die Überzeugung wieder infrage, die man als Lehre aus den großen Katastrophen der ersten Hälfte des Jahrhunderts gezogen hatte: dass der Kapitalismus eingehegt werden müsse, um seiner zerstörerischen Tendenz entgegenzuwirken. Als neues Krisendeutungsmuster empfahl sich der radikale Liberalismus in der Tradition des Ordoliberalismus und der »Chicagoer Schule« der Wirtschaftswissenschaften. Als »Neoliberalismus« setzte sich das Credo der Selbstheilungskräfte freier Märkte im Lauf der zweiten Hälfte der 1970er Jahre in Politik und Wirtschaftswissenschaften durch. Binnen eines Jahrzehnts änderte sich die Spielanordnung der Nachkriegszeit grundlegend.

Ab Ende der 1970er Jahre und Anfang der 1980er Jahre setzten in Großbritannien Margaret Thatcher und in den USA Ronald Reagan als frisch gewählte Regierungschefs ihrer Länder das neoliberale Programm beherzt um: Zerschlagung von Gewerkschaftsmacht, strenge Haushaltsdisziplin bei den Staatsausgaben, Privatisierung öffentlicher Aufgaben und Unterwerfung unter den »freien«, also möglichst wenig von gesetzlichen Rahmenbedingungen eingehegten Markt, Steuersenkungen für Spitzeneinkommen und -vermögen, Deregulierung der Finanzmärkte, Freihandelspolitik im Interesse des nationalen Kapitals. Dadurch eröffneten sich neu entstehenden multinationalen Konzernen enorme Wachstums- und Profitmöglichkeiten in einer neuen globalen Arbeitsteilung: Die Produktionsketten wurden in ihre Bestandteile zerlegt und nach den jeweils günstigsten Verwertungsbedingungen auf dem Globus – billige Rohstoffe, billige Arbeit – wieder neu zusammengesetzt, Standorte und Produktionsanlagen aus den Zentren der alten Kernländer der Industrialisierung an die Peripherie verlagert. Durch elektronische Kommunikation in Echtzeit rund um die Erde und computergestützte Steuerungstechnologien war die Errichtung virtueller »globaler Fabriken« mit sinkenden Transaktions- und Produktionskosten möglich. Natürlich geschah all das nicht von heute auf morgen und auch nicht überall gleichzeitig. Aber es war der Trend, der diese – nach der ersten Welle verstärkter internationaler Integration des Wirtschaftsgeschehens zwischen 1875 und 1914 – »zweite Globalisierung« antrieb.[215]

Bittere Ironie: Die neoliberalen Rezepte setzten in den armen Ländern die Institutionen durch, die 1944 in Bretton Woods einst zur Stabilisierung des globalisierten Kapitalismus gegründet worden waren. Der Internationale Währungsfonds (IWF) und die Weltbank sind keine demokratischen Institutionen, denn die kreditgebenden Anteilseigner haben dort das Kommando. Kredite an notleidende Staaten wurden jetzt an die Bedingung von »SAPs« geknüpft, »Strukturanpassungsprogramme«, die die Volkswirtschaften der Nehmerländer für Investitionen attraktiv machen sollten. Der IWF zwang den Notleidenden »überholte, ungeeignete Standardlösungen« auf, so der Wirtschaftsnobelpreisträger Joseph Stiglitz, »ohne sich um die Auswirkungen auf die Menschen in den Ländern zu scheren, die diese Vorgaben umsetzen sollten«.[216] Meist verschärften die SAPs Krisen und soziale Not, zum Beispiel mit rabiaten Sparprogrammen zulasten der sozialen Sicherungssysteme. Sie destabilisierten die staatlichen Institutionen und sorgten für die Erosion ihrer Leistungsfähigkeit. All das nutzte eher den Begüterten in diesen Ländern, vor allem aber den multinationalen Konzernen, deren Investitionen rentabler wurden. Es lässt sich kaum behaupten, dass die Durchsetzung von Kapitalinteressen während der »Goldenen Jahre« stets ausschließlich friedlich verlaufen ist. Die USA und andere westliche Industrienationen haben sich oft genug offen oder verdeckt an die Seite von Autokraten und finsteren Diktatoren gestellt, um sich den Zugang zu billigen Rohstoffen zu sichern.[217] In den 1980er und 1990er Jahren erledigten diesen Job die Expert*innen von IWF und Weltbank als »das postmoderne Pendant zum Kolonialbeamten« (William Tabb).[218] Denn »überall offerierten IWF und Weltbank«, so Mike Davis, »den armen Ländern denselben Giftcocktail aus Abwertung, Privatisierung, Aufhebung der Importkontrollen und Nahrungsmittelsubventionen, erzwungener Kostendeckung im Gesundheits- und Bildungswesen und rücksichtslosen Kürzungen im öffentlichen Sektor.«[219] Die armen Länder wurden systematisch für die Kapitalverwertung der Konzerne erschlossen. In ihrem Interesse wurde der Kapital- und Warenverkehr mit einer »extremen – man könnte auch sagen: pathologischen – Version der Laisser-faire-Politik«[220] gegen alle Widerstände durchgesetzt.[221] Dass Demokratie oder Menschenrechte dabei keine Rolle spielten, muss kaum eigens betont werden. Das Geschäft musste laufen.

Bei Marx und Engels hieß es noch, das Proletariat habe »kein Vaterland«.[222] Die »zweite Globalisierung« machte nun aber Kapital und Kapitalismus weltumspannend heimatlos.[223] Seitdem läuft die Kapitalverwertung in ihrem ganz eigenen Raum- und Zeitregime, das über Währungswechselkurse und Zinsentwicklungen auf die Nationalstaaten und deren Volkswirtschaften zurückwirkt. Dem abstrakten »Sachzwang« des Weltmarktes können die »um Investitionen« konkurrierenden einzelnen Nationalstaaten nur sehr begrenzt eigene ambitionierte Politik und Steuerungsversuche entgegensetzen. Sie müssen möglichst günstige Bedingungen für die Verwertung des Kapitals sichern. Das Kapital lässt sich dort nieder, wo die höchsten Renditen winken und staatliche Regulierungen nicht weiter stören. Ändern sich die Rahmenbedingungen zu Ungunsten der Kapitalverwertungsinteressen, suchen die Investoren andere Länder. Demokratische Regeln, angemessene Besteuerung, hohe Umweltstandards, tragfähige Systeme der sozialen Sicherung sind »Kosten« und »Wettbewerbsnachteile«. »It's the economy, stupid!«[224] oder – wir erinnern uns – der »stumme Zwang der Verhältnisse«.

Ich wurde 1990 mit der »Wiedervereinigung« und dem Ende der DDR in ein Land eingebürgert, dessen Verheißung von Freiheit, sozialer Sicherheit und Demokratie auf ökonomisch-politischen Grundlagen beruhte, die zu diesem Zeitpunkt schon im Verschwinden begriffen waren. Der Zusammenbruch der Staaten und Volkswirtschaften des Ostblocks wurde noch als Beweis der Überlegenheit freier Marktkräfte gefeiert, aber das war eine naive und mindestens einseitige Perspektive. Um die Jahrtausendwende herum, zwei Jahrzehnte nach dem Beginn der neoliberalen Transformation in Großbritannien und den USA, erreichte die Begeisterung für die »Marktkräfte« in Deutschland und Europa ihren Höhepunkt. Als Berlin 1999 seine Wasserbetriebe teilprivatisierte, begann ich mich mit der Privatisierung und Liberalisierung des Wassersektors zu beschäftigen. Wasser ist das elementare Gut schlechthin, auf das jeder Mensch zum Überleben angewiesen ist. Berlin war arm, die Verkaufserlöse waren sexy. Es wurde auch das Hohelied »des

Marktes« gesungen. Aber praktisch sind die Gewinne der Wasserbetriebe privatisiert und die Verluste des Verkaufs sozialisiert worden. Die Rendite zahlten die Kund*innen durch gestiegene Wasserpreise. Als das Abenteuer 2013 beendet wurde, floss der Preis für den Rückkauf aus dem Landeshaushalt.[225] Kapitalismus in a nutshell.

Der Verkauf der Berliner Wasserbetriebe war für mich der Anstoß, die Liberalisierung der globalen Wasserressourcen und ihre juristischen Aspekte wissenschaftlich zu untersuchen: Das war das Thema meiner Doktorarbeit als Jurist. Ich begriff den Modus der Kommerzialisierung: Erst werden Güter mit Eigentumsrechten versehen und künstlich »verknappt« – aus Ressourcen der öffentlichen Daseinsfürsorge werden Waren. Im nächsten Schritt wird der Zugang der Bürger*innen zu diesen Waren den Marktlogiken und der profitablen Verwertung unterworfen. Nach dieser Logik würde uns irgendwann auch unsere Atemluft verkauft werden, ließe sie sich nur praktikabel abfüllen und zur Handelsware machen. Als die EU-Kommission 2005 plante, die öffentlichen Dienstleistungen in der Europäischen Union umfassend »zu liberalisieren«, zeigte sich der damalige SPD-Kanzler Schröder begeistert.[226] Ich beteiligte mich an den Gegenprotesten. Wir erreichten, dass dieses marktradikale Vorhaben aufgegeben werden musste. Danach habe ich einige Jahre lang Vorlesungen an der Berliner Hochschule für Wirtschaft und Recht gehalten, um zu vermitteln, wie hochgradig absurd es ist, »Marktbeziehungen« für die beste Gestaltung menschlicher und sozialer Verhältnisse zu halten. Doch mit diesem Denken wachsen wir ganz selbstverständlich auf, es prägt das Weltverständnis der meisten Menschen. Mitunter erntete ich Ideologie-Vorwürfe, weil ich diesen Glauben an das segensreiche Wirken der Marktkräfte und der Vermarktlichung aller gesellschaftlichen Verhältnisse für Ideologie halte.

Weder Maggie Thatcher noch Ronald Reagan ahnten wohl, dass sie mit ihrer Politik entfesselter Märkte die Büchse der Pandora zum Nachteil ihrer eigenen Bevölkerung öffneten. In den westlichen Industriestaaten bewirkte die fortschreitende Integration der Weltwirtschaft mit der globalen Neuorganisation von Produktion und Kapitalverwertung eine Welle der Deindustrialisierung. Die großen Volkswirtschaften Asiens waren in vielen Bereichen deutlich konkurrenzfähiger. Sie hatten die Vorgaben von IWF und Weltbank explizit *nicht* befolgt, sondern ihr eigenes Wachstum gezielt gefördert, ihre Unternehmen am Binnenmarkt durch Zölle vor den Produkten der ausländischen Konkurrenz geschützt, in Bildung der Bevölkerung und künftiger Arbeitskräfte investiert und sukzessive den technologischen Abstand zu den führenden Industriestaaten verringert. Arbeitskosten? Fast keine! Neun von zehn der Menschen, die von der zweiten Globalisierung profitieren, leben in den wachsenden Volkswirtschaften Asiens – in China, Indien, Thailand, Vietnam oder Indonesien.[227] Seit 1988 nahm die durchschnittliche globale Ungleichheit deshalb ab.[228] Die Einkommen der Mittelschichten in den reichen Nationen des Westens aber stagnierten oder gingen sogar zurück. So sind die Reallöhne in Deutschland von Anfang der 1990er Jahre bis 2010 gesunken.[229] Hier profitierten vor allem die ohnehin schon Wohlhabenden von der Globalisierung.[230] Sie konnten ihr Geld zu Kapital machen und in Unternehmen investieren, die ihre Produkte kostengünstig in Asien, der neuen industriellen Werkbank der Welt, produzierten. Wer dagegen nur seine Arbeitskraft verkaufen konnte, musste sich auf Werksschließungen und die Verlagerung der industriellen Produktion in kostengünstigere Regionen gefasst machen. Plötzlich konkurrierten am Weltmarkt nicht mehr nur Unternehmen, sondern auch Arbeitskräfte miteinander.

Ob wir überhaupt etwas (und wie viel gegebenenfalls) von den Früchten des Wachstums abbekommen, hängt in der schönen neuen Welt der Globalisierung ganz entscheidend davon ab, wo wir leben und in welcher Stufe der gesellschaftlichen Hierarchie wir stehen. Wie in eine mittelalterliche Ständegesellschaft werden wir in diese globale Hierarchie hineingeboren. Branko Milanović nennt das erste Phänomen einen »Ortsbonus«[231], den wir mit unserer Geburt erhalten. Das zweite Phänomen sollte »Klassenbonus« heißen, um in der Logik zu bleiben. In den ärmsten Weltteilen profitierten die wenigsten Menschen von der Globalisierung. Viele von ihnen bekommen die negativen Seiten der Globalisierung in Gestalt repressiver oder schlicht abwesender Staatlichkeit zu spüren. Im bolivianischen Cochabamba verdreifachte das kommerzielle Unternehmen als neuer Betreiber nach der Privatisierung der Wasserversorgung im Jahr 2000 die Preise. Die Bevölkerung ging auf die Barrikaden. Der »Wasserkrieg von Cochabamba«, eine Auseinandersetzung zwischen Armen und Polizei unter Kriegsrecht, forderte Tote und unzählige Verletzte. Letztlich musste der Deal gestoppt werden. In Kenia erlebte ich 2007 gemeinsam mit anderen Teilnehmer*innen des Weltsozialforums, wie die Mehrheit der Menschen in Nairobi lebt. Im Slum Korogocho berichteten uns die Menschen von ihrem Alltag. Staatliche Unterstützung und öffentliche Infrastrukturen kannten sie kaum.[232] Es ist ein Leben in einer »informellen« Stadt, extrem prekär und unter den verletzlichsten Verhältnissen. Wir waren beschämt angesichts des Wohlstandsgefälles, der blanken Not und unserem privilegierten Leben im reichen Europa.

Ebenfalls »wenig Staat« kennt die Welt der Luxusyachten. Sie ist die symbolische und reale Kehrseite des Elends infolge der kapitalistischen Globalisierung.[233] Der Bau dieser schwimmenden Gemeinwesen für eine vierstellige, vielleicht niedrig fünfstellige Zahl von Superreichen unterhält eine wachsende Branche mit utopischen Umsatzsummen. Luxusyachten sind nicht einfach die Demonstration der Abgeschiedenheit des Reichtums und seine obszöne Ausstellung zugleich, mobile Statussymbole der reichsten Menschen der Welt. Sie navigieren »in einem juristischen Dickicht aus internationalen Gewässern, unbekannten Eignern und Registrierungen«, in »einer Zone der Exterritorialität«[234] – von Arbeitsrecht über Besteuerung bis hin zu Umweltvorschriften. Eine feste Crew muss 24/7 für die *happy few* verfügbar sein und permanent Druck in allen denkbaren Formen ertragen. Manchmal endet das auch tödlich. Ökologisch gesehen sind diese Megaschiffe eine Vollkatastrophe, für »einmal volltanken« geht schnell eine Million Dollar drauf. Es erstaunt nicht, dass die jährlichen Gesamtkosten für die rund 6.000 Superyachten der Welt sämtliche »Entwicklungsländer« entschulden könnten.[235]

Der damalige FDP-Vorsitzende und Vizekanzler Westerwelle machte 2010 gesellschaftliche Verhältnisse »spätrömischer Dekadenz« aus. Er hatte dabei nicht den Alltag auf den Superyachten im Blick, sondern Menschen, die in unserem Land zum Lebensunterhalt auf staatliche Transferleistungen angewiesen sind.

Im Jahr 2013 verfügten 1.426 Menschen mit einem Nettovermögen von insgesamt 5,4 Billionen Dollar – ein Zehntausendstel des reichsten einen Prozents der Welt – über zwei Prozent des Reichtums der Welt. Sie besaßen damit über doppelt so viel Geld wie alle Menschen auf dem afrikanischen Kontinent zusammen.[236] Zwischen 1987 und 2013 hat sich die Zahl der hyperreichen Menschen – also solche mit inflationsbereinigt mehr als 1 Mrd. Dollar Vermögen – von 145 auf 735 verfünffacht.[237] Es besteht wenig Anlass zu zweifeln, dass sich dieser Trend bis heute fortgesetzt hat. Die zweite Globalisierung hat eine hypermobile »globale Plutokratie«[238] hervorgebracht, die über beträchtlichen ökonomischen und politischen Einfluss verfügt: Ihr Geld bedeutet Macht. Wenn Politiker*innen in Deutschland von »Parallelgesellschaften« sprechen, meinen sie damit Milieus, die sich aus ihrer Sicht einem geregelten gedeihlichen sozialen Miteinander entziehen. Meist sind damit Menschen mit Migrationsgeschichte adressiert, die hier leben, denen aber nicht einmal das Wahlrecht zugestanden wird. Also das Recht, die Regeln des gedeihlichen Zusammenlebens mitzugestalten. Für mich ist die globale Plutokratie der Superreichen der Inbegriff einer Parallelgesellschaft. Man sieht sie zwar selten und hört nicht viel von ihr. Die globale Plutokratie schätzt Diskretion und lebt nach eigenen Regeln in weitgehend »rechtsfreien Räumen«. In ihrer Welt ist ein radikaler und egozentrischer Individualismus ohne Rücksicht auf Verluste die Währung der sozialen Anerkennung: Egoshooter de Luxe. Dennoch hat sie sich den neuen, global entgrenzten Hardcore-Kapitalismus nicht einfach selbst zurechtgebaut. Sie nutzt ihre Macht lediglich, um den »stummen Zwang der Verhältnisse« zu bewahren, dem sie ihren Reichtum verdankt. Dieser feine Unterschied ist wichtig, um nicht einem reaktionären Weltverschwörungsglauben in die Hände zu spielen. Außerdem sollte nicht unter den

Tisch fallen, dass auch die weitaus meisten Menschen in Deutschland – ökonomisch gesehen – von der imperialen Lebensweise profitieren, ohne individuelles Verschulden, aber auf indirekte Kosten der Menschen in den unteren zwei Dritteln der globalen Hierarchie der Geburtsorte und Klassenzugehörigkeiten. Das Problem bleiben diese Verhältnisse selbst.

Mag das Kapital auch heimatlos sein, es tummelt sich auf den Finanzplätzen dieser Welt und sucht lukrative Anlagemöglichkeiten – oder Anlegemöglichkeiten, um im Yachtenkosmos zu bleiben. Nach der Deregulierung der Finanzmärkte Anfang der 1980er Jahre liefen die Börsengeschäfte glänzend. Die Finanzsphäre entkoppelte sich aufs Neue von der realen produktiven Wertschöpfung; börsennotierte Werte und die auf dem grauen Markt abseits der Börsen gehandelten Papiere beliefen sich alsbald auf ein Vielfaches der realen Wirtschaftsleistung. Dabei handelte es sich jedoch größtenteils um rein »virtuelle« Werte, sie existierten lediglich als verbriefte oder computerbasierte Fiktionen. Ich habe bereits beschrieben, wie die spekulative Aufblähung das Risiko wirtschaftlicher Erschütterungen rapide erhöht. Allein zwischen 1970 und 2011 erlebte die Welt insgesamt 147 Bankenkrisen, 218 Währungskrisen und 66 Staatsschuldenkrisen.[239] Von den meisten Krisen haben wir in Deutschland nicht allzu viel mitbekommen, wenn wir nicht wollten. Meist waren Länder an der Peripherie betroffen, das Big Business an den Börsen wähnte sich derweil weiter im Glück. Dann platzte im Jahr 2000 in den USA zunächst die New-Economy-Blase, was vor allem Kleinanleger*innen in den westlichen Industrienationen ihrer Vermögen beraubte. Es folgte 2008 die US-Hypothekenkrise, was die transatlantische Wirtschaft ohne massive staatliche Stützungsmaßnahmen in eine Weltwirtschaftskrise historischen Ausmaßes hätte stürzen können.

Seitdem gilt es als *common sense*, die heftige ökonomische Krise in den USA und Europa 2007/2008 als »Selbstentzauberung des neoliberalen Mythos«[240] zu deuten. Die »Annahme, Märkte seien effizient«, habe »keine wissenschaftliche Grundlage«[241], so der Nobelpreisträger und »Keynesianer« Joseph Stiglitz. Es war in der Tat von

»Eigenverantwortung«, »Selbstregulierung« und »Marktautonomie« für eine kurze Zeit nicht mehr viel zu hören. Die Verantwortlichen im Finanzsektor appellierten jetzt eindringlich an Regierungen und Notenbanken, sofort einzugreifen, um einen noch katastrophaleren Kollaps mit seinen ökonomischen und sozialen Auswirkungen abzuwenden. Das war nötig und buchstäblich alternativlos: Die Folgen der von der Hyperspekulation des Finanzsektors ausgelösten Krise musste mit staatlichen Mitteln, also mit Steuergeld, gedämpft werden. Die Bürger*innen zahlten die Rechnung. Allen Ankündigungen der Regierungen führender Industrienationen zum Trotz sind die Finanzplätze aber bis heute nicht reguliert, von der eigentlich nötigen öffentlichen Steuerung des Kreditsektors ganz zu schweigen.[242]

Das Casino blieb geöffnet, spekulative Blasen sind weiter Teil des Geschäftsmodells. Es ist deshalb nur eine Frage der Zeit, bis die nächste Krise ausbricht. Allerdings haben die Regierungen und Notenbanken immer noch damit zu tun, die globale Ökonomie nach 2008 zu stabilisieren. Die Staatsschulden der reichen Industrieländer sind wegen der Rettungs- und Konjunkturpakete rasant angestiegen: Die Gewinne wurden privatisiert, die Verluste vergesellschaftet. Der aktuelle Finanzminister Lindner (FDP) in der Ampelkoalition mit Sozialdemokraten und Grünen betont unablässig, dass der Bundeshaushalt eine »schwarze Null« bräuchte, dass »wir nicht länger über unsere Verhältnisse leben« dürften. Aber wer ist hier »wir«? Wer lebt über die Verhältnisse, wenn nicht die 0,1 Prozent der Superreichen? Und: Was tun »wir« beim nächsten großen Knall? Welches Ausmaß an Staatsschulden vertragen die kapitalistischen Zentren?

Hören wir Lindners Parolen, kann von einer »Krise des Neoliberalismus« wohl keine Rede sein. Der kapitalistische Normalbetrieb läuft ungehindert weiter. Nur wird das so nicht mehr lange funktionieren. Wir sind Zeug*innen einer sich verschärfenden und tiefgreifenden Krise. Im »Goldenen Zeitalter« des Nachkriegskapitalismus sorgte die wirtschaftliche und politische Dominanz der Vereinigten Staaten noch für relative ökonomische Stabilität. Jetzt bröckelt sie. Aufstrebende Mächte wie China verfolgen ihre eigene politische und ökonomische Agenda viel nachdrücklicher. Der Krieg Russlands gegen die Ukraine hat Westeuropa von der Versorgung mit billiger Energie abgeschnitten. Die Weltwirtschaft ist verflochten wie noch nie, die Liefer- und Wertschöpfungsketten sind global integriert wie noch nie. Damit sind sie auch sehr viel anfälliger für Krisen und Dominoeffekte geworden. Mit dem Zerfall des Ostblocks schwand auch die Kraft der einstigen Supermächte, Konflikte in ihren Einflusssphären einzuhegen. Die Welt wurde dadurch gewiss nicht friedlicher. Nehmen ökonomische Spannungen zu, können politische Konflikte schnell zahlreicher und heftiger werden. Wir sehen, dass die Hemmschwelle sinkt, eigene Interessen notfalls auch militärisch durchzusetzen. Gleichzeitig stecken die internationalen Institutionen, die nach dem Zweiten Weltkrieg eine friedliche globale Ordnung garantieren sollten, in einer tiefen Krise – allen voran die UN.

Die Welt ist inzwischen so fragil geworden, dass selbst kleine Störungen große Wirkungen auslösen können. Als das havarierte Schiff »Ever Given« 2021 für eine Woche den Suezkanal lahmlegte, sahen wir, wie dicht die globalen Transportwege der Wertschöpfung getaktet sind. Die Havarie verursachte Milliardenschäden und allerorten plötzlich leere Supermarkt-Regale. Aufgrund der Preissteigerungen für Energie und Dünger, der Corona-Pandemie und des Ukraine-Kriegs hat seit 2019 weltweit die Zahl der hungernden Menschen in absoluten wie relativen Zahlen wieder zugenommen.[243] Diese multiple Krise ist auch eine Krise der imperialen Lebensweise. Unser »Ortsbonus« hat es uns sehr lange leicht gemacht, die unübersehbaren Symptome auszublenden. Jetzt ist das sehr schwierig geworden und nur um den Preis des Wirklichkeitsverlusts möglich.

Während ich dieses Buch schreibe, im zweiten Halbjahr 2023, ist jeder laufende Monat der wärmste seit Beginn der globalen Wetteraufzeichnungen.[244] Unsere Art zu wirtschaften und zu leben hat Folgen für die physikalischen und biologischen Prozesse des Planeten, die nur noch durch vollkommene Ignoranz gegenüber den Fakten zu leugnen sind. Werden die natürlichen Kreisläufe dauerhaft überstrapaziert, stellt das mittelfristig die Zukunft unserer Gattung infrage. Der Klimaforscher Johan Rockström beschrieb 2009 erstmals auf neun Feldern die Grenzen der planetaren Belastbarkeit, die den sicheren Spielraum für die Menschheit abstecken.[245] In einer neuen Studie stellt ein internationales Forschungsteam fest: Sechs von neun dieser planetaren Belastungsgrenzen sind bereits überschritten. »Wir wissen nicht, wie lange wir entscheidende Grenzen derart überschreiten können«, so Rockström als Mitautor der Studie, »bevor die Auswirkungen zu unumkehrbaren Veränderungen und Schäden führen.«[246]

Das Klima ist nur eins von den sechs bereits überstrapazierten Feldern. Allein die Entwicklung des CO_2-Anteils in der Atmosphäre ist alarmierend: In der vorindustriellen Menschheitsgeschichte lag er bei unter 300 ppm[247], vor 10 Jahren noch bei etwa 398 ppm. Während ich diesen Satz schreibe, beträgt er schon 419 ppm.[248] Okay, das sind Zahlen. Das ist abstrakt. Anschaulicher wird es, wenn wir uns die extremen Wetterereignisse dieses Jahres – Hitzekuppeln, Waldbrände und schwindendes Polareis – noch einmal vor Augen führen. »Der Juni 2023 könnte als Beginn eines großen Wandels im Klimasystem in Erinnerung bleiben«, schreibt die als seriös geltende Informationsseite Inside Climate News, »hin zu einem anderen Wetter-, Meereis- oder Feuerregime«. Alles deute darauf hin, »dass einige Systeme auf einen neuen Zustand zusteuern, von dem sie sich möglicherweise nicht mehr erholen«.[249] Der anhaltende Treibhausgas-Ausstoß ist die Ursache. Auch die Ozeane haben sich 2023 erwärmt wie nie zuvor. »Als Folge dieser Entwicklung« erwartet die Journalistin und Meeresbiologin Bettina Wurche »Extremwetter-Events wie Stürme, Massensterben von Fischen und Walen durch Giftalgenblüten, bei Fischen zusätzlich Massensterben durch Ersticken und auch an Land hohe Temperaturen und Dürre, nicht nur in Deutschland.«[250] Alarmierend ist auch, dass seit 2006 der Gehalt von Methan in der Atmosphäre beschleunigt ansteigt.[251] Methan ist ein viel stärkeres Treibhausgas als CO_2, seine Zunahme verschlechtert unsere Chancen zur Eindämmung der Erderwärmung. Methan wird vor allem durch biologische Emissionen freigesetzt (etwa in der

Fleischproduktion), nicht durch Verbrennung fossiler Ressourcen. Der Klimawandel befeuert diese biologischen Emissionen allerdings.

Das Intergovernmental Panel on Climate Change (IPCC), der Zwischenstaatliche Ausschuss für Klimaänderungen, trägt seit 1990 Forschungsergebnisse zum Klima aus den relevanten Wissenschaftsdisziplinen zusammen. Dabei werden Wahrscheinlichkeiten des Eintritts bestimmter Folgen des Wandels bewertet. Im März 2023 endete der sechste Berichtszyklus des IPCC. Es hält fest, die globale Erwärmung bewirke mit Sicherheit jetzt schon weltweit gravierende, teilweise auf Jahrhunderte bis Jahrtausende unumkehrbare Veränderungen in der Atmosphäre, den Weltmeeren, der Kryosphäre – des mit Schnee und Eis bedeckten Teils der Erde – und der Biosphäre.[252] Ein Beispiel zeigt, wie schnell wissenschaftlich breit getragene Aussagen über den Klimawandel in Frage stehen können: Das IPCC hielt es zu Beginn des Jahres 2023 noch für »unwahrscheinlich«, dass die atlantische meridionale Umwälzzirkulation bereits in unserem Jahrhundert »kippen« könnte. Das wäre für das Erdsystem katastrophal, da sie eine wichtige Funktion im globalen Wärmehaushalt spielt.[253] Neue Modellierungen legen jetzt nahe, dass dieses Risiko »weit über 10 Prozent liegt – und sogar schon für die nächsten Jahrzehnte beunruhigend hoch ist«.[254]

Über die Ursachen des Klimawandels und seine möglichen Folgen wird in unserer Gesellschaft hart gestritten. Die Positionen rangieren zwischen »So schlimm wird es schon nicht werden!« und apokalyptischer Lähmung. Ich denke, es ist einfach komfortabler zu glauben, wir Menschen könnten alle Probleme auch in der Zukunft irgendwie in den Griff bekommen, am besten, ohne unseren Lebensstil zu verändern und mit Hilfe von Technologien, die wir in der Zukunft schon noch entwickeln werden. »Es bleibt das große Rätsel, wie Menschen glauben können, Gesellschaften könnten sich nicht an etwas weniger Fleisch, andere Energieerzeugung, vielleicht eine Weile weniger Flüge oder Städte mit etwas mehr Fahrradwegen anpassen, aber problemlos an eine 3 Grad heißere Erde«, twitterte der SPIEGEL-Journalist Jonas Schaible am 31. Juli 2023. Sollten wir nicht – mit Hans Magnus Enzensberger – die Annahme, dass »der heutige Industrialisierungsprozess, wenn er sich quasi naturwüchsig fortsetzt, in absehbarer Zeit zu katastrophalen Konsequenzen führen« wird, bis zum Beweis des Gegenteils zum Ausgangspunkt unseres Handelns machen?[255]

Die Grenzen unseres Ökosystems sind absolut, und wir haben nur einen Planeten. Der Meteorologe Mojib Latif sagte unlängst: »Sie können mit der Physik nicht verhandeln und auch keine Kompromisse schließen.«[256] Wir können die Folgen unserer Lebensweise noch für eine Weile in andere Teile der Welt externalisieren, aber das wird uns eher morgen als übermorgen einholen. Wir können auf neue technische Wunder in der Zukunft hoffen, aber sie werden uns nicht retten. Wir können weiterhin glauben, Deutschland liege bei der Energiewende »ganz vorn«. Das ist zwar Unsinn, aber eine gute Ausrede, um wie gewohnt weiter auf zu hohem Niveau zu konsumieren und sogar noch exportweltmeisterliche »Standortvorteile« zu generieren. Auch wenn es unbequem ist: All das ist falsch. Je länger wir das nicht verstehen wollen und unsere Lebensweise nicht verändern, desto größer werden die Kosten und desto härter wird der Aufschlag. Uns läuft die Zeit davon.

Nein, wir stehen nicht gut da. Globaler »Weltüberlastungstag« 2023 war am 2. August. An diesem Datum hat die Menschheit alle natürlichen Ressourcen aufgebraucht, die die Erde binnen einem Jahr regenerieren kann. Deutscher »Weltüberlastungstag« war aber bereits am 4. Mai. Während die Menschheit insgesamt für ihre derzeitige Lebensweise 1,7 Erden bräuchte, »verfeuern« wir ganze drei Erden.[257] Die Welt lebt im globalen Durchschnitt bereits seit 1970 »auf Pump«. Um den IPCC-Kriterien für nachhaltiges Wirtschaften zu entsprechen, müsste der globale Erdüberlastungstag sieben Jahre lang jeweils 19 Tage nach hinten geschoben werden.[258] Schauen wir uns den Trend der zurückliegenden Jahre an, sind wir weit davon entfernt. Dabei leben zwei Drittel der Menschheit noch nicht einmal in einer Industriegesellschaft. Sie unternehmen aber große Anstrengungen, dies zu erreichen. Auf fossiler Basis.[259]

Bei uns soll es »Grünes Wachstum« richten. Mit dieser Zauberformel will Europa das Kunststück vollbringen, weiterhin ökonomisches Wachstum zu generieren und trotzdem weniger Ressourcen zu verbrauchen. Nun geht die Akkumulation und Verwertung von Kapital zwangsläufig mit Ressourcenumwandlung einher. Die Verheißung vom »grünen« Wirtschaftswachstum ist, wie Ulrike Herrmann und Kohei Saito illustrieren, nichts als bequeme Realitätsflucht.[260] Es ist nicht möglich, in postfossilen Zeiten die heutige, von unfassbarer Verschwendung geprägte konsumorientierte Lebensweise aufrechtzuerhalten. Auf dem heutigen Produktionsniveau könnte eine radikal andere, an menschlichen Bedürfnissen orientierte Wirtschaftsweise der Menschheit ein Leben ohne materielle Not ermöglichen. Ein »Weiter so« wird mit immer größerer Naturvernichtung einhergehen. Effizienzgewinne führen in der maßlosen Logik der Kapitalakkumulation regelmäßig nicht zu einem sparsameren Umgang mit Ressourcen, sondern zu einem höheren Mengenausstoß, wodurch am Ende mehr verbraucht wird und nicht weniger.[261]

Augenwischerei ist es auch, sich für den Abschied vom fossilen Zeitalter auf Zukunftstechnologien zu verlassen, die irgendwann zu vielleicht tragbaren Kosten in vielleicht ausreichender Breite ausgerollt werden könnten. Wenn »neue Erfolgsmeldungen und waghalsige Ankündigungen herausposaunt« werden, wie beispielsweise bei der Kernfusion, ist das eher Marketing als ein Beitrag zu einer postfossilen Energieversorgung.[262] Die gleiche Skepsis sollte Technologien gelten, die Treibhausgas-Emissionen aus unserer Atmosphäre »absaugen« oder unter dem Meeresboden vergraben sollen. Ja, wir werden Technologien brauchen, die uns zukünftig helfen, manche katastrophale Wirkung zu mildern. Aber es ist utopische, naive Technikgläubigkeit, zu hoffen, Technologie allein könnte die Folgen unserer Übernutzung der natürlichen Ressourcen kompensieren.

Große Hoffnung ruht derzeit auf »grünem Wasserstoff«, dem momentan tatsächlich einzig technisch plausiblen Speicher für regenerative Energien.[263] Wasserstoff wird jedoch unter Umwandlung enormer Mengen von Ökostrom erzeugt, er wird daher kostspielig und vor allem knapp bleiben. Wollen wir wirklich aus der fossilen Energie raus, sollte »grüner Wasserstoff« nicht für Luxus-SUVs,

Privatjets oder Kurzflüge verschwendet, sondern als Reserve für lebenswichtige Bedarfe genutzt werden – weil Sonne und Wind auch mal Pause machen. Die Bundesregierung ist sehr aktiv bei der Anbahnung von »Wasserstoff-Kooperationen« mit Ländern in Afrika und Südamerika.[264] Erneut sollen die ärmeren Länder herhalten, um den Ressourcenhunger der reichen Nationen zu stillen. Mir erscheint das, als würden postkoloniale ökonomische Abhängigkeiten ins postfossile Zeitalter fortgeschrieben werden.

Auch die Hoffnung auf das »Wachstum« einer »Wissensökonomie« im digitalen Raum wird uns nicht retten. Digitale Infrastrukturen kommen nicht ohne Naturressourcen aus, auch wenn wir das gern ausblenden. Sie brauchen Unmengen Energie, und der Bedarf steigt weiter. In den Rechenzentren von Frankfurt/Main wird schon jetzt mehr Strom verbraucht als in allen Privathaushalten der Stadt zusammen. Für Videostreaming passieren jährlich knapp 200 Milliarden Kilowattstunden die Netze der Welt. »Der Anteil von Pornofilmen dabei«, merkt der FAZ-Journalist Niklas Maak süffisant an, »ist erstaunlich hoch, die Hälfte aller Emails sind Spam«.[265] Jede Komponente der »Wissensgesellschaft«, ob Netze, Server oder Endgerät, erfordert den Einsatz von Bodenschätzen, Energie und anderen natürlichen Ressourcen.[266] Wie wir es drehen und wenden, unser Planet hat davon nicht unendlich viele. Wir verbrauchen in Deutschland pro Kopf derzeit jährlich rund 30 Tonnen Rohstoffe, acht Tonnen wären nachhaltig. Unser Verbrauch müsste im nächsten Jahrzehnt auf gut ein Viertel des heutigen Niveaus reduziert werden.[267] Worüber reden wir?

Derzeit stößt Deutschland jährlich zwei Prozent aller Treibhausgase weltweit aus – mit etwa einem Prozent der Weltbevölkerung. Wir belegen unter mehr als 200 Ländern den siebten Platz, vor Saudi-Arabien und Indonesien.[268] Im industrialisierten Europa emittiert Deutschland am stärksten.[269] Der Pro-Kopf-»Fußabdruck« eines jeden Menschen auf der Welt müsste, um den weltweiten Temperaturanstieg nach dem Pariser Klimaabkommen von 2015 auf 1,5 Grad zu begrenzen, einer Studie der Bertelsmann-Stiftung zufolge bei 2,3 Tonnen CO_2-Äquivalenten liegen. Weniger als ein Prozent der Bundesbürger*innen haben heute einen 1,5-Gradkompatiblen Pro-Kopf-CO_2-»Fußabdruck«.[270] Das wichtigste Instrument zur Reduzierung des CO_2-Ausstoßes ist in Deutschland die Bepreisung. Der CO_2-Preis beträgt aktuell 30 €/Tonne. Das Umweltbundesamt hat berechnet, dass er 237 €/Tonne betragen müsste, um die tatsächlichen Umweltfolgen »einzupreisen«. Würden Schäden für zukünftige Generationen mitberücksichtigt, kämen wir auf 809 €/Tonne.[271]

Im Bericht 2023 über den Stand des Klimaschutzes attestiert das Umweltbundesamt Deutschland trotz Fortschritten »eine deutliche und wachsende Gesamtlücke zu den Klimaschutzzielen«.[272] Der Expertenrat für Klimafragen vermisst »ein schlüssiges und in sich konsistentes Gesamtkonzept jenseits des gemeinsamen Ziels der Emissionsminderung« im Klimaschutzprogramm 2023. Es bleibe »wegen der fehlenden Abschätzung von ökonomischen, sozialen und weiteren ökologischen Folgewirkungen hinter dem gesetzlichen Anspruch zurück«.[273] Die Bundesregierung ging 2023 auf Druck der FDP von einer sektorspezifischen zu einer übergreifenden Betrachtung der Zielerfüllung über: Die schlechte Bilanz des Verkehrs soll durch Verbesserungen in anderen Sektoren ausgeglichen werden. So werden die Klimalasten des Verkehrs kaschiert. In der Verkehrspolitik der rot-grün-gelben Bundesregierung deutet derzeit[274] nichts auf einen »Spurwechsel« hin. Die PKW-Dichte wächst schneller als die Bevölkerung[275], und FDP-Finanzminister Lindner will zur Freude der Automobilindustrie die umstrittenen E-Fuels steuerfrei machen.[276] Sobald es ernst werden müsste, erlahmt der politische Wille zu einschneidenden Entscheidungen zugunsten von Bequemlichkeit, Veränderungsscheu oder schlicht im Interesse mächtiger Lobbygruppen.

Währenddessen wird weltweit die Öl- und Gasförderung ordentlich ausgeweitet. Auf die USA entfallen über ein Drittel der bis Mitte dieses Jahrhunderts geplanten Projekte, es folgen Kanada, Russland, Iran, China, Brasilien und Dubai.[277] Die Investitionen in fossile Energieträger sind immer noch gewaltig. Allein 2020 und 2021 beliefen sich die Kosten für neue Anlagen der 30 größten börsennotierten Finanzkonzerne in Öl, Gas und Kohle auf 740 Milliarden US-Dollar. Die weltweiten Gesamtinvestitionen in fossile Energieträger werden sich 2023 auf etwa 1,050 Billionen US-Dollar belaufen – ein Fünf-Prozent-Wachstum.[278] Das dürfte so weitergehen, solange der Verbrauch fossiler Brennstoffe weltweit mit 13 Millionen Dollar subventioniert wird – nicht im Jahr, sondern pro Minute. Das sind Jahr für Jahr sieben Prozent des weltweiten Brutto-Inlandsprodukts und fast das Doppelte der weltweiten Bildungsausgaben.[279] Wie die Rechercheplattform Correctiv ermittelt hat, sind beispielsweise Rentenfonds aus den USA, Kanada, Großbritannien und anderen Industrieländern in Deutschland an den Investitionen beteiligt.[280] Auch die Pensionsfonds von zehn der 16 Bundesländer machen bei klimaschädlichen Investments mit, Spitzenreiter sind Sachsen-Anhalt und Bayern.[281] Es liegt in der Logik des globalen Finanzsystems, dass die Menschen, die ihr Geld irgendwo anlegen, selten wirklich wissen, mit welchen Folgen es »für sie arbeitet«. So wie unsere Lebensweise Folgen hat, die nicht notwendig hierzulande eintreten.

Es gibt erste Anzeichen dafür, dass die »unsichtbare Hand« der Märkte auf den Wandel des Klimas reagiert – sobald seine Folgen ihre eigenen Kosten und Gewinnmargen betreffen. In Kalifornien ziehen sich die großen Versicherer wegen der zunehmenden Waldbrände aus dem Markt zurück[282], anderswo werden die Prämien kräftig erhöht. Ohnehin ist nur ein kleiner Teil der eintretenden Schäden versichert, der Rest geht zu Lasten der Betroffenen oder ihrer Regierungen. Die planetaren Folgen des fossilen Business werden sozialisiert, die Gewinne privatisiert. Dass die volkswirtschaftlichen Folgen der Klimakrise systematisch unterschätzt werden, kommt noch *on top* – Expert*innen warnen jetzt vor dem Klima-Finanzcrash.[283] Offensichtlich ist »Finanzmathematik« für globale Klimaprognosen ungefähr so geeignet wie schon zur Vorhersage der großen Finanz- und Wirtschaftskrise 2007/2008.

Wir sind mit unserem gegenwärtigen Kurs auf dem Weg, die globale Temperatur bis 2100 um durchschnittlich 3 Grad Celsius zu erhöhen.[284] Unsere Welt wird dann nicht mehr wiederzuerkennen sein. Vor allem die ärmsten Länder und Regionen sind derzeit mit den schlimmsten Folgen der Klimaerwärmung konfrontiert. Am Horn von Afrika fielen seit 2020 mehrere Regenzeiten aus, Ernteausfälle trieben Millionen Menschen in die Abhängigkeit von Hilfsgütern oder in die Flucht.[285]

In Honduras sind sechzig Prozent der Menschen arm, die Landwirtschaft ist vom Klimawandel besonders heimgesucht. Das Land ist verantwortlich für 0,1 Prozent der weltweiten Treibhausemissionen.[286] Im Regenwald Brasiliens wurden Anfang Oktober 2023 mehr als 100 tote Flussdelphine und Tonnen toter Fische an Land gespült, weil der Fluss Lago de Tefé 40 Grad heiß geworden war. Das gesamte Amazonas-Ökosystem droht zu kippen – mit ihm die Lebensgrundlage seiner Bevölkerung und eine wichtige CO_2-Senke des globalen Klimasystems.[287] Für die Abholzung des Regenwaldes ist der Import von Soja als Tierfutter für die deutsche Fleischindustrie indirekt mitverantwortlich.[288] In Hamm/NRW wird derzeit eine Zivilklage des Bauern Saúl Luciano Lliuya gegen den Energiekonzern RWE verhandelt. Der Peruaner will erreichen, dass sich RWE am Schutz vor Klimaschäden in seiner Heimat beteiligt. »Die Verursacher des Klimawandels müssen endlich Verantwortung übernehmen«, sagt er.[289] Ich finde, er hat recht. Die Liste ließe sich mühelos um weitere Beispiele ergänzen.

Es sind nicht nur die ärmsten Gegenden der Welt am stärksten betroffen. Auch innerhalb der reichen Nationen trifft es vor allem die Ärmsten.[290] Die Sommerhitze 2003 kostete in Europa 70.000 Menschen das Leben.[291] Opfer der Hitze werden vor allem Ältere und Arme sowie Menschen in Jobs, die der Witterung besonders stark ausgesetzt und meist schlecht bezahlt sind. Eine aktuelle Studie im Auftrag der Bundesregierung hat große Risiken des Klimawandels für Arbeitsmarkt und Sozialstaat in Deutschland[292] offengelegt. Vor allem die Beschäftigten in den »systemrelevanten« Branchen (wir erinnern uns an die Corona-Pandemie!), etwa im Gesundheitssektor und der Notfall-Versorgung, sind davon getroffen. In Frankreich wird wegen steigender Wasserknappheit schon jetzt zeitweise das Trinkwasser für Privathaushalte limitiert, auch mehrere Landkreise in Brandenburg mussten im

Sommer 2023 die Wassernutzung zum Teil einschränken.[293] Es ist auch eine Frage der Prioritäten: Die starke Lobby des Agrobusiness setzt Investitionen in die Rückhaltung von Wasser zugunsten der industriellen Landwirtschaft durch, was die Fläche und die Feuchtgebiete weiter austrocken lässt und die Lage der Bevölkerung verschlechtert. Der französische Staat wurde 2020 und 2021 vom Verfassungsgericht wegen »klimapolitischer Untätigkeit« verurteilt. Derweil haben in Perpignan die lokal regierenden Rechtsextremen im März 2023 eine katholische Prozession mit Regengebeten organisiert.[294] Ich kann nicht anders, ich muss darüber laut lachen. Aber fröhlich macht mich dieser Rückfall in das Mittelalter nicht.

Soziale Ungleichheit trägt zur Verschärfung des Klimawandels bei, und dieser verschärft wiederum die soziale Ungleichheit. Das gilt im globalen wie im nationalen Maßstab. Umso absurder ist es, dass die Suche nach solidarischen und gemeinsamen Antworten auf die Probleme so schlecht im Kurs steht. Die wenigsten Menschen werden sich in der Hoffnung, der Erderwärmung und ihren Folgen zu entgehen, auf Privat-Inseln oder Luxusyachten zurückziehen können. Sie werden auch kaum – einem neueren Trend der Superreichen folgend – luxuriöse Bunker mit komfortabelster Ausstattung beziehen. Aber die individuelle Vorbereitung auf eine Katastrophe ist längst kein bizarres Hobby von ein paar verrückten Preppern mehr. Selbst Nichtmilliardären bietet »der Markt« inzwischen passgerechte und preiswerte individuelle »Problemlösungen« für die Krisenfolgen. Denn auch mit dem kleinen Bunker für den Hausgebrauch lässt sich gutes Geld verdienen. Die österreichische Firma Seba setzt, wie der Journalist Bernhard Torsch weiß, »die Material- und Planungskosten für solche privaten Schutzräume auf 13.000 Euro« an.[295] Wem das zu teuer ist – es gibt noch andere Unternehmen in diesem boomenden Sektor. Uns mag das immer noch als Ausdruck eines besonders extremen liberalen Credos erscheinen, als eine obszöne Version einer sozialdarwinistischen Ideologie des »survival of the fittest«.

Aber eigentlich vollziehen diese Menschen nur etwas exzentrisch nach, wie die Industrienationen derzeit auf die globalen Ungerechtigkeiten antworten: mit rabiater Abschottung. Ich erinnere mich daran, wie 1990 und in den Jahren danach der Fall der Mauer und der innereuropäischen Grenzen – zu Recht – als grandioser Triumph der Freiheit gefeiert worden sind. Nur ein Dutzend aller Grenzen waren damals weltweit festungsartig. Diese Zahl hat sich seitdem verfünffacht.[296] Seit 2000 wurden mehr Bauwerke zur Grenzbefestigung gegen unerwünschte Eindringlinge errichtet, die der Berliner Mauer nahekommen, als in den fünfzig Jahren zuvor.[297] »In fast allen Fällen verlaufen«, sagt Branko Milanović, »die Barrieren entlang der Nahtlinien zwischen armer und reicher Welt.«[298] Die reichen Industrienationen handeln angesichts unserer Verantwortung mit dem Ethos »einer Räuberbande, die nur ihr eigenes, kurzfristiges Interesse zu maximieren versucht« (so der SZ-Journalist Ronen Steinke).[299] Wie weit soll das noch gehen? Wie reagieren wir darauf, dass die ökologischen Kosten unseres Konsumniveaus den Lebensraum von Milliarden Menschen unbewohnbar machen? Wie werden wir unsere »Festung des Wohlstands« verteidigen, wenn unser Planet im globalen Süden für mehr und mehr Menschen unbewohnbar wird? Mit Sperrfeuer aus Maschinengewehren an den Grenzen der »Festung Europa«? Mit einer Aufrüstung der EU-Grenzschutzeinheit Frontex auf Armee-Stärke und der Lizenz zum Töten?

Was wir in diesem Jahrzehnt entscheiden und unternehmen, wird den Zustand unserer Erde für die nächsten Jahrhunderte beeinflussen. Wir müssen uns eingestehen, dass sich mehr als fünfzig Jahre nach Erscheinen des ersten Club-of-Rome-Berichts über die »Grenzen des Wachstums« der Umgang mit den planetaren Ressourcen nicht grundsätzlich zum Besseren und ökologisch Vertretbaren verändert hat. Es wird Zeit, die FDP mit ihren etwas wohlfeilen Versprechen beim Wort zu nehmen: »Umweltschutz hat Vorrang vor Gewinnstreben und persönlichem Nutzen. Umweltschädigung ist kriminelles Unrecht.«[300] Okay, das ist ebenfalls mehr als fünfzig Jahre her und von den Freidemokrat*innen längst vergessen. Aber es ist unabdingbar, unseren Energie- und Ressourcenverbrauch sehr schnell drastisch zu reduzieren. Unsere derzeitige Lebensweise ist mitverantwortlich dafür, dass Milliarden grundlegende Entfaltungsmöglichkeiten vorenthalten bleiben. Wir müssen auch darüber sprechen, was »Wohlstand« unter diesen Vorzeichen für uns bedeutet.

Vielleicht fällt das leichter, wenn wir uns klar werden, dass es mit einer anderen Lebensweise auch hierzulande besser werden kann. Denn der Kapitalismus zerstört nicht nur den Planeten, sondern er zersetzt systematisch die Voraussetzungen unseres gesellschaftlichen Miteinanders – und damit auch die Basis, ohne die er selbst nicht existieren kann. Ich erinnere mich, dass viele Menschen im Osten nach 1990 die »Ellenbogen-Gesellschaft« und die »Kälte« beklagt haben, die sie im Westen vorgefunden haben. Heute vergeht keine Woche, in der Politiker*innen nicht den »Gemeinsinn« beschwören, an die gesellschaftliche Solidarität appellieren oder dazu aufrufen, sich für die Demokratie und den gesellschaftlichen Zusammenhalt zu engagieren. Über die Ursachen der Desintegration wird aber zu wenig gesprochen, auch darüber, was wir ihr jenseits gut gemeinter, immer etwas hilflos klingender Appelle entgegensetzen könnten. Die kapitalistische Dynamik, die Vermarktlichung fast aller sozialen Beziehungen, die Statuskämpfe und der harte Konkurrenzdruck am Arbeitsmarkt, wirkt als Menschenvereinzelungsmaschine. Die neoliberale Umstrukturierung des Kapitalismus nach seinem »Goldenen Zeitalter« blieb auch hierzulande nicht ohne Spuren.

Das betrifft zuallererst die Veränderungen in der Arbeitswelt. Ich hatte beschrieben, dass sich im »Goldenen Zeitalter« ein allgemeines Lohnarbeitsregime mit dem Grundtypus des »Normalarbeitsverhältnisses« durchgesetzt hat. Tarifbindung war in den meisten Branchen selbstverständlich, bis in die 1970er Jahre herrschte relative Vollbeschäftigung. Im Verhältnis zwischen Kapital und Arbeit hatten die Beschäftigten für sich starke Schutzrechte durchgesetzt – der Kapitalismus war sozialpartnerschaftlich domestiziert. Die blanke »Warenform« der Arbeit war in dieser Zeit zugunsten der Beschäftigten stark eingeschränkt. Im neuen Raum-Zeit-Regime des globalen Kapitalismus rückte der Warencharakter der Erwerbsarbeit wieder stärker in den Vordergrund. Mit der Deindustrialisierung in den Ländern des reichen Westens war hier die Zeit der relativen Vollbeschäftigung vorbei, die Sorge um »den Verlust der eigenen

Lebensbasis«[301] wurde für viele Menschen wieder ein bedrückendes, auch angstbesetztes Thema. Umbau der Wertschöpfungsketten hieß vor allem »Fragmentierung der Arbeit«[302]: Teilzeit-, Kurzzeitbeschäftigung und prekäre Jobs. Tendenziell verschlechterten sich die Arbeitsbedingungen, die soziale Absicherung und die Entlohnung. Aber diese Entwicklung hatte auch eine andere Seite. Denn die Befreiung von den Zwängen einer durchnormierten und uniformen Arbeitswelt eröffnete ja auch Möglichkeiten der individuellen Emanzipation, also größere Freiheit bei der Lebensgestaltung. Nur lösten sich damit auch sukzessive diejenigen Milieus auf, die bis dahin Solidarität und kulturelle Gemeinschaftserfahrungen getragen haben. Der Druck auf die Einzelnen und die Vereinzelung nahmen tendenziell zu.

Egal, ob es um »Klassenkampf« oder »Klassenkompromiss« ging: Lohnabhängige im »Goldenen Zeitalter« nahmen ihre Situation schon als gesellschaftlich bedingt wahr. Es war nie nur das eigene Schicksal, das auf dem Spiel stand. Die Protagonist*innen der neoliberalen Ideologie haben es geschafft, den Wahrnehmungszusammenhang zwischen gesellschaftlicher und individueller Lage stark zu schwächen. »There's no such thing as society«, sagte einst Margaret Thatcher: Es gibt nur Individuen, keine Gesellschaft. Im Haifisch-Becken des Lebens kämpfen wir alle gegen alle. Der mit den rot-grünen Arbeitsmarktreformen geprägte Begriff der »Ich-AG« bringt diese Ellenbogen-Mentalität gut zum Ausdruck. Dieser Logik zufolge haben wir uns unsere Erfolge und Misserfolge ausschließlich selbst zuzuschreiben, wir sind unseres eigenen Glückes Schmied. Heute haben viele Menschen diese entfesselte Konkurrenzsituation tief verinnerlicht. Solidarität und gemeinsames Handeln sind aber auf einen gemeinsamen Begriff von Gesellschaft angewiesen. Es hat sich ja nicht geändert, dass wir unsere materiellen Lebensbedingungen kollektiv erzeugen. Aber die Organisation der Arbeit macht die Welt tatsächlich eher zu einer Ansammlung isolierter Privatproduzent*innen.

Auf dem Arbeitsmarkt wird unablässig Flexibilität gefordert. Kreativität, Individualität und Selbstverwirklichung stehen hoch im Kurs, werden zur Anforderung. Wie viel Kraft geht dafür drauf, immer wieder aufs Neue den von außen an uns herangetragenen – realen oder auch nur vermuteten – Erwartungen zu genügen? Die Grenzen zwischen Arbeitszeit und dem Rest unseres Lebens sind fließend geworden – nicht nur dort, wo digitale Arbeitsmittel im Spiel sind. Permanente Verfügbarkeit für die Arbeit und »Ortsflexibilität« verbessern zweifellos die Einstellungs- und Aufstiegschancen. Aber was ist mit Nachbarschaft, Familie und Freundeskreis, mit Freizeit und Erholung, ja, Müßiggang? Woher sollen positive Erfahrungen der Solidarität stammen, die zum Engagement mit anderen und zur gesellschaftlichen Selbstermächtigung ermutigen? Für den gesellschaftlichen Status und Anerkennung durch andere spielt das Einkommen eine gewichtige Rolle. Was die Gesellschaft jeden Tag am Laufen hält, die vielen Bereiche der manuellen und sozialen Arbeit, wird meist schlechter bezahlt und geringer wertgeschätzt. Es bietet auch weniger »Selbstverwirklichung« als Berufe mit Universitätsstudium, auch wenn unter denen manche »Bullshit-Jobs«[303] sind, die selbst denen, die sie machen, sinnlos und leer erscheinen. Ist das, was wie eine Karriereleiter aussieht, nicht viel öfter ein Hamsterrad?

Hoher Leistungsdruck, fehlende Anerkennung und die Zumutungen maximaler Flexibilität machen systematisch krank. Menschen im Dauerstress erleben ihre Arbeit als Ursache von Ohnmacht und Ausgeliefertsein. Studien zufolge steigen körperliche und psychische Belastungen im Erwerbsleben seit Jahren an.[304] Das alles macht unsere Gesellschaft anfälliger für Krisensituationen. In der Corona-Pandemie haben wir das gesehen. Die größten Belastungen hatten seinerzeit diejenigen zu tragen, die es ohnehin schon am schwersten haben: Alleinerziehende und -stehende, Frauen und ältere Menschen, solche im Schichtbetrieb und in Jobs, wo Homeoffice keine Option ist, ärmere Menschen mit engem Wohnraum.

Gesundheit und ein gutes Leben, Sorge umeinander und füreinander, Familie und die Entscheidung für Kinder, demokratisches Engagement und ein bewusster Umgang mit unserer Umwelt – all das setzt vor allem ein Mindestmaß an tatsächlich frei verfügbarer

Zeit voraus.[305] Der BDI-Chef Russwurm wünscht sich aber zukünftig eine 42,5-Stunden-Arbeitswoche.[306] Auch ein höheres Rentenalter wird immer wieder zur Diskussion gestellt. Unablässig wird uns die Sorge um den »Wirtschaftsstandort« als höchstes Ziel kollektiver Anstrengungen nahegelegt. Wir sollen nicht arbeiten, um zu leben, sondern umgekehrt. Diese Arbeitswelt ist gewissermaßen die Gegenwelt zur Demokratie. Aber was helfen uns Appelle an demokratisches Engagement und für menschliches Miteinander, solange nicht die Ursachen der gesellschaftlichen Erosion angegangen werden? »Humanität setzt Bindungen voraus, die der Kapitalismus zerstört« (Oskar Negt).[307] Wenn Menschen nur als Rechengröße im ökonomischen System betrachtet und ihr »Wert« daran gemessen wird, leidet über kurz oder lang die gesellschaftliche Substanz. Wenn die eigene Lage zuallererst als persönliches Schicksal erlebt wird, ist man auch bei ihrer mentalen Bewältigung auf sich selbst zurückgeworfen. Sozialer Abstieg kann Menschen kaputtmachen. Andere suchen die Gründe für ihre Situation bei anderen. Wer unablässig das Gefühl hat, übervorteilt zu werden und zu Unrecht nicht die gebührende Anerkennung zu erhalten, reagiert mit Bitterkeit.[308] Dann beginnt die Suche nach Sündenböcken, die für die empfundene Zurücksetzung verantwortlich gemacht werden können. Hier liegt die Wurzel der jüngsten Renaissance des Ressentiments. Wenn Ressentiments dann auch noch politisch genährt und befeuert werden, wird es gefährlich.

Sollte ich eine politische Phase nennen, in der das neoliberale Credo bei uns auf die Spitze getrieben wurde, fällt mir zuerst die Politik der rot-grünen Koalition unter Kanzler Schröder ein. Mit der Steuerreform 2000 entlastete sie Kapitaleinkünfte und Spitzengehälter[309], mit der Agenda 2010 und Hartz IV errichtete sie einen neuen Niedriglohnsektor – und mit ihm verschärfte Statuskonkurrenz am unteren Ende der sozialen Hierarchie. Mit Hartz IV wurde das letzte große Versprechen des »Goldenen Zeitalters« gebrochen, für alle Menschen ein Mindestmaß an sozialer Sicherheit und Rechten zu gewährleisten. Es ist ein System der Armutsverwaltung, die dem mittelalterlichen Prinzip des Schuldturms näher ist als einer an der Menschenwürde ausgerichteten Hilfe, die soziale Risiken absichert. Einmal darin gefangen, kann man ihm durch eigene Anstrengungen nur schwer entkommen. Aber große Teile der Politik sind sich bis heute darin einig, dass Armut und Prekarität auf individuellem Versagen und mangelnder »Leistungsbereitschaft« beruhen, was hart sanktioniert werden müsse.

Das ist Politiker*innen, die niemals selbst Armut erlebt haben, derart in Fleisch und Blut übergangen, dass sie selbst die Urteile des Verfassungsgerichts zur Sicherung des Existenzminimums systematisch unterlaufen. Es solle ja, so heißt es, keine »Anreize« geben, es sich in der »sozialen Hängematte« zu bequem zu machen. Im vergangenen Jahr lief die CDU gegen die geplante »Bürgergeld«-Reform der Ampelkoalition mit einer Kampagne Sturm. Dabei hatte die Ampel nicht einmal vor, Hartz IV endlich grundlegend zu revidieren. Die Kampagne der CDU war reine Propaganda der Niedertracht[310] – und erfolgreich. So heißt Raider jetzt Twix, sonst ändert sich nix.[311] Auf dem Rücken von Menschen in prekären, ausgegrenzten Lebenslagen lässt sich leicht Politik machen. Wie Armutsstigmata sich bis in das Strafrecht und das Gefängnissystem hinein zulasten der betroffenen Menschen auswirken, hat jüngst Ronen Steinke eindrucksvoll beschrieben: »Vor dem Gesetz sind nicht alle gleich.«[312] Aber ist das verwunderlich, wenn die gesellschaftliche Dimension materieller Armut systematisch unsichtbar gemacht wird? Von den 5,4 Millionen Menschen, die derzeit auf »Bürgergeld« angewiesen sind, sind tatsächlich nur knapp 1,1 Millionen »erwerbsfähig«. Alle anderen sind Geringentlohnte, Care-Arbeitende, Erwerbsunfähige, Kinder und Jugendliche.[313] Wenn ich daran denke, wie mich während meines Studiums finanzielle Engpässe psychisch belastet haben, wenn z. B. die nächste Miete noch nicht gedeckt war, habe ich nur eine vorsichtige Ahnung, wie es Menschen gehen muss, für die existenzielle Unsicherheit ein Dauerzustand ist. Wie sie ihr Leben meistern, verdient jeden Respekt und vor allem Unterstützung.

Die zersetzende Wirkung der Kapitalverwertung lässt kaum eine gesellschaftliche Sphäre unberührt. Auch in Kultur und Medien, für die demokratische Vitalität in der Gesellschaft besonders wichtig, ist das spürbar. Als Kultursenator waren mir die Arbeitsbedingungen und die Infrastruktur besonders wichtig. Obwohl »Normalarbeit« in der Kultur nie so richtig passte, ist die Prekarität in der freien Kulturszene und auch in Teilen des öffentlichen Kulturbetriebs längst destruktiv. Kultur braucht Orte, wo sie stattfinden kann, wo die Leute einander begegnen. In Berlin und anderen Großstädten sind diese immer öfter unbezahlbar, weil der Verwertungsdruck auf Immobilien so immens hoch ist. Auch das ist eine »Klassenfrage«. Wenn kulturelle Produktion ein Privileg nur für die ist, die es sich leisten können – wie soll sie dann mehr sein als ein Statusmarker? Welche Themen bewegen sie und welche bewegt sie selbst noch? In der populären Musik hat »das Soziale im Kulturellen« längst stark gelitten. Seit drei Jahrzehnten wächst ein globales Imperien-Business mit dem »Absatz von Unterhaltungsware«. Es geht um integrierte Wertschöpfung, den Aufkauf von Konzertstätten, Ticketvertriebsgewinne und Merchandising – um Rendite und ökonomische Macht.[314]

Auch die Verbindung von privater ökonomischer und medialer Macht beschädigt demokratische Prozesse. Multimilliardär Elon Musk, der sich den Infokanal Twitter unter den Nagel gerissen hat, sperrte jüngst den Datenanalysten Travis Brown, weil er die Präsenz von Rechtsextremen auf der Plattform dokumentierte.[315] Das ist symptomatisch. Immerhin spielt es sich vor unser aller Augen ab und kann deshalb öffentlich diskutiert werden. Anders ist es bei den »anonymen« Digitalsystemen: Algorithmen und KI prägen die öffentlichen Debatten immer stärker. Sie wirken im Verborgenen, sind kaum transparent und schon gar nicht durch staatliche Stellen kontrolliert. Für die großen digitalen Plattformen und Medienkonzerne sind Informationen Mittel zum Zweck der wirtschaftlichen Verwertung. Ihr Ziel ist nicht die zuverlässige Versorgung mit geprüfter Information oder die fair geführte und um Erkenntnisgewinn bemühte Debatte. Sie wollen Werbung verkaufen und Daten ihrer Nutzer generieren, um sie zu monetarisieren. Schnelle Meldungen als Mittel zum Zweck für viele Klicks und Targeting, also auf bestimmte Nutzergruppen zielende, für ihre Interessen optimierte Inhalte – das verzerrt die politische Meinungsbildung der einzelnen

Nutzer*innen und die öffentliche Auseinandersetzung. Algorithmen powern Themen und machen andere Themen unsichtbar. Sie erzeugen Welten paralleler Wahrnehmung. Das prägt »unsere Normen und Gewohnheiten, was wir für wahr und unwahr, echt oder unecht, richtig oder falsch halten«.[316] Auch die klassischen Medien entkommen dieser Entwicklung nicht völlig.[317] Um sich zu behaupten, sind sie harten Anpassungszwängen ausgesetzt. In den Händen von Großkonzernen entziehen sich Medien, über die sich ein Großteil unserer Wahrnehmung der Welt vollzieht, der demokratischen Kontrolle. Wie soll aber in der Demokratie über die Gestaltung der Zukunft gestritten werden, wenn kein Vertrauen in die Medien und die Korrektheit von Informationen mehr existiert?

Seit der Finanz- und Wirtschaftskrise 2007/2008 folgte eine Erschütterung der nächsten – Fukushima, Euro-Krise, Flucht und Migration, Pandemie, Hochwasser und Hitze, Kriegsgefahr, Energiekrise und Inflation. Die Gesellschaft ist im Dauerstress. Abstiegserfahrungen oder empfundene Abstiegssorgen mischen sich mit dem Gefühl von Ohnmacht, dem Kontrollverlust über die eigene Lebenswelt und Zukunftsangst. Das macht Menschen müde und verleitet dazu, wenigstens die eigene Lebenswelt gegen reale oder eingebildete Zumutungen »von außen« zu verteidigen. Bestärkt wird das durch die Erfahrung, in existenziellen Fragen im Zweifel auf sich selbst zurückgeworfen zu sein. Staat und Kommunen sind nach Jahrzehnten der »Kürzungen«, von unterlassenen Investitionen und Personalabbau erschöpft und mittlerweile so knapp bei Kasse, dass sie ihre Leistungen kaum ausreichend und vor allem nicht mehr verlässlich erbringen können. In meiner Regierungszeit habe ich »während Corona« miterlebt, wie ausgezehrt der öffentliche Gesundheitsdienst war. Er ist es heute noch. Als Bürger bin ich auf funktionierende Infrastrukturen, etwa gute Schulen und Kitas, einen zuverlässigen öffentlichen Nahverkehr, bezahlbaren Wohnraum und gute Gesundheitsversorgung angewiesen. Wer verlässt sich auf ein Gemeinwesen, das nicht da ist, wenn es darauf ankommt?

Dass individuelle »Festungsmentalitäten« Boden gewinnen, findet seine Parallele auch im politischen Raum. In den Diskursen ist eine Verrohung, ja geradezu eine Militarisierung der Sprache festzustellen. Das ist genauso Symptom wie gleichzeitig ein Resonanzverstärker. Wer immer nur mit dem Hammer in der Hand unterwegs ist, sieht in jedem Problem einen Nagel. Rassismus, Ungleichheitsideologie, Kulturkampf und autoritäre Phantasien beflügeln weltweit den Aufstieg antidemokratischer Politik. Die Ministerpräsidentin Italiens betreibt die Faschisierung[318] ihres Landes, Ungarn ist längst zur kleptokratischen und gelenkten Demokratie mutiert. In immer mehr europäischen Staaten sind ultrarechte Parteien und Bewegungen an Regierungen beteiligt oder treiben sie mit ihrer Agenda vor sich her. Auf europäischer Ebene ist die Brandmauer zum Rechtsextremismus leider längst nur noch ein Ammenmärchen. Der konservative Fraktionschef im Europaparlament Manfred Weber (CSU) lobte die Koalition von Rechtsextremen und Konservativen in Italien als »fruchtvolle Kooperation zwischen politischen Partnern mit gemeinsamen Werten«.[319]

Ich erinnere mich noch gut daran, wie Österreich wegen des Regierungseintritts der extrem rechten FPÖ im Jahr 2000 von vielen EU-Mitgliedstaaten sanktioniert worden ist. Kaum ein Vierteljahrhundert später ist es in der EU offenbar Konsens, dass Flucht und Migration mit Überwachung, Militär und Abschiebungen begegnet werden müsse und dafür auch der institutionelle Schutz schutzloser Menschen und menschenrechtliche Mindeststandards zu schleifen sind. Gleichgültigkeit gegenüber Notleidenden im eigenen Land projiziert sich auch nach außen. Ich habe den Eindruck, dass selbst manche Liberale und Linksliberale sich mittlerweile kaum noch andere als autoritäre Antworten auf die manifesten Krisen unserer Gegenwart vorstellen können. Aber wer glaubt wirklich, es werde nicht auf unsere Gesellschaft zurückwirken, dass Macht enthemmt zum Einsatz kommt, Rechtsstaatlichkeit abgebaut wird und wir uns kollektiv an Grausamkeit und Gewalt gewöhnen?[320]

»Der Kapitalismus hat eine antidemokratische Tendenz,« sagt der Anthropologe Jason Hickel, »und die Demokratie hat eine antikapitalistische Tendenz.«[321] Ich teile das. Angesichts der ökologischen Herausforderung muss man ergänzen: Der Kapitalismus mit seinem Expansions- und Wachstumszwang hat keine brauchbaren Antworten auf diese Menschheitsfrage. Darin besteht für mich derzeit die größte Herausforderung. Wenn wir die existenziellen Fragen unserer Gegenwart mit Humanität angehen wollen, dann gelingt das nur, wenn wir die Demokratie verteidigen und ausweiten. Ja, der Druck ist groß. Aber es lohnt sich, um die Demokratie und die Zukunft auf diesem Planeten zu kämpfen. Seit ich als Senator deutsch-polnische Kooperationsprojekte unterstützt habe, bin ich dort mit Menschen verbunden, die den Demokratiefeinden in der polnischen Regierung jahrelang getrotzt haben. Mit eindrucksvoller Mobilisierung von unten gelang ihnen im Oktober 2023 mit der Abwahl der rechtskonservativen Regierung ein wichtiger Erfolg. Das macht mir Mut.

FÜNFTES KAPITEL

SUCHBEWEGUNGEN

FREIHEIT, GLEICHHEIT, GESCHWISTERLICHKEIT UND UNIVERSALE DEMOKRATIE

Wir stecken also ordentlich in der Malaise. Ich bin momentan nicht überzeugt, dass die Linke (und damit meine ich nicht nur meine Partei, auch wenn ich sie am besten kenne) in ihrer Breite die Dramatik dieser Situation wirklich erkannt hat und damit politisch produktiv umgehen will. Dabei wäre das gerade jetzt wichtig, wo uns langsam die Zeit davonläuft. Okay, ich will nicht verallgemeinern, natürlich gibt es allerorten kluge Gedanken und Initiativen von Menschen, die sich politisch als links verorten. Aber wenn ich nur an den jüngsten Augsburger Parteitag meiner Partei im November 2023 denke, muss ich sagen, dass wir doch insgesamt sehr in Gesten der Selbstvergewisserung, in einer Art Buzzword-Sozialismus und in ritualisierten Anklagen an die Verhältnisse feststecken. In jeder zweiten Rede wurde betont, dass »nur wir« die »Systemfrage« und »Eigentumsfrage«, »die soziale Frage« stellen, über einen »Klassenstandpunkt« verfügen, »gegen Krieg« und »Kapitalismus« mobilisieren sowie »kämpferisch«, »klar« und »konsequent« sein würden. Sicher, SPD und Grüne reden nicht einmal mehr über Kapitalismus. Aber in der Absolutheit der Kategorien lebt eine Sehnsucht nach Klarheit, Einheit, Reinheit und moralischer Eindeutigkeit, ja, Überlegenheit, fort, die mich an den Dogmatismus der einstigen Parteien in marxistisch-leninistischer Tradition erinnert. In jedem Fall hat es etwas von »linkistischer« Folklore. Zumal in den wenigsten Reden von konkreten politischen Vorschlägen und strategischen Wegen darüber gesprochen wurde, was jetzt zu tun wäre.

»Die Linke wird gebraucht!« Diesen Satz habe ich in den vergangenen Monaten sehr oft gehört. Er ist richtig, ich sehe das auch so. Allerdings verstehe ich ihn nicht zuerst als trotzige Beschwörung der eigenen Relevanz, von der dann nur noch alle anderen mit dem Megaphon überzeugt werden müssten. Diesen Satz begreife ich als Auftrag, mit Politik die eigene Notwendigkeit tatsächlich unter Beweis zu stellen. Mir fällt es schwer, in einer Welt voller Widersprüche und schneller Veränderungen jederzeit und zu allem immer sofort »eine klare Haltung« anzubieten. Vielleicht wäre es schon ein Fortschritt, zunächst mal die richtigen Fragen zu stellen? Ich habe in gut dreißig Jahren lernen müssen, mit produktiver Unsicherheit zu leben, in der es die *eine* Antwort auf alle gesellschaftlichen Missstände nicht gibt. Ende der 1990er Jahre hieß es in der PDS: Fragend schreiten wir voran. Das entspricht meinem Selbstverständnis eher. Obszöne soziale Ungleichheit zu beklagen, Krieg und Rüstung schlecht zu finden, kraftvoll Politik gegen die globale Gefahr der menschlichen Selbstvernichtung einzufordern – all das kann doch bestenfalls der Ausgangspunkt sein. Wir müssen entwickeln, was das jeweils konkret bedeutet, was dabei unsere Rolle sein könnte und mit welchen Verbündeten und in welchen Allianzen wir dann auch wirklich vorwärtskommen. In einer Demokratie bedeutet das für eine politische Partei auch, zu versuchen, Einfluss auf Regierungs- und Verwaltungshandeln zu nehmen, möglichst parlamentarische Mehrheiten für konkrete Ziele, von Mietenbremse bis Sicherung des Sozialstaats, zu organisieren, also mit Mitteln der Politik praktischen Einfluss auf die realen Verhältnisse zu nehmen. Das ist vielleicht nicht so chic und radikal wie Revolutionsreden, kann aber das Leben von Millionen Menschen zum Besseren verändern und verschafft der Partei Glaubwürdigkeit und letztlich ihre Existenzberechtigung. Politische Parteien sind Interessenvertretungen, also Mittel zum praktischen Zweck. Sie sind kein Selbstzweck zur Versicherung der eigenen Bedeutung unter Gleichgesinnten, das unterscheidet sie von Sekten.

Bei all dem wäre wichtig, wie es Stephan Hebel formuliert hat, »sowohl utopischer als auch realistischer zu werden«.[322] Utopischer in dem Sinn, dass Linke klar gegen die Hegemonie einer Ideologie der Alternativlosigkeit antreten, die sich mit der Verwaltung kapitalistischer Krisen begnügt, anstatt eine Vorstellung zu entwickeln, wie eine bessere, menschlichere Welt aussehen könnte.[323] Die aber auch realistischer agiert – ich würde hinzufügen: und pragmatischer – in dem Sinne, dass Utopie nur dort brauchbar ist, wo sie »von dem stetigen Versuch begleitet ist, sie während des Kampfes um eine bessere Welt in Teilen schon zu leben«.[324] Welche Ansätze für ein besseres Leben sind, mit Marx fragend, bereits »im Schoß der alten Gesellschaft selbst ausgebrütet«?[325] Es setzt eine radikale Neugier, größtmögliche gedankliche Offenheit und die Bereitschaft zum permanenten gemeinsamen Lernen voraus, das zu erkunden. Die Welt hat sich in nur anderthalb Jahrzehnten so radikal verändert, dass viele der alten Parolen und Gewissheiten keine Orientierung mehr bieten. Eigentlich ist das die Situation für einen politischen Kassensturz. Was ist heute Substanz sozialistischen Denkens? Wie bringen wir unseren politischen Kompass für sozialistische Politik wieder auf die Höhe der Zeit? Aber das verlangt der Linkspartei und auch der Linken insgesamt etwas ab, wofür es derzeit zu wenig Raum gibt: analytische Debatten zu führen, in denen »die Wahrheit« im Streit erarbeitet wird, statt a priori festzustehen und nur noch in von sich selbst ergriffenen Predigten verkündet zu werden.

Reden wir über unseren Kompass. Reden wir über einen neuen und demokratischen Sozialismus. Da geht es zunächst um die grobe Richtung, in die linke Politik arbeitet, um das Versprechen, das sie attraktiv macht. Wie kann eine Grundhaltung aussehen, entlang der wir nach Lösungen für die unterschiedlichsten Probleme suchen? Diese Grundhaltung darf es sich, wie wir von Marx lernen, nicht im Wolkenkuckucksheim wünschenswerter großer Pläne und utopischer Weltentwürfe bequem einrichten. Sie muss sich an dem orientieren, was tatsächlich möglich und in der realen Welt angelegt ist. Wir können uns (ebenfalls mit Marx) immerhin darauf beziehen, dass der Entwicklungsstand der Produktivkräfte in unserer Gesellschaft Mangel und Ausbeutung überflüssig macht – unglaubliche Potenziale, die für ein besseres Leben statt für die destruktive Verschwendung des Hyperkonsums genutzt werden könnten. »Die Gegenwart zu sehen, wie sie wirklich ist«, so Terry Eagleton, »heißt, sie im Licht ihrer möglichen Veränderung zu sehen«.[326] Wie halten wir der gesellschaftlichen Wirklichkeit den Spiegel des Möglichen vor? Wenn es Wirklichkeitssinn gibt, muss es auch so etwas wie »Möglichkeitssinn« (Alexander Kluge) geben.

Um zu wissen, wie der Kapitalismus funktioniert, werden wir ohne die Kategorien, die wir dem Marx'schen Materialismus verdanken (und die seitdem von vielen schlauen Köpfen weiterentwickelt wurden), nicht weit kommen – auch wenn Niklas Luhmann als bürgerlicher Soziologe respektvoll von den »erloschenen Vulkanen des Marxismus«[327] spricht. Aber eine gesellschaftliche Linke mit dem Charme und der Dialogfähigkeit des Teheraner Wächterrats muss über kurz oder lang zur Sekte verkommen. Für den Anfang wäre es gut, wenn es gelänge, die unerträgliche linke Besserwisserei loszuwerden. Mit einer Verheißung eines »radikal Anderen«, das mehr als nebulös bleibt (und je pathetischer es gefordert wird, desto größer sind die begriffliche Unschärfe und die Verwirrung), aber irgendwann (gerne in einem utopischen Nirgendwo) Heil und Erlösung bieten soll, müssen wir heute niemandem mehr kommen. Wenn wir Glut entfachen wollen, statt nur die Asche zu bewahren, zählt nur die konkrete Auseinandersetzung mit der Gegenwart, keine Beschwörungen eines »sozialistisches Jenseits«. Marx' Blick als Materialist lag immer eher »auf der komplexen, sperrigen, unvollkommenen Beschaffenheit der Wirklichkeit« als auf Eindeutigkeiten: »Eine solche Welt verträgt sich nicht mit einem Vollkommenheitsentwurf«.[328] Daran sollten wir uns halten.

Sozialistisches Denken und Handeln hat sich immer auch an moralischen Werten orientiert, die der Französischen Revolution entlehnt sind: »Freiheit, Gleichheit, Geschwisterlichkeit«. Der erste Artikel der Erklärung der Menschen- und Bürgerrechte von 1789 lautet: »Frei und gleich an Rechten werden die Menschen geboren und bleiben es. Die sozialen Unterschiede können sich nur auf das gemeine Wohl gründen«.[329] Das ist ein großes Versprechen, das die bürgerliche Gesellschaft bis heute nicht eingelöst hat – und zu Bedingungen des Kapitalismus nicht einlösen kann. Bei Marx mündet das in dem Imperativ, »alle Verhältnisse umzuwerfen, in denen der Mensch ein erniedrigtes, ein geknechtetes, ein verlassenes, ein verächtliches Wesen«[330] ist. Dabei misst sozialistisches Denken die Gegenwart nicht nur an ihren eigenen Werten von Freiheit und Gleichheit, sondern entwickelt einen vollen Begriff dieser Werte, die unter kapitalistischen Bedingungen nur begrenzt verstanden werden und realisiert sind. Nehmen wir das als Ausgangspunkt, dann ist die Aufgabe umrissen. Niemand sagt, dass es eine leichte Aufgabe ist. Es ist kein Ziel für übermorgen, auch nicht für die nächste Legislaturperiode – aber es ist ein Maßstab und eine notwendige Orientierung.

Linke Politik strebt danach, gesellschaftliche Strukturen zu überwinden, die Ungleichheit zwischen den Menschen produzieren und reproduzieren. Linke Politik unterscheidet sich exakt in dieser Frage von rechter Politik – Gleichheit ist die zentrale Scheidelinie. Linke Politik folgt einer horizontalen, egalitären, auch pluralistischen Vision von der Gesellschaft, rechte Politik geht von Homogenisierung (etwa in völkischen Ideologien) und von einer Ungleichwertigkeit der Menschen aus (nicht nur entlang sozialer Differenz und Klassengrenzen, sondern zum Beispiel auch mit rassistischen Konstruktionen ethnischer Über- und Unterlegenheiten). Gleicher oder ungleicher Zugang zu individuellen Rechten, gleich oder ungleich verteilte Pflichten gegenüber der Allgemeinheit, unabhängig oder abhängig von Einkommen, »Stand«, Herkunft, Geschlecht, Hautfarbe, sexueller Orientierung usw. Das ist die Gretchenfrage. Daraus ergibt sich alles Weitere.[331]

Wer dem Gleichheitsprinzip folgt, sieht Grenzen der eigenen Freiheit in der Freiheit aller anderen und erkennt ihnen jeweils das gleiche Recht auf Sicherheit, Kontrolle der eigenen Lebensbedingungen und Persönlichkeitsentwicklung zu, das er für sich selbst beansprucht. Vor diesem Prinzip muss sich jede Ungleichheit legitimieren. Warum sollte es akzeptabel sein, dass manche Menschen weniger selbstbestimmt leben können als andere? Es geht nicht um Gleichmacherei. Eine Gesellschaft völlig »gleicher Menschen« ist unmöglich, sie wäre eine Horrorvorstellung. Der Punkt ist, ob die sehr unterschiedlichen Bedürfnisse und Fähigkeiten der Einzelnen *in gleicher Weise berücksichtigt* werden.[332] Dafür genügt ein Rückgriff auf Kant und seinen kategorischen Imperativ völlig. Menschliche Ansprüche an das Leben lassen sich nicht über einen Kamm scheren. Der »reale Sozialismus« hat es versucht – teils mit blutigem Terror, teils als Erziehungsdiktatur. Er ist daran krachend gescheitert. Aber auch der Konsumkapitalismus bietet uns uniforme Lebensentwürfe an. Eine humane Gesellschaft würde *gleiche Möglichkeiten* für alle gewährleisten, sodass wir uns *in unserer Individualität und Unterschiedlichkeit* frei entfalten können. Deshalb ist linke Politik mehr als »Umverteilung«. Sie stellt die Frage nach dem guten Leben und echter Gleichberechtigung in einer diversen, pluralistischen Gesellschaft mit den unterschiedlichsten Lebensentwürfen, Gruppenzugehörigkeiten und Wertorientierungen. Sie nimmt das Versprechen der Französischen Revolution, die Erklärung der Bürger- und Menschenrechte ernst.

Der Anspruch auf gleiche Rechte ist zweitens untrennbar mit der Demokratie als der Arena sozialistischer Politik, mit der demokratischen Lebensform, verbunden. Das schließt die Institutionen der liberalen Demokratie ein. Ja, es gibt noch viel mehr Bereiche des Lebens, die demokratisiert werden müssten: die Arbeit, die Bildung, die Art und Weise unseres Zusammenlebens oder die globalen Beziehungen – gar keine Frage! Ohne Demokratie keine Emanzipation. Gleicher Zugang, gleiches Gehör, gleiche Beteiligung für alle! Und ohne soziale Freiheit keine Demokratie: Sie zielt nicht auf »Beglückung von oben«, sondern auf die faire und gemeinsame Regelung aller gesellschaftlichen Angelegenheiten. »Für Marx ist der Sozialismus der Punkt, an dem wir beginnen, kollektiv über unser Schicksal zu entscheiden. Das ist Demokratie in der eigentlichen Bedeutung des Wortes«.[333] In manchen linken Erweckungsmessen wird Marx' Kritik an den Grenzen liberal-demokratischer Verhältnisse bis heute zu deren vollständiger Negierung oder zur Geringschätzung der parlamentarischen Demokratie herangezogen, um nicht zu sagen: gezielt missverstanden und missbraucht.[334] Es ist für mich so erstaunlich wie unfassbar, wie verbreitet die unappetitliche

Zuneigung zu manchen Autokraten in Teilen der Linken immer noch ist. Dass »keine Demokratie ohne Schönheitsfehler« auskommt, hat Terry Eagleton völlig richtig angemerkt, kann uns doch »nicht dazu bringen, stattdessen für die Tyrannei zu votieren«.[335] Sozialist*innen dürfen nie zögern, wenn es darum geht, die Demokratie gegen ihre Feinde zu verteidigen, egal ob sie Trump, Höcke, Putin oder Chavez heißen. Gerade in der heutigen Zeit und angesichts ihrer eigenen Geschichte müssen sie wissen, auf welcher Seite sie stehen. Sie dürfen nie mehr – vermeintlich höheren Prinzipien folgend oder im Namen eines bizarr zugespitzten Antiimperialismus – Endzeitfantasien fanatischer Ideologien, den Terror des religiösen Fundamentalismus, diktatorische oder autokratische Regimes rechtfertigen oder relativieren.

Ein dritter Punkt ist wichtig. Das Gleichheitsprinzip bezieht sich auf »den Menschen«. Es ist grundsätzlich universell: Emanzipation ist universalistisch und unteilbar. Linke Politik zielt nicht nur darauf, den »Klassenbonus« zu überwinden. Sie nimmt auch den »Ortsbonus« in den Blick. Wodurch soll gerechtfertigt sein, dass unsere Lebensweise die des peruanischen Bauern Lliuya, der Wasserbedürftigen im bolivianischen Cochabamba, der Familien im kenianischen Slum Korogocho oder der Menschen in Subsistenzwirtschaft am Horn von Afrika massiv schädigt? Klar, wir machen Politik hierzulande. Unsere Demokratie ist auf den Nationalstaat konfiguriert. Deshalb ist das nicht trivial, ich komme darauf gleich zurück. Es stellt uns vor sehr grundsätzliche Fragen.

Die umtriebige Medienunternehmerin Sahra Wagenknecht, einst die Galionsfigur der Restbestände des orthodox-kommunistischen Dogmatismus in der PDS, entzieht sich diesem Anspruch, indem sie ihn als »Kosmopolitismus«[336] – als elitären Luxus vom Wohlstand verwahrloster »Lifestyle-Linker« – denunziert. Sie verhandelt die Gleichheit populistisch als nationale Frage, bei deren Beantwortung der Rest der Welt mit gutem Gewissen ignoriert werden darf. Für alle Übel der Welt scheinen ihr ohnehin die USA verantwortlich zu sein. Offenbar stört sie sich nicht weiter daran, dass sie dabei gezielt völkisches und xenophobes Ressentiment bewirtschaftet.

Da ist es nur folgerichtig, dass der Rechtsextremist Jürgen Elsässer eine »Querfront« zwischen Wagenknecht und der AfD propagiert. Dass Wagenknecht inzwischen ihren eigenen politischen Bauchladen aufgemacht hat, wird ihr zwar weitere Talkshow-Auftritte bescheren und entlastet die Linkspartei hoffentlich von den lähmenden Flügelkämpfen der vergangenen Jahre, löst das Problem der Linken aber leider nicht. Die politische Ich-AG Wagenknecht mit ihrem Talent zum Populismus kann sich des Beifalls relevanter Teile der gesellschaftlichen Linken erfreuen, deren radikale Pose dort endet, wo sie sich mit den Gewissheiten in der gesellschaftlichen Mehrheit wirklich anlegen müssten. Der SZ-Journalist Ronen Steinke hat die anstehende Herausforderung – mit Rückgriff auf Überlegungen des amerikanischen Sozialphilosophen John Rawls und unausgesprochenem Bezug auf Kant – auf den Punkt gebracht: »Nur wenn wir Regeln aufstellen, unter denen wir in jedem Fall auch bereit wären, selbst zu leben – egal, welches Los wir auf Erden ziehen –, werden diese Regeln gerecht sein«.[337] Das ist für sozialistische Linke die Orientierung. Darunter können wir es nicht machen.

Wenn sich Linke darauf einigen könnten, diese drei Konsequenzen aus dem Prinzip der universellen Gleichheit zu ziehen, wäre viel gewonnen. Diese Maximen müssen wir unter den Bedingungen der politischen Ökonomie der Gegenwart und in Hinsicht der anstehenden Aufgaben zueinander ins Verhältnis setzen. Das sollte zur offenbar dringend nötigen Orientierung beitragen, um unsere Haltungen und Vorschläge für praktische linke Politik zu entwickeln. Ob wir das Ganze dann »demokratischen, ökologischen, ethnisch und kulturell diversen Sozialismus«[338], »partizipativen Sozialismus«[339], »Neo-Sozialismus«[340] oder »Degrowth-Kommunismus«[341] nennen, finde ich zweitrangig. Wichtiger wäre, die verschiedenen Ideen und Ansätze überhaupt zu einem kohärenten Begriff von Gesellschaft zu verbinden.

Wir müssen uns diese begrifflichen Grundlagen der eigenen Politik neu erarbeiten. Dazu einen Beitrag zu leisten war für mich einer der Gründe, dieses Buch zu schreiben. DIE LINKE hat sich seit anderthalb Jahrzehnten der Mühe dieser klärenden Diskussion nicht wirklich unterzogen.³⁴² Unter dem Schlagwort »linker Pluralismus« konnte nahezu jede beliebige Haltung vertreten werden. Die Partei hat kein kohärentes Programm. Es ist jenseits der allgemeinen Parolen nicht immer klar, wofür sie steht. Uns ist gewissermaßen der Kompass abhandengekommen. Sichtbarster Ausdruck dessen war, dass wir nicht einmal die Kraft aufbrachten, durch unser politisches Programm eine Distanz zu den populistischen Positionen Sahra Wagenknechts und ihrer Getreuen herzustellen und uns mit ihnen inhaltlich auseinanderzusetzen.

Es würde den Rahmen dieses Textes bei Weitem sprengen, den demokratisch-sozialistischen Ansatz hier in all seinen Verästelungen durchzubuchstabieren. Ich habe weder das dazu erforderliche umfangreiche Wissen noch die Hybris, das allein zu unternehmen. Klaus Dörre, Thomas Piketty, Frigga Haug, Kohai Saito und andere Autor*innen haben dazu kluge und motivierende Beiträge vorgelegt. Manches wird sich erst durch praktische gemeinsame Anstrengungen herausfinden lassen, indem wir uns auf den Weg machen. »Das Grundprinzip des Sozialismus ist die Demokratie in allen Bereichen«, heißt es bei Erik Olin Wright, »aber man kann nicht im Voraus entscheiden, wie das Ergebnis der demokratischen Beratungen aussehen soll«.³⁴³ Ich will aber versuchen, auf das eklatante und in meinen Augen gefährliche Programm-Defizit meiner Partei einige Antworten zu suchen – nicht als Abschluss der Debatte, sondern als Impuls für unsere notwendige Selbstverständigung. Dafür möchte ich im ersten Schritt einige drängende und in jüngerer Zeit besonders intensiv diskutierte Themen aufgreifen. Dabei sind wir mit vielen Widersprüchen und Komplexitäten konfrontiert. Das lässt sich nicht mit dem Ruf nach »Konsequenz« und »Klarheit« übertünchen. Wir müssen uns dem in der Sache stellen.

Das wird schon beim ersten und wichtigsten politischen Thema deutlich: Wie halten wir es mit der Bedrohung unserer Existenz, mit der ökologischen Herausforderung? Dass alle Bemühungen, die Ziele des Pariser Klimaabkommens zu erreichen, hinter den nötigen Fortschritten zurückbleiben, zeigt die massiven Schwierigkeiten und Konflikte des Umsteuerns. Aber ohne erfolgreiche Anstrengungen, im Einklang mit den Kapazitäten unserer Erde zu produzieren und zu leben, sind Gleichheit und Demokratie im planetaren Maßstab nicht erreichbar. In den nächsten fünf bis zehn Jahren stehen Weichenstellungen an, die sich für Jahrhunderte auf unser Ökosystem auswirken werden. Aber wir verharren »in der Logik des Ausbesserns, des Flickens und des Zusammenheftens«, wie es Papst Franziskus ausdrückt, »während im Untergrund ein Prozess der Verschlechterung voranschreitet, den wir weiter fördern«.[344] Wie die Bedingungen für das Überleben der Menschheit beschaffen sein werden, ist die zentrale soziale Frage der Gegenwart.[345] Die Lebensgrundlagen zu bewahren ist kein Luxus, sondern die Basis jedes linken Freiheitsversprechens. Ich bin mir aber nicht sicher, ob das all diejenigen meiner Genoss*innen auch so sehen, die ständig warnen, wir dürften »nicht grüner als die Grünen« werden.

Diese (öko-)soziale Frage zielt auf »das Eingemachte«, auf unsere Lebensweise. In den hochentwickelten Industrienationen gedeihen Demokratie und Wohlstand seit Jahrzehnten auf Grundlage des »fossilen Klassenkompromisses«, des Wohlstands in den reichen Ländern auf Grundlage der Ausbeutung des Planeten und der menschlichen Arbeit weltweit. Zukünftig wird aber jede Form des Wohlstands nur möglich sein, wenn die planetarischen Grenzen respektiert werden. Diesem Ziel muss die Ökonomie untergeordnet werden. Deshalb besteht die größte Herausforderung darin, unsere wirtschaftlichen und gesellschaftlichen Strukturen so umzubauen, dass wir im globalen und intergenerationellen Maßstab tatsächlich nachhaltig leben. In gängigen linken Debatten hört sich das alles gar nicht so kompliziert an. Wir verweisen darauf, dass die »Superreichen« einen obszönen ökologischen Fußabdruck verursachen, und setzen damit die »klassische« soziale Frage mit der ökosozialen Frage in eins. Aber wie wir sehen konnten, machen wir es uns damit auch zu leicht: In den Industrienationen lebt die große Mehrheit der Menschen »über die Verhältnisse«, nicht einfach nur »die Reichen«. Bei denen ist das Missverhältnis aber besonders krass.

In der deutschen Politik herrscht große Einigkeit, dass es möglich sei, Deutschland bis 2045 »klimaneutral« zu machen und gleichzeitig ökonomisches Wachstum und unser materielles Wohlstandsniveau zu erhalten oder sogar auszubauen. Mit einem »Green New Deal« könnten Deutschland und Europa führende Anbieter von »Öko-Technologie« werden, eine »Führungsposition im globalen Wettbewerb« einnehmen und dadurch gleich noch die Welt retten. Das klingt so schön, dass viele Menschen geneigt sind, es zu glauben – oder zumindest Olaf Scholz zu wählen, der 2021 genau mit diesem Versprechen in den Bundestagswahlkampf gezogen ist. Die Zauberworte lauten »Entkopplung« und »qualitatives Wachstum«: Ökonomisches Wachstum lasse sich auch in einer kapitalistischen Wettbewerbsgesellschaft durch neue technische Innovationen und grüne Energie mit sinkendem Ressourcenverbrauch und mit immer geringeren ökologischen Kosten generieren.[346] »Dieses Modell bleibt in der Logik der Strukturpolitik der 1980er Jahre«, meint dagegen der Sozialdemokrat Werner Kindsmüller, weil es »den systemischen Charakter des fossilen Kapitalismus« verkenne.[347] Der Umweltökonom Jefim Vogel und der Anthropologe Jason Hickel haben jüngst analysiert, wie es um die »Entkopplung« bei Treibhausgasen in 36 Industrienationen wirklich bestellt ist. »Grünes Wachstum« funktioniert in keinem der Länder. Es würde durchschnittlich noch rund 220 Jahre dauern, bis das nach dem Pariser Abkommen bis 2050 nötige Emissionsniveau erreicht wäre. Auf dem Weg bis dahin würde die 27-fache Menge der Pariser Vorgaben emittiert werden.[348] Vor uns liegt kein »Strukturwandel«, unsere imperiale Lebensweise muss tiefgreifend transformiert werden.

Was sagt die gesellschaftliche Linke dazu? Die Signale sind mindestens ambivalent. Bei vielen Demonstrationen der Klimabewegung sind zum Glück Linke mit auf den Straßen. Auch ich habe gerufen: »System change, not climate change.« Es ist nicht falsch, auf die kapitalistische Reproduktion als Ursache des existenzbedrohenden Klimawandels hinzuweisen. Aber die eigentliche Herausforderung ist eine Antwort auf die Frage: Was folgt daraus? Linke kritisieren den Kapitalismus nicht erst seit gestern, aber seine Überwindung scheint nicht gerade vor der Tür zu stehen. »Die Enkel fechten's besser aus« konnte uns über fehlende Erfolge bei der Abschaffung des Kapitalismus hinwegtrösten, solange der Zeithorizont zur Errichtung der alternativen Gesellschaft noch weit entfernt lag. Diese Zeit haben wir nicht mehr. Uns bleiben fünf Jahre, vielleicht zehn Jahre, zum Umsteuern. Die Bücher mit klugen Gedanken zur Wachstumskritik füllen inzwischen ganze Regalmeter.[349] Aber wenn »Weiter so, nur grün« nicht genügt: Wie sehen die Alternativen zum Produktivismus, zum Zwang ständigen Wachstums und zur Verwandlung von Ressourcen und Arbeit in Kapital aus, die jetzt ergriffen werden könnten? Müssten wir nicht, solange das vage bleibt, alles unterstützen, was uns in Richtung »Zurück in die planetaren Grenzen« bringt – und sei es auch unzureichend?

Es liegt nicht allein daran, dass wir den Kapitalismus noch nicht überwunden haben, dass derzeit nicht alles unternommen wird, was möglich wäre. Es liegt auch daran, dass die Vorstellungen einer gesellschaftlichen Alternative zum Kapitalismus bisher auf dem gleichen fossilen Paradigma wie der Kapitalismus beruht haben (und zu oft bis heute noch beruhen). Wenn sich Linke davon nicht gedanklich lösen, sind sie eher Teil des Problems als der Lösung. Ein Beispiel dafür war die hysterische Debatte um das Gebäudeenergie-Gesetz im Frühjahr 2023, in der auch DIE LINKE aus den handfesten Professionalitätsmängeln grüner Politik in der Ampel-Koalition kurzfristiges politisches Kapital schlagen wollte. In der Wärmeversorgung spielt sich ein zentraler sozial-ökologischer Transformationskonflikt ab.[350] So richtig vehemente Kritik am fehlenden sozialen Ausgleich bei der Energiewende ist, so falsch war es, dass sich DIE LINKE am Grünen-Bashing beteiligt hat.[351] Unter dem Strich blieb das Bild, die Linken hielten – gemeinsam mit fossiler Konzernlobby, Ultraliberalen, Konservativen und Rechtsaußen – den Umbau des Systems unserer Wärmeversorgung für völlig unnötig. Das war fatal und verantwortungslos, zumal auch auf linker Seite gute Vorschläge existieren, die die Partei in die Debatte hätte einbringen müssen.[352] Auch im Streit um einen höheren CO_2-Preis im Emissionshandelssystem schlug die Linke im Bundestag mit markigen Worten auf die Grünen ein[353], als seien sie das Hindernis Nr. 1 für soziale Politik in der Bundesrepublik.

Dass ein Teil der Fans fossiler Ökonomie uns inzwischen mit Wagenknecht verlassen hat, erledigt das Problem nicht. Das schimmerte auf dem Augsburger Parteitag kurz auf, als über E-Fuels in der sozial-ökologischen Transformation gestritten wurde. Klar: Wir werden auch technologische Innovationen brauchen, um in die planetaren Grenzen zurückzukommen. Was auch immer da zukünftig noch geschieht, wird uns aber nicht die Einsicht ersparen, dass wir unsere Lebensweise ändern müssen. Technologie allein wird für die ökologische Transformation nicht genügen. Sozialistische Linke müssten im Bewusstsein der öko-sozialen Frage auf eine nachhaltige Reduktion des Verbrauchs von Ressourcen und der Emissionen in die Ökosphäre hinarbeiten – auch wenn das nicht ohne materielle Wohlstandsverluste möglich ist. Die öko-soziale Frage ist längst eine Frage der dringlichen Umsetzung geworden.

So wäre auch die »klassische« soziale Frage der Ungleichheit in einer kapitalistischen Gesellschaft zu diskutieren: Wir können die ökologischen und menschlichen Kosten nicht länger aus unseren nationalen Wohlstandsregimes auslagern.[354] Teil des Dilemmas ist, dass soziale Sicherungssysteme national organisiert sind, wirksamer planetarer Klimaschutz aber gemeinsame Anstrengungen auf globaler Ebene erfordert. Der Streit um Emissionen und knappe Ressourcen ist längst zum Gegenstand imperialer Rivalitäten geworden. Die Sorge um soziale Stabilität und »den Wirtschaftsstandort« führt dazu, mit Verweis auf die »Ökobilanz« anderer Staaten bei eigenen Anstrengungen nicht zu ambitioniert voranzugehen. Dass eine Rückkehr in die planetaren Grenzen nur erstrebenswert sei, soweit wir »sie uns leisten« können, meinen selbst manche Linke. Auf der Gegenseite können die jungen Industrienationen Asiens zumindest auf die historische »Klimaschuld« des Westens[355] verweisen. »Es sind die Industriestaaten, die zeigen müssen, wie ein rascher, nachhaltiger Umbau von Ökonomie und Gesellschaft zu verwirklichen ist«, sagt der Sozialwissenschaftler Klaus Dörre.[356]

Ohne größere Gleichheit und ohne garantierten Schutz für alle Menschen vor den grundlegenden Lebensrisiken wird die sozial-ökologische Transformation scheitern.[357] Warum sollten Leute mit kleinem Geldbeutel weniger konsumieren, wenn die mit großen Vermögen und obszönem ökologischen Fußabdruck einfach weitermachen können wie bisher – weil sie es bezahlen können? Während schon jetzt die unteren Einkommensgruppen zu radikalem Verzicht gezwungen sind, laufen Luxusproduktion und Luxuskonsum weitgehend nach alten Mustern.[358] Eine Abkehr von der fossilen Verwertung des Werts hin zu einer Gebrauchswertökonomie, »Kreislaufwirtschaft« oder »Überlebenswirtschaft«[359], die sich an planetarer Verträglichkeit orientiert, wird gesamtwirtschaftlich sinkende Gütermengen, geringeren Ressourceneinsatz und Einkommensverluste nach sich ziehen. Energie und damit das Alltagsleben werden sich voraussichtlich weiter verteuern. Das trifft, wenn es nicht durch massive Umverteilung politisch gestaltet wird, breite Teile der Bevölkerung – je geringer die Einkommen, desto härter. Es ist jetzt schon zu spüren, dass die Ignoranz gegenüber der sozialen Komponente der Transformation zu einem Hemmnis des Umbaus wird. Klaus Dörre hat recht, wenn er argumentiert, dass »der Kampf gegen Klimawandel und ökologische Zerstörung« stets »einer zugunsten der Armen und Benachteiligten« sein müsse – »allerdings nicht in einem Sinne, der soziale Gerechtigkeit zu einer Vorbedingung von Nachhaltigkeit machen würde, ohne die Wirkung ökologischer Destruktivkräfte wirklich ernst zu nehmen«.[360] Nachhaltige Wirtschaft wird die Umverteilung von Einkommen, Vermögen und Arbeit in enormem Ausmaß erfordern. Das ist der soziale Gehalt der Debatte.[361]

Viele Menschen fragen sich, wer die immensen Kosten[362] der sozialökologischen Transformation tragen soll. Die herrschende Politik hält an der schwarzen Null und dem »Verzicht auf Steuererhöhungen« fest und singt stattdessen das Hohelied der »Eigenverantwortung« – ein zynischer Euphemismus für Sozialabbau. Dadurch wird, wie die Folgen des jüngsten Karlsruher Urteils zu den Corona-Krediten zeigen, aktives und gestaltendes staatliches Handeln massiv behindert. Die FDP, die kein Problem mit Steuererhöhungen zulasten breiter Bevölkerungsteile hat[363], propagiert den Fetisch »keine Steuererhöhungen« und meint damit den erbitterten Widerstand gegen die Umverteilung von oben nach unten im Interesse des Gemeinwesens. Wir erinnern uns: Kreditfinanzierung und hohe Steuern auf große Einkommen und Vermögen waren eine zentrale Säule des »New Deal« in den USA Anfang der 1930er Jahre. Ohne diese Instrumente wird es nicht gehen. Thomas Piketty verweist darauf, dass Kapital zwar am besten auf globaler Ebene besteuert werden sollte, aber auch eine regionale oder europäische Lösung sinnvoll und möglich ist.[364] Ein Vorschlag dafür ist die Besteuerung von Finanztransaktionen. Irgendwer muss damit beginnen. Und irgendwer muss das politisch durchsetzen. Das ist die praktische Aufgabe einer linken Partei. Die Staatsschuldenkrise ist ein Hemmnis für die Transformation. Sie hat nichts mit den »Kosten des Sozialstaats« zu tun, sondern mit Rettungspaketen vergangener Krisen (etwa der Krise der Banken und Finanzmärkte nach 2008) und systematischer Privilegierung von hohen Einkommen und Vermögen.[365]

Es geht nicht nur um die Reduktion der Ressourcennutzung und klimaschädlicher Emissionen. Es ist eine Kernaufgabe moderner demokratischer und sozialer Staatlichkeit, die Voraussetzungen für Resilienz und die Anpassung an die bevorstehenden Klimaveränderungen sicherzustellen. Die notwendige Transformation ist, anders als uns das permanent erzählt wird, nicht zuerst eine Sache individuellen Verzichts und persönlicher Vorsorge, sondern in hohem Maß durch politische Rahmensetzungen determiniert. In der Corona-Pandemie wurden die Verletzlichkeit und die Krisenanfälligkeit unserer Gesellschaft drastisch sichtbar. Seitdem hat sich die Situation der Beschäftigten in den »systemrelevanten« Berufen und Sektoren kaum verbessert. Wenn wir unsere Lebensweise grundsätzlich ändern wollen, sind funktionierende öffentliche Infrastrukturen die entscheidende Voraussetzung. Wie soll Vertrauen wachsen, dass niemand zurückbleibt, wenn die grundlegenden Infrastrukturen, wie die Deutsche Bahn, das Gesundheits- und Bildungswesen oder die Sorgearbeit, schon jetzt nicht stabil sind und die ohnehin extrem ungleich verteilten Entfaltungsmöglichkeiten der Menschen sozial zusätzlich polarisieren? Es ist nirgendwo ein Plan in Sicht, das prinzipiell zu verändern. Die Linke gibt sich mehrheitlich eher freudlos und routiniert dem Ruf nach »mehr Geld im Beutel« und einer nostalgischen Rückbesinnung auf die gute alte Zeit fossiler Sozialstaatlichkeit hin. Dabei waren wir schon weiter. Die Bundestagsfraktion der LINKEN stellte im Jahr 2012 den »Plan B« für einen sozial-ökologischen Umbau vor.[366] Leider ist dieses Projekt bald eingeschlafen. Seitdem dominiert die Hilflosigkeit der reaktiven Empörung auf das, was die jeweilige Regierung tut. Ein Jahrzehnt wurde verschenkt, in dem wir kaum Ideen für größere Resilienz und Anpassung an den Klimawandel weiterentwickelt haben. Das müsste sich mit der Auseinandersetzung um die Finanzierung öffentlicher Dienste verbinden – mit Gewerkschaften, Initiativen und NGOS.

Ich zweifle nicht daran, dass die Abwendung vieler Menschen von der Politik auch daher rührt, dass sie sich bei den wachsenden Zumutungen in ihrem Alltagsleben auf sich selbst gestellt sehen und alleingelassen fühlen. Die marode Infrastruktur und die Erosion der öffentlichen Daseinsfürsorge führen unmittelbar zu Politikverdrossenheit. Sie sind Brandbeschleuniger des Populismus. Soziale Deprivation wird ursächlich für gesellschaftliche Desintegration. Kooperation, gegenseitige Sorge und Solidarität müssen nämlich gesellschaftlich organisiert werden. Wenn sich die Politik in ihren Sonntagsreden darauf beschränkt, Solidaritätsappelle auszurufen, ist es das Pfeifen im Walde – und das Weiterreichen einer genuin politischen Aufgabe an die einzelnen Bürger, die zum Puffer des Staatsversagens gemacht werden. Grundlegende menschliche Bedürfnisse – Wohnen, Wärme, Mobilität, Gesundheit, Bildung, Ernährung und soziale Teilhabe, ein Leben in Würde und Selbstbestimmung – für alle Gesellschaftsmitglieder zu sichern, muss oberste Priorität haben. Nur wer keine Angst haben muss, in sozialer Isolation zu landen, ist bereit, sich auf neue Wege einzulassen. Weil aber derzeit vor allem die verletzlichsten Gruppen im Land gegeneinander ausgespielt werden, gedeiht ein Klima der Niedertracht.[367] Ampelkoalition und CDU/CSU führen das im medialen Aufmerksamkeitswettbewerb vor, und der Rechtsradikalismus profitiert davon.

Das Konkurrenzdenken, der Kampf um die knappen Ressourcen, das »Nach-unten-Treten« sind nach Jahrzehnten des Lobs individueller Rücksichtslosigkeit tief verinnerlicht. Das »Gift der Ungleichheit« (Dierk Hirschel)[368] zerstört den sozialen Zusammenhalt und die Freiheit der Vielen – für ungehemmte Freiheit einiger weniger. Der Partei DIE LINKE ist in jüngerer Zeit mitunter vorgeworfen worden, »die Abgehängten« zu vergessen. Das ist ziemlicher Unsinn. Nehmen wir nur das Engagement von Elke Breitenbach und Katja Kipping, als sie für das Arbeits- und Sozialressort des Berliner Senats verantwortlich waren und sich engagiert für einen Landesmindestlohn und gute Tarifverträge, für Geflüchtete, Menschen in prekären Lebenslagen und Wohnungslose eingesetzt haben. Auch Lena Kreck hat im Justizressort für Verbesserungen, gegen die Kriminalisierung von Armut gekämpft. Der Versuch, einen Mietendeckel zu etablieren, oder die Soforthilfen für zumeist prekär Selbstständige im Kultur- und anderen Niedriglohnsektoren während der Corona-Pandemie waren konkrete Politik der LINKEN in der damaligen Berliner Landesregierung. Aber linke Kämpfe um soziale Rechte und Hilfen sind im Klein-Klein innerparteilichen Gezänks nahezu vom öffentlichen Radar verschwunden und wurden kaum als Referenz aufgegriffen.

Demokratisch bestimmte allgemeine Interessen kann in der ökonomischen Sphäre nur der Staat geltend machen. Die liberale Ökonomie mit ihrem Dogma eines von politischen Einflüssen befreiten »Marktes« und der *common sense* im bürgerlichen Lager sind sich immer noch einig, dass der Staat vor allem ein Problem ist. Er sei träge, bürokratisch, teuer und nicht in der Lage, effektiv die sozialökologische Transformation zu gestalten. Markt, privates Kapital und die Wunder der Technik sollen es richten – *there's no alternative*. Diese Erzählung überzeugt viele, weil die öffentlichen Infrastrukturen seit Jahrzehnten auf Verschleiß gefahren werden und eher schlecht als recht funktionieren. Wer darauf angewiesen ist, erlebt das täglich.[369]

Dass es der gesellschaftlichen Linken bisher nicht gelungen ist, andere Deutungen zur Funktion staatlichen Handelns im

Alltagsbewusstsein zu verankern, liegt auch an ihrer eigenen programmatischen Indifferenz. Sozialismus wird immer noch zu oft mit dem gescheiterten historischen Projekt assoziiert, den Kapitalismus durch eine zentral gesteuerte Planwirtschaft zu ersetzen. Wenn ich in meiner Berliner Senatszeit mit sozial sensiblen Unternehmer*innen über Zukunftsstrategien diskutierte, war das Erstaunen groß, dass es auch Linke gibt, die »Staat« nicht als das Allheilmittel für jeglichen Missstand propagieren. Die Linke wird aber so gesehen, weil sie oft eher holzschnittartig über den Staat im Kapitalismus spricht. Er ist entweder eierlegende Wollmilchsau – Adressat aller Veränderungswünsche – oder einfach »Instrument der herrschenden Klasse«.[370] Von Linken hört man den Ruf nach »Verstaatlichung« oder die Parole »Brecht die Macht der Banken und Konzerne«.

Aber wie überzeugend ist das, und wie soll es umgesetzt werden? Es muss gelingen, den Kampf um einen handlungsfähigen Staat und interventionsfähige Politik mit den sozialen Fragen der Zukunft und ökologischer Transformation zu verbinden. Denn in einer Welt begrenzter ökologischer Ressourcen sind für alle Menschen gewisse Mindestbedarfe notwendig, um ein gutes Leben führen zu können. Wie sind die verbleibenden Ressourcen zu verteilen, damit das Ziel »Wohlstand für alle innerhalb planetarer Grenzen« klimaneutral erreichbar ist?[371] Sollen beispielsweise mit dem grünen Wasserstoff, der knapp und teuer bleiben wird,[372] existenzielle Güter für die Allgemeinheit erzeugt oder überdimensionierte SUVs einiger Reicher betankt werden? Darüber sollte demokratisch entschieden werden, nicht durch die Kaufkraft Einzelner.

Denen, die gleich das Gespenst des Realsozialismus wittern, sei gesagt, dass »Zuteilungswirtschaft« in Deutschland schon sehr lange existiert. Das Bundesverfassungsgericht billigte schon vor über vier Jahrzehnten die öffentliche Kontrolle des Wasserhaushalts.[373] Auch die Grund- und Bodenordnung ist, wenn auch viel zu zahm[374], staatlich reglementiert. Im »Klimabeschluss« von 2021 hat das Karlsruher Gericht die staatliche Verantwortung dafür betont, die Restbudgets an CO_2-Emissionen zur Erfüllung der Pariser Klimaziele zu regulieren.[375] Die planetaren Belastungsgrenzen einzuhalten wird perspektivisch eine öffentliche Bewirtschaftung aller knappen ökologischen Ressourcen erfordern.[376] Wie wird das organisiert, und wie kann das finanziert werden?

Mariana Mazzucato hat nachgewiesen, dass die meisten radikalen, revolutionären Innovationen, die den Kapitalismus vorangetrieben haben – von der Eisenbahn über das Internet bis aktuell zur Nanotechnologie und Pharmaforschung –, staatlich initiiert wurden. Die nötige Grundlagenforschung und Entwicklung der wesentlichen Technologien für beispielsweise Smartphones hat der Staat finanziert und nicht das »Wagniskapital«.[377] Wir müssen über den Status quo hinauskommen, durch staatliches Handeln nur »Marktversagen« zu korrigieren und Krisenkosten auf alle umzulegen. Gewinne privatisieren, Verluste sozialisieren – damit muss Schluss sein. In Deutschland ist die Ideologie von der »schwäbischen Hausfrau« weit verbreitet: Öffentliche Schulden gelten als verpönt.[378] In vielen entwickelten Industrienationen werden technische Innovationen mit öffentlich bereitgestellten Finanzen und mittels Kreditaufnahme gefördert.[379] Die USA mobilisieren seit 2022 mit dem »Inflation Reduction Act« Milliarden für Investitionen in Unternehmen und neue Technologien. Es ist an der Zeit, Instrumente zu nutzen, um dem Staat Anteile an den Gewinnen erfolgreicher Investitionen zu sichern: Fonds, »goldene Aktien« im Urheberrecht, gewinnabhängige Kredite, Entwicklungsbanken sowie staatliche Beteiligungen an Unternehmen.[380]

Mit den öffentlichen Rettungsprogrammen in den Krisen, aber auch durch großzügige Investitionsförderungen wurden »auf parasitäre Weise«[381] private Rendite und Management-Boni abgesichert, während wichtige öffentliche Infrastruktur nach wie vor massiv unterfinanziert ist. Es reicht nicht aus, sich darüber routiniert zu empören. Wir müssen die Kritik mit geeigneten Reformvorschlägen koppeln, die mehrheitsfähig werden können. So ließen sich zum Beispiel Innovationen und Investitionen aus rücklaufenden Gewinnen finanzieren. Öffentliche Beteiligungen und Stimmrechte sollten auch genutzt werden, um direkt staatlichen Einfluss auf Unternehmen zu nehmen, vor allem in den für die sozialökologische

Transformation zentralen Sektoren Mobilität, Energie, Finanzwesen, Bauen und Landwirtschaft.[382] Dieser Einfluss wäre an der Rückkehr in die planetaren Grenzen und an den grundlegenden Lebensbedürfnissen der Menschen auszurichten.

Die Bandbreite möglicher demokratischer Einflussnahme auf wirtschaftliches Handeln ist deutlich größer, als der reflexhafte Ruf nach »Verstaatlichung« suggeriert. Vergesellschaftung kann eine sinnvolle Option sein. Der Berliner Volksentscheid 2021 zur Vergesellschaftung großer Wohnungsbestände privater Konzerne zeigte, dass es möglich ist, dafür gesellschaftliche Mehrheiten zu mobilisieren.[383] Es gibt aber viele Wege, lebensnotwendige Gemeingüter der Spekulation und Gewinnmaximierung zu entziehen.[384] Ich denke an die Privilegierung gemeinnütziger Wirtschaftsbetriebe, die Entwicklung demokratischer Rechtsformen für oder demokratischer Einflussrechte in Unternehmen (wie wir es schon lange aus der betrieblichen Mitbestimmung kennen), Genossenschaften oder eine Regulierung ökonomischer Sektoren durch gut ausgestattete Behörden. Staatliche Unternehmen sind nicht per se besser.[385] Wir müssen auch den Sand aus dem Getriebe des formalen Gemeineigentums pusten. Was nützt es den Menschen, wenn mit hohen Gebühren und Abgaben nur knappe kommunale Kassen gefüllt werden? Unter dem Strich geht es auch hier um die Umsetzungsperspektive.

Alle Anstrengungen zur ökologischen, sozialen und ökonomischen Transformation müssen zusammengedacht werden. Wie kann die Wirtschafts- und Finanzsphäre sukzessive demokratischer Kontrolle unterworfen werden? Es gibt nicht den einen Schalter, um den Kapitalismus »auszuknipsen«. Aber wir können nationale, europäische und internationale Spielräume ausloten, um wirtschaftliche Entscheidungen und Eigentumsbefugnisse stärker mit gesellschaftlichem Einfluss zu verbinden und an gesellschaftliche Interessen zu koppeln. Gebraucht werden neue Mechanismen öffentlicher Kontrolle und Macht, es geht nicht einfach nur um mehr staatliche Befugnisse.

Die sozialökologische Transformation wird nicht als Top-Down-Prozess funktionieren, der den Individuen immer nur Anpassung und Verzicht abfordert. Sie muss alle Menschen in die Lage versetzen, die Veränderungen mitzugestalten, um gemeinsam zu lernen, wie gesellschaftliche Fragen in Zukunft anders gestellt werden können. Politische Beteiligung verlangt Mitwisserschaft und Lernen. Sie sollte die Menschen empowern, statt sie in die politische Ohnmacht und Resignation zu treiben. Wer erlebt, dass die gemeinsam organisierte Transformation ein besseres, gesünderes Leben mit größerer Zeitsouveränität, als sinnvoll empfundene Arbeit und sichere Existenz ermöglicht, braucht keine Angst vor der Zukunft zu haben und kann ihre Chancen sehen.[386] Das kann mit kleinen Schritten beginnen, wie es Thüringen versucht: Die Gemeinden und ihre Bürger*innen sollen zukünftig an den Erlösen der Windenergie-Anlagen partizipieren, um die Akzeptanz für die Windräder und die Energiewende zu erhöhen.[387]

Wie könnte es gelingen, eine zunehmend inszeniert wirkende Vertretungsdemokratie, die an vielen Menschen als berufspolitisches Routine-Theater vorbeiplappert, durch demokratische Teilhabe in wichtigen gesellschaftlichen Sphären auszuweiten? Dazu gibt es Vorschläge – von demokratischer Rahmenplanung über Räte für nachhaltige Transformation und andere Bürgerräte bis hin zu neuen Rechtsinstituten des kollektiven wirtschaftlichen Eigentums.[388] Es lohnt sich, wirtschaftsdemokratische Ideen weiterzuentwickeln, um die »Demokratisierung der betrieblichen, regionalen und gesamtwirtschaftlichen Ebene« miteinander zu verbinden.[389] Und weil Demokratie vertrauenswürdige Informationen und den ungehinderten Zugang zu Wissen braucht, stellt sich die Frage, was den Desinformationstendenzen kommerzieller Medien und Plattformen entgegenzusetzen wäre. Es liegen Vorschläge zur Dekonzentration von Macht, zur Kontrolle der Informationsverbreitung im Internet oder für Organisationsformen unabhängiger, nur der journalistischen Qualität verpflichteter Medien auf dem Tisch, die in die Politik übertragen werden müssten.[390]

»Global denken, lokal handeln« – dieser Slogan stand für die im Rahmen der UN-Konferenz von Rio de Janeiro 1992 eingegangene Verpflichtung der Weltgemeinschaft zu einer umfassend nachhaltigen Gestaltung der Gesellschaft. Wir brauchen »Mut, über scheinbar unveränderbare Systemgrenzen hinauszublicken, um die Zukunft mit utopischem Überschuss und positiven Visionen anzugehen«.[391] Demokratie, Gleichheit und Freiheit müssen konkret als ethische und politische Maßstäbe menschlichen Zusammenlebens ausgeleuchtet werden. Der Weg zu einer neuen Lebensweise wird nur auf gesellschaftliche Akzeptanz stoßen, wenn er als Mehr an Lebensqualität erlebt wird. Das ist nicht dasselbe wie mehr Waren und Güter. Wäre das, was wir vorschlagen, auch im globalen Maßstab, also für alle Menschen, realisierbar? Billigen wir den Menschen in Cochabamba, Korogocho, Peru und am Horn von Afrika die gleichen Rechte auf die Entfaltung ihrer Persönlichkeit zu wie den Menschen in Emden oder Passau?

Wir stecken in dem Dilemma, dass die Verteilungskämpfe um die Früchte des fossilen Wachstums im Nationalstaat ausgetragen werden, während sich seine ökologischen Folgen global auswirken. Selbst wenn wir in Deutschland unsere fossile Lebensweise mit dem dreifachen Ziel »Reduktion, Anpassung und Resilienz« schnellstmöglich umbauen, werden wir doch auf absehbare Zeit die globalen Ressourcen überdurchschnittlich beanspruchen und Emissionen weit über dem akzeptablen »ökologischen Fußabdruck« verursachen. Das verschärft erst einmal die globale Ungleichheit weiter – und in anderen Regionen des Planeten wirkt sich das drastischer und existenzieller aus als in Deutschland. Aus diesem Dilemma gibt es keinen simplen Ausweg. Nehmen wir unsere eigenen universalistischen Ansprüche ernst, führt kein Weg daran vorbei, ein auch unter Linken verbreitetes Denken in den Kategorien von »Außenpolitik« und »Innenpolitik« zu überwinden und zu realisieren, dass es unter ökologischen Aspekten angesichts des Klimawandels kein »Außen« mehr gibt.

Die menschenverachtende europäische Abschottungspolitik gegen Flucht und Migration, die mehr und mehr gesellschaftlicher Konsens zu werden scheint, muss in diesem Kontext gesehen werden.[392] Sie steht exemplarisch dafür, wie die Gesellschaften der Industrieländer die Illusion verteidigen, die Auswirkungen und

Widersprüche der eigenen Lebensweise ließen sich durch höhere Mauern, Zäune und militärische Abwehr fernhalten. Bis heute verweigern wir in Deutschland bereits lange hier Lebenden unter Verweis auf eine vermeintlich gefährdete »nationale Identität«, in Wahlen über die Regeln des Zusammenlebens mitzuentscheiden – und negieren so den gleichen Zugang zu demokratischen Rechten. Natürlich wäre Europa in der Lage, die Menschen aufzunehmen, die gegenwärtig nach Europa kommen, wenn die obszöne Ungleichheit (zulasten liebgewonnener liberaler Glaubenssätze und ökonomischer Privilegien) beherzt bekämpft würde. Kommunen und Zivilgesellschaft müssten bei der Versorgung und Integration mit aller Kraft unterstützt werden, statt sie gegen Geflüchtete auszuspielen. So wird die Menschenwürde zu politischer Verfügungsmasse – zugeteilt oder entzogen. Unsere »Verdrängungsgesellschaft« hält sich an der Lebenslüge fest, »mit den Flüchtlingen gleichsam die Folgen des Klimawandels draußen halten zu können«.[393]

Es ist sehr bitter, dass sich inzwischen auch Teile der SPD und Grüne, selbst Teile der Linken, in der Migrationspolitik nur noch autoritäre Lösungen vorstellen können. In trauter Einigkeit mit dem Postfaschismus werden »Rückhalte-« und Abschiebeabkommen gegen Milliardenzahlungen mit Autokraten geschlossen und zivile humanitäre Hilfe für Menschen auf der Flucht kriminalisiert. Routinemäßig werden neue »sichere Herkunftsstaaten« ausgewiesen, der Schutz für Geflüchtete wird »geschrottet«[394] und verfolgten und existenzbedrohten Menschen die Hilfe verweigert. Diese Ignoranz gegenüber der Verantwortung für »den Rest der Welt« geht auch damit einher, die gravierenden Folgen unserer zerstörerischen Lebensweise jenseits planetarer Grenzen in Europa – Dürre in Frankreich, Brände in Spanien und Griechenland, Extremwetter in Deutschland – zu ignorieren, zu leugnen oder kleinzureden. Das sind zwei Seiten derselben Medaille.

Die internationalen Beziehungen stehen unter großem Druck. Wachsende globale Ungleichheit und protektionistische Tendenzen sind eine Herausforderung für die internationale Verständigung in den großen Menschheitsfragen. »Die Globalisierung ist in fast jeder

Hinsicht vorangekommen – ökonomisch, technologisch, kulturell, ja sogar sprachlich –, nur in einem Aspekt nicht: Politisch und militärisch bleiben die Territorialstaaten die einzig wirksamen Autoritäten.«[395] Alle globalen Probleme sind aber nur durch Kooperation zu lösen. Wenn Abschottung, autoritäre Regimes und militärische Ressourcenkonflikte nicht die Zukunft sein sollen,[396] braucht es eine internationale Verständigung über kooperative Entwicklungsziele auf der Grundlage universaler Werte. Das geht nur mit einer transparenten Politik, die auf größere soziale und ökologische Gleichheit ausgerichtet ist und globale öffentlicher Güter – wie Nachhaltigkeit, globale Sicherheit und sozialen Ausgleich – etabliert.

Thomas Piketty plädiert dabei für einen »universalistischen Souveränismus« in der Außenpolitik der reichen Industrienationen – orientiert an Sozial-, Fiskal- und Umweltgerechtigkeit, die alle Länder in gleicher Weise bindet. Er räumt auch ein, dass dazu »alles oder fast alles noch zu erfinden« wäre.[397] Bisher sind gerade einmal Ansätze sichtbar, wie die (immer noch unzureichende) Verpflichtung reicher Industrienationen zu einem Fonds für Klimaschäden und das Bekenntnis zum Ausstieg aus fossiler Energie auf der COP 28 in Dubai – oder die (ebenso unzureichende) Verständigung auf eine globale Mindestbesteuerung transnationaler Konzerne. Von verbindlichen nationalen Reduktionspfaden für Ressourcen und Emissionen und transparenten, überprüfbaren Extraktionen und Schadstoffausstößen in der Weltwirtschaft sind wir noch weit entfernt.

Es ist die Aufgabe einer internationalistischen Linken, auf nationaler und europäischer Ebene konkret für die Berücksichtigung von sozialen und globalen Menschenrechten in wirtschaftlichen und politischen internationalen Beziehungen einzutreten, statt sich mit der Entlarvung von Doppelstandards der »wertebasierten Außenpolitik« der Ampel-Regierung zu begnügen. In diesem Kontext müssen sich auch progressive Herangehensweisen und Lösungsvorschläge im Umgang mit Migration und Flucht bewähren.[398] Es ist unsere Aufgabe, NGOs und die Zivilgesellschaft beim Kampf um die rechtliche und faktische Durchsetzung der Menschenrechte im globalen Maßstab politisch-institutionell zu unterstützen und die

Kämpfe, die sie auf vielen Ebenen führen[399], zu verstärken. Das ist der Blick auf die Welt »von unten«.

Freiheit, Gleichheit, Universalismus und Demokratie sind von anti-universalistischen, autoritären und antidemokratischen Kräften herausgefordert wie seit Jahrzehnten nicht mehr. Westlicher Lebensstandard und »Mittelschichtswohlstand« – das »Goldene Zeitalter« und stabile repräsentativ-demokratische Verhältnisse – gingen auf Kosten der restlichen Welt. Dieses Arrangement bröckelt. Bonapartistische Politikkonzepte, die Verunsicherungen, Abstiegsängste und Wut bewirtschaften und Ressentiments als sinnstiftenden Kitt einsetzen, sind eine Antwort darauf. Denn wo kollektive »Identitäten«, »Normalität« und »autochthone Kultur« beschworen werden, muss über materielle Interessen, Ungleichheit und soziale Konflikte nicht gesprochen werden. Diese Herrschaftstechnik in liberaldemokratischen Staaten hat seinerzeit schon Marx beschrieben.[400] Die »politische Mitte« inszeniert sich zwar als gemäßigt, praktiziert aber eine Camouflage aus Abwertung, Ausgrenzung und Diskriminierung denjenigen gegenüber, die ohnehin schon prekär leben müssen. Das geschieht nicht nur durch ihre Politik, sondern auch durch Sprache. Das beginnt mit dem Rat an Erwerbslose, sie mögen sich waschen und rasieren, wie es der einstige SPD-Chef Kurt Beck tat,[401] und setzt sich mit Ex-CSU-Minister Ramsauer fort, der im Zusammenhang mit Geflüchteten von »Ungeziefer« redete.[402] Wo es endet, ist offen. Solch eine Rhetorik der Verachtung überbietet sich im Wettstreit der Aufmerksamkeitsökonomie, bis Äußerungen von Politikern demokratischer Parteien nicht mehr von der Polemik der AfD zu unterscheiden sind.

Hier liegt einer der Gründe dafür, dass kapitalistische Gesellschaften in anhaltenden Krisen anfällig für autoritäre Politikangebote sind. Rechtsradikale befeuern diese Zuspitzung und ernten die Früchte der nach rechts verschobenen »Grenzen des Sagbaren«. Irrationale Deutungen von Krisensymptomen und eine mehr und mehr verrohende, menschenfeindliche Sprache bereiten rechtsradikaler Propaganda den Boden, die den Glauben an Verschwörungen propagiert und ständig neue »innere« und »äußere«

Bedrohungen« identifiziert und Feinde markiert. Als Alternative bietet der Rechtsradikalismus eine »Demokratie des wahren Volkswillens« an, die Massenidentifikation und -zustimmung erheischt. Sie muss sich mit dem Ausgleich unterschiedlicher Interessen und komplizierten Reformen nicht mehr aufhalten. Orban, Trump, Erdoğan, Bolsonaro oder Duterte sind korrupte Autokraten, die so ein Politikmodus hervorbringt. Dutertes Markenzeichen war die Maschinenpistole. In Argentinien haben gerade erst 56 Prozent der Wähler*innen den »libertären« Krakeeler Javier Milei zum Präsidenten gewählt. Milei trat im Wahlkampf mit einer Kettensäge und dem Versprechen auf, die demokratischen Institutionen der Gesellschaft zu schreddern.

Die »Revolution des Konventionellen« ist ein reaktionärer Reflex, negative Folgen der kapitalistischen Vergesellschaftung zu beklagen und sie auf vermeintlich Schuldige zu projizieren, ohne an ihren Ursachen zu rühren. Die halluzinierten Frontstellungen lauten »Volksmasse«, das »wahre Volk«, gegen »abgehobene liberale Eliten«, »normale Bodenständige« gegen »dekadente Kosmopoliten«, »das Ursprüngliche«, Traditionelle« gegen »das Künstliche« und »die Zersetzung« – wobei der imaginierte Gegner nicht einfach nur als Gegner, sondern als existenzielle Gefahr für »das Eigene« dargestellt wird. Ein verbindendes Glied zwischen unterschiedlichen Abwertungsideologien ist der Antisemitismus[403], der in seiner eliminatorischen Dimension die Auslöschung des als jüdisch identifizierten »Feindes« legitimiert.

Eine sozialistische Linke, die sich Gleichheit, Freiheit, Demokratie und universellen Rechten für alle Menschen verpflichtet fühlt, müsste in dieser konfusen, in Wahnwitz abgleitenden Gemengelage um inhaltliche Trennschärfe bemüht sein. Klarheit in der eigenen Verortung einerseits und Zweifel, Widersprüchlichkeiten andererseits – selbst Ratlosigkeit und das Gefühl von Ohnmacht – müssen sich ja nicht ausschließen. Meine Zweifel, aber auch Ratlosigkeit und Ohnmacht stammen jedoch inzwischen zu einem nicht geringen Teil daher, dass aufgeheizte Debatten, autoritäre Erregungen und die manifeste Sehnsucht nach Eindeutigkeit in wirklich jeder tagespolitischen Angelegenheit geradezu zersetzend und vergiftend auf das linke Lager übergreifen. Zunehmend häufiger kippen an und für sich durchaus progressive Positionen und Ansinnen versimpelt, verdummt und instrumentalisiert in reaktionäre und regressive Haltungen um. Als schwuler Mann und einige Jahre für die Berliner Kultur verantwortlicher Mensch habe ich einige Entwicklungen erlebt, die ich mit wachsender Beunruhigung verfolge:

Zu den wichtigen historischen Etappen des Kampfes um größere Gleichheit gehören unbedingt die Überwindung von Sklaverei und Kolonialismus. Dass sich die einstigen Kolonialmächte ihrer Verantwortung für Kolonialverbrechen bis heute entziehen, beweist die jahrzehntelange Weigerung, geraubte *human remains* und Kulturschätze an die Nachfahren in den einst kolonisierten Gesellschaften zu restituieren.[404] Als Senator für Kultur habe ich mich für diese Rückgaben und die Markierung einstiger und noch vorhandener Spuren der deutschen Kolonialherrschaft in Berlin engagiert.[405] Es sollte Konsens sein, dass sich Linke gegen die Verdrängung der Kolonialgeschichte und für die Anerkennung, Restitution und Entschädigung des Unrechts starkmachen, geht es doch darum, das kollektive Bewusstsein für Wurzeln globaler Ungleichheit und für Rassismus und Ethnozentrismus zu schärfen. Erste Rückgaben geraubter Güter gab es jetzt endlich, das ist gut. Jedoch hat es auch etwas von Ablasshandel, denn die strukturellen ökonomischen Abhängigkeiten im Welthandel und auch die Ungleichheit in den politischen Beziehungen bleiben ja weitgehend bestehen.[406]

Manche Linke beziehen sich auf postkoloniale Theorien in einer Weise, in der ein sehr manichäischer und simpler Anti-Imperialismus in neuerem, »hippen« Gewand erscheint. Der »globale Süden« wird – ohne seine Vielfalt und Widersprüchlichkeit zur Kenntnis zu nehmen – zum heilsbringenden Gegenüber »des Westens« – als Synonym alles Schlechten und Übels. Den Vordenker*innen postkolonialer Theorie ging es darum, gemeinsam für ein gutes Leben aller Menschen zu kämpfen. Wenn es nur noch einfach um »Widerstand« gegen »den Westen« geht, kann eine solche »Kritik« nicht mehr unterscheiden, ob sie sich auf Traditionen des radikalen, universalistischen Humanismus beziehen will, für die Namen wie Frantz Fanon oder W. E. B. Du Bois stehen, oder ob brutale Schlächter, Warlords und Diktatoren als »antikoloniale Befreiungskämpfer« gefeiert werden sollen.[407]

Ähnlich irritiert mich manche Tendenz von Debatten in queeren Zusammenhängen. Seit einem Vierteljahrhundert ist mir queere Emanzipation ein Herzensanliegen und ein politischer Inhalt meiner Arbeit, im und außerhalb des Parlaments. In diesen Jahrzehnten haben wir große Fortschritte erlebt, sowohl in der rechtlichen Gleichstellung als auch im Alltag. Mir war immer wichtig, nicht nur auf die rechtliche Anerkennung und die Sichtbarkeit queerer Lebensweisen zu schauen, sondern auch auf die sozialen Verhältnisse. Da geht es um Wohnen, Gesundheits-, Bildungs- und Sozialpolitik. Und noch vieles mehr. Außerdem überschneiden sich verschiedene Formen von Diskriminierung und verstärken sich dadurch.

Harvey Milk wurde als erster offen Schwuler durch gemeinsame Mobilisierung sozial und sexuell diskriminierter Menschen in den Stadtrat von San Francisco gewählt. Für mich ist Milk ein Vorbild. Er hat für sein Engagement einen schrecklichen Preis gezahlt: Er wurde von einem homophoben rechten Politiker ermordet. Von Harvey Milk kann man lernen, dass Befreiungskämpfe bessere Aussichten auf Erfolg haben, wenn aus unterschiedlichen Gründen diskriminierte Menschen in solidarischen Allianzen füreinander einstehen, wenn also jede Gruppe nicht nur für ihre eigenen Interessen kämpft, sondern auch die Unterdrückung und Herabsetzung anderer Gruppen thematisiert. Das Konzept der Intersektionalität hilft uns beim Verständnis, wie in bestimmten gesellschaftlichen Verhältnissen die Mechanismen von Ausgrenzung und Abwertung unterschiedlicher Minderheiten ineinandergreifen. In diesem Sinne ging es mir immer auch um die Analyse und Kritik von Herrschaft – für politische Kämpfe ist das absolut zentral.

Queeres Engagement musste sich in der PDS und in der Linken behaupten. Aber es war immer selbstverständlicher Bestandteil linkssozialistischer Politik. Das wurde anders, als Putin in Russland homosexuelle und queere Menschen wegen »dekadenter westlicher

Zersetzung traditioneller Werte« immer härter verfolgte und unterdrückte.[408] Ich halte das nicht für einen Zufall. Nun fingen auch manche Linke an, »Linksliberalismus« zu verteufeln, gesellschaftliche Vielfalt zur Bedrohung einer angeblichen »Normalität« zu stilisieren und darin eine Verschwörung gegen »konsequente linke Politik« zu wittern. Schon in westdeutschen K-Gruppen der 1970er Jahre wurde die Emanzipationsbewegung von Frauen und Queers mit einem Brechstangen-Marxismus als lästiger »Nebenwiderspruch«[409] zur Seite geschoben, der angeblich nur vom »Hauptwiderspruch« im Klassenkampf ablenke. Dabei ist es eigentlich ein typisch rechter Move, unterschiedliche Gruppen diskriminierter Menschen gegeneinander auszuspielen.

Die einst »kommunistische« Ikone Sahra Wagenknecht hat das Narrativ in ihr Empörungsunternehmen implantiert, die Linke würde sich nicht mehr um die »normalen Leute« scheren und »das Augenmerk auf immer kleinere und immer skurrilere Minderheiten«[410] richten. Es ist ihr völlig egal, dass diese »Normalität« (meist weiß und männlich gedachter) »kleiner Leute« eine rechtspopulistische Fiktion ist: »Deutschland, aber normal«, lautete der erfolgreiche Claim der AfD. Diese Vorstellung von »Normalität« verträgt sich weder mit der Lebenswirklichkeit einer Schwarzen Lieferkurierin noch mit der einer weißen lesbischen Pflegekraft noch mit der eines prekär selbstständigen Späti-Betreibers, der bei der Flucht aus Syrien das Medizinstudium abbrechen musste, in der Freizeit queeren Aktivismus betreibt und nur deshalb noch halbwegs über die Runden kommt, weil der Eigentümer seiner Wohnung kein an der Börse notierter Konzern ist. Die rechte Beschwörung von »Normalität« und die Mobilisierung von Wut gegen Gruppen, die angeblich mit »Luxusproblemen« gesegnet seien, verfängt leider auch bei sich für links haltenden Menschen. Für sie ist Emanzipation offensichtlich sehr wohl teilbar.

Auf dem anderen Pol der Debatte greift mittlerweile leider ein Verständnis von Intersektionalität um sich, in dem die gesellschaftlichen Verhältnisse von Diskriminierung, Ausbeutung und Unterdrückung kaum noch eine Rolle spielen. Da geht es nicht mehr um die Veränderung der Gesellschaft und ihrer sozialen und ökonomischen Machtstrukturen. Herrschaftskritik wird auf unmittelbare Erfahrungen von Individuen und ihr als »Opfer-Perspektive« verabsolutiertes Bauchempfinden reduziert. Wenn Intersektionalität als eine »Skala der Betroffenheit« verstanden wird, anhand deren dann Diskriminierungspunkte gesammelt werden können, gleitet es in pseudo-wissenschaftlichen Quatsch ab. Vollends wirr wird es, wenn Argumente oder Haltungen Einzelner zu einer Art besonderer Erkenntnis geheiligt werden. Ihnen darf nur noch widersprechen, wer selbst eine legitime »Sprechposition« – d. h. gleiche oder ähnliche Diskriminierungsmerkmale – für sich reklamieren kann. Dieses Konzept blamiert sich regelmäßig, weil Menschen mit offenbar identischer »Sprechposition« ja oft ganz unterschiedliche, auch einander widersprechende Ansichten haben.

Während ausgegrenzte, marginalisierte und prekär lebende Menschen und ihre Erfahrungen in Politik und Medienbetrieb viel zu wenig vorkommen (was wir ändern müssen!), führt eine Fixierung auf »legitime Sprechpositionen« und vermeintliche »kulturelle Authentizität«[411] zur Verflachung und Verdummung jeglichen produktiven Streits und vergiftet die Suche von gemeinsamer Erkenntnis und Ermächtigung. Die Parallelen zu den Irrwegen in westdeutschen K-Gruppen der 1970er Jahre sind offenkundig. Manchmal heißt es nun, es würden Menschen »gesilenced«, weil ihnen sachlich widersprochen wird. Diskurse sind aber in einer Demokratie nur als Austausch konträrer Argumente möglich. Mir ging es nie darum, Menschen für »ihre Privilegien« anzuzählen – oder ihnen gar mit Verweis darauf das Rederecht zu entziehen und sie in Schamräume zu schicken, wo sie dann ihre »Position im Unterdrückungssystem« überdenken mögen. Es geht um den Kampf gegen Diskriminierung und für gleiche Rechte! Ich halte es deshalb weiterhin damit, von Rechten, Freiheit und Gleichheit zu sprechen.

Ich fand es immer wichtig, dass alle Menschen guten Willens und universalistischen Denkens, egal, woher sie kommen und wie sie sozial gestellt sind, gemeinsam handeln – um die Verhältnisse zu ändern, welche Menschen feste Plätze in der sozialen Hierarchie zuweisen und so ihre Chancen und Entfaltungsmöglichkeiten einschränken. Aber je mehr die Welt von Krisen geschüttelt und je instabiler sie wird, desto verrückter scheint es auch im linken Universum zuzugehen.

Manche lassen den autoritären Kommunismus des 20. Jahrhunderts in kruder Weise fortleben und verbünden sich mit Konservativen, Reichsbürgern, Verschwörungsfans und offen Rechtsradikalen, was Ausdruck politischer und kultureller Gemeinsamkeit sein dürfte.[412] Man traf sich schon vor einem Jahrzehnt auf »Mahnwachen für den Frieden« und raunte zusammen unter dem Motto »Volksfront statt Querfront« über »NATO, Kapitalisten und Imperialisten«.[413] Der russische Überfall auf die Ukraine gilt diesen Leuten nicht als Gefährdung des Weltfriedens durch den nationalistischen Aggressor Putin, sondern als »Notwehr« gegen »die Bedrohung durch den Westen« und als »antikolonialer Kampf der Befreiung« – weshalb sie sich hierzulande auch zu Lautsprechern des Kreml berufen fühlen.[414]

Dass Russlands Justiz die »internationale LGBTQ-Bewegung« jetzt als »extremistisch« einstuft[415] und unabhängige Medien dort nicht mehr existieren, hindert sie hierzulande nicht – als dauerpräsente Gäste in den öffentlich-rechtlichen Talkshows zur besten Fernsehzeit –, die »cancel culture« zu beklagen.[416] Die Gas- und Ölsanktionen gegenüber Russland skandalisieren sie als Anschlag auf den »Wirtschaftsstandort« und das Portemonnaie »der einfachen Menschen«.[417] Es verwundert nicht, dass diese Leute mit der herrschenden Politik der Abschottung Europas vor Flucht und Migration voll und ganz übereinstimmen. Von ihnen ist kein Widerspruch zu hören, wenn selbst die SPD dem hilflos-gefährlichen Populismus der CDU folgt und »gendergerechte Sprache« in öffentlichen Einrichtungen verbieten will[418], CDU/CSU-Abgeordnete den Schulterschluss mit autoritären rechten Bewegungen weltweit suchen[419] oder die Genfer Flüchtlingskonvention abschaffen wollen.[420] Ihnen ist egal, dass die tödliche Politik Ugandas gegen queere Menschen[421] eine Internationale repräsentiert, die die «Verteidigung traditioneller Werte« als Offensive gegen Gleichheit und Freiheit, gegen Demokratie und Universalismus vorantreibt. Schließlich ist man ohnehin der Ansicht, dass AfD-Gauland zum russischen Angriffskrieg gegen die Ukraine »zu 80 Prozent gute Sachen gesagt« habe.[422]

Ähnlich bizarr und finster geht es dort zu, wo sich Menschen als emanzipatorisch feiern und die genozidale Botschaft des Massakers der Hamas am 7. Oktober 2023 nicht von einem Befreiungskampf unterscheiden können. Es ist nicht neu, dass sich (auch deutsche[423]) Linke mit dem Phänomen des Antisemitismus schwertun.[424] »Die Ehrerbietung gegenüber der Vergangenheit«, so David Baddiel, »bedeutet nicht zwangsläufig, die Lektionen der Vergangenheit auf die Gegenwart zu übertragen.«[425] Baddiels 2021 erschienenes Buch (Originaltitel: »Jews don't count«) legt ein erschütterndes Zeugnis darüber ab, wie wenig viele der Menschen, die sich um die Diskriminierung von Minderheiten sorgen, existenzielle jüdische Ängste und den Alltag des Antisemitismus ernst nehmen. In mancher verkürzten postkolonialen und intersektionalen[426] Theoriebildung ist moderner Antisemitismus im besten Fall eine Leerstelle. Im schlimmeren Fall werden Jüdinnen und Juden in Israel als »koloniale Siedler« und »weiße Unterdrücker« zum »Problem« erklärt und antisemitische Muster reproduziert.

Mich erinnerte das an das Berliner Popkultur-Festival 2018. BDS-Aktivist*innen[427] sprengten ein Podium, auf dem die Autorin Lizzie Doron und ich, moderiert von Shelly Kupferberg, über die Eignung von Kulturboykott als Mittel der politischen Auseinandersetzung diskutieren wollten. Nach einer halben Stunde brachen wir die Veranstaltung ab.[428] Lizzie Doron schreibt u. a. über die israelisch-palästinensische Gruppe »Combatants for Peace«, die nach Wegen für gemeinsames und friedliches Zusammenleben in Nahost sucht …

Ich gestehe meine Ohnmacht und Erschütterung darüber, wie umstandslos zahllose Linke nach dem 7. Oktober sofort wieder zur Tagesordnung übergegangen sind und ihre üblichen Deutungen zu Ursachen und Zusammenhängen im Nahostkonflikt zum Vortrag gebracht haben.[429] Mir ist unbegreiflich, warum kein Moment des Innehaltens, der Trauer und der Empathie für die Menschen einsetzte, die – unter unvorstellbarer Enthemmung von Grausamkeit und mit Internetübertragung – von den Schlächtern der Hamas enthauptet, vergewaltigt oder verschleppt worden sind.[430] Ja, mehr noch: Warum waren es wieder fast ausnahmslos jüdische Menschen, die dem Entsetzen über diese Gewaltorgie – unter sehr bewusster symbolischer Bezugnahme auf das Trauma der Massenvernichtung – Ausdruck und Raum gaben?[431]

Der Beifall, die Schadenfreude, die Täter-Opfer-Umkehr, der offene und verhüllte Antisemitismus – all das war mir leider durchaus schon vertraut. »Antiimperialistische« Gruppen und linke Sekten laden zum »Soliabend für Gaza«, um der Lust an der Auslöschung Israels einen schönen Partyrahmen zu geben.[432] Nicht nur an der Universität der Künste Berlin werden die Hamas und die islamistische Barbarei unverhohlen bejubelt.[433] Zwei von ungezählten Beispielen. All das ist schlimm genug – in dieser Massivität, vor allem in den sozialen Netzwerken, hat es mich überrascht. Dass selbst Menschen, die ich gegen Wahnwitz für immun hielt, nach Bekundung meiner Anteilnahme im Internet mit mir unbedingt ganz dringend »mal über den Nahostkonflikt« reden wollten, macht mich noch beim Schreiben dieser Zeilen fassungslos.

Zum Glück gibt es auch noch eine andere Linke. Sie steht für einen Sozialismus, der die Demokratie, und sei sie noch so fehlerhaft, dem Lob der Tyrannei vorzieht. Eine Linke, die gegen jede Diskriminierung aufsteht und das Gemeinsame sucht, statt »Identitäten« zu verhärten. Eine Linke, die sich bewusst ist, dass Menschenrechte Errungenschaft und Lebenselixier emanzipatorischer Kämpfe sind, die verteidigt werden müssen. Diese Linke singt nicht mit Putin das autoritäre Loblied auf eine kommende »Multipolarität«[434] der Welt, weil es gegen »den Westen« und »die USA« geht. Sie hört der Linken in der Ukraine und in Israel genau zu, anstatt ihre liebgewonnenen Weltbilder mit einem Panzer der Ignoranz zu ummanteln. Es ist eine antimilitaristische Linke, die der Beschwörung deutscher »Kriegstüchtigkeit«[435] widerspricht. Sie weiß aber auch, dass die Ukraine ohne Unterstützung heute nicht mehr existieren würde und dass Sicherheit in einer sehr unsicher gewordenen Welt ein wichtiges öffentliches Gut ist, das nicht einfach vom Himmel fällt oder nur mit Friedensappellen bereitgestellt werden kann, wenn ein kriegsgieriger Autokrat sein Großreich arrondieren will. Für diese Linke ist »Kapitalismus« keine Weltverschwörung, sondern ein soziales Verhältnis. »Volk« und »Nation« sind für sie aus historischer Erfahrung kein emanzipatorischer Bezugspunkt. Sie realisiert, dass sich die globale autoritäre Allianz – in Russland genauso wie in den USA, in Afrika, Lateinamerika, Europa und Asien – gegen alles zusammengetan hat, wofür sie steht – Freiheit, Gleichheit, Demokratie und Universalismus. Sie ist nicht bereit, davor zurückzuweichen oder darüber komplett verrückt zu werden.

SECHSTES KAPITEL

DIE FRAGE NACH DEM WIR

ÜBER KLASSEN, HISTORISCHE SUBJEKTE UND EINE EMANZIPATORISCHE LINKE

Der Kapitalismus kennt, wie wir gesehen haben, nur eine ökonomische Option: Kapital zu akkumulieren und weiter zu akkumulieren. Das ist sein eigentlicher Kern, so sehr er sich seit seinem Auftritt auf der Bühne der Weltgeschichte gewandelt hat und so verschieden er sich heute – in den USA oder China, Brasilien oder Russland – präsentiert. Kapitalakkumulation und Kapitalverwertungsinteressen brauchen Wachstum. Das ruiniert die Erde. Nicht irgendwann in ferner Zukunft, sondern jetzt – der Prozess ist voll im Gang. Wenn die Menschheit auf unserem Planeten eine Zukunft haben will, muss sie diesen Mechanismus der Zerstörung kontrollieren und loswerden. Die gute Nachricht: Heute sind dafür die materiellen Voraussetzungen prinzipiell gegeben, es erwartet uns keine Massenverarmung. Die nicht ganz so gute Nachricht: Es geht nicht automatisch, und es stößt auf massiven, gut organisierten, im Zweifel rücksichtslos interessengesteuerten Widerstand. Die zweite schlechte Nachricht: Wir haben keine Zeit zu verlieren. Es eilt ein wenig mit der Rettung der Welt. Eine entscheidende Frage lautet also: Wer soll das eigentlich bewerkstelligen?

Momentan sieht es eher so aus, als könnten sich vor allem die rechtsradikalen und rechtspopulistischen Parteien reichlichen Zuspruchs erfreuen. Sie sind derzeit die politischen Krisengewinner und bewirtschaften gezielt das weit verbreitete Gefühl des Kontrollverlusts. Als säßen wir alle gemeinsam auf einer schiefen Ebene, rutschen die gesellschaftlichen Debatten immer weiter nach rechts. Es scheint kein Halten mehr zu geben. Die gesellschaftliche Linke ist, um es freundlich auszudrücken, derzeit kein besonders stabiler

Fels in dieser Brandung. Aber war es nicht über lange Zeit gerade eine Stärke der Linken, berechtigte Unzufriedenheiten und das Unbehagen über ungerechte Verhältnisse als »Rohstoff« für eine Politik zu nutzen, die das Leben vieler Menschen verbessern sollte? An Unbehagen herrscht eigentlich kein Mangel: Kaum ein Fünftel der Bevölkerung in Deutschland glaubt noch, dass es die kommenden Generationen einmal besser haben werden als wir. Nur noch 40 Prozent sind der Ansicht, es gehe hierzulande alles in allem gerecht zu; 43 Prozent meinen hingegen, dies sei explizit nicht der Fall.[436] Aus Unbehagen entsteht aber nicht von selbst eine progressive Antwort. Das Unbehagen kann ja sehr unterschiedliche Gründe haben. Mal bezieht es sich auf den Gegensatz zwischen dem eigenen Leben und dem der anderen. Mal betrifft es fehlende Perspektiven, verbaute Lebenschancen und die Zwänge eines unter gesellschaftlichen Möglichkeiten gelebten Lebens, das vielleicht nicht dem entspricht, wie man sich ein »richtiges Leben« vorstellt.[437]

Oder es fehlten einfach die normative Richtung und ein Ziel der Kritik, das Unbehagen bleibt diffus, ist aber deshalb nicht weniger heftig. Einem Bonmot zufolge können sich viele heute eher den Untergang der Welt vorstellen als das Ende des Kapitalismus. Tatsächlich erscheint unser Wirtschaftssystem, in den Worten des marxistisch geschulten österreichischen Zeitdiagnostikers Robert Misik, »auf kolossale Weise stabil, segelt, als wäre es auf Autopilot gestellt, durch die Zeit und die ihm immanenten Krisen« und kann sogar noch auf den stillen Konsens vieler Ausgeschlossener und ihre Hoffnung zählen, »zum kapitalistischen Orbit Zugang zu erlangen«.[438] Marx' Analyse von Entfremdung und verdinglichter Herrschaft[439] käme hier – auf die gesamte gesellschaftliche Reproduktion bezogen – zu ihrem Recht: Menschen erfahren die gesellschaftliche Ordnung, die sie täglich reproduzieren, als »stummen Zwang der Verhältnisse«[440], als fremde Macht, der sie als einzelne hilflos ausgeliefert sind. Wenn sich eine sinnvolle Verbesserung der Verhältnisse ohnehin nicht denken lässt, bleibt auch der Protest über Missstände bestenfalls in zielloser Empörung und wachsender Wut stecken. Im schlimmsten Fall steuern Rassismus, Antisemitismus oder auch Queerfeindlichkeit vulnerable Minderheiten zur Wutabfuhr an. In dieser nicht ganz ungefährlichen Situation ist es verhängnisvoll, wenn die sozialistische Alternative nur als Schlagwort im Angebot ist, traditionalistisch, rechthaberisch, diskursunfähig oder unrealistisch – »utopisch« im negativen Sinn der Weltfremdheit, die den Anspruch praktischer Politik aufgegeben hat.

Ich kann die vielen »heißen Herbste« schon gar nicht mehr zählen, die meine Partei DIE LINKE in den zurückliegenden Jahren angekündigt hat, um Menschen gegen Kahlschlag bei öffentlichen Dienstleistungen und Sozialabbau zu mobilisieren. Das waren dann selten mehr als lauwarme Lüftchen: Kampagnenbilder von Parteiständen in sozialen Medien oder Solidaritätsadressen zu turnusmäßigen Tarifkämpfen. Ich kann dieses Engagement nicht geringschätzen, oft genug stand ich selber an den Infoständen oder war bei Demonstrationen mit dabei. Aber wir haben uns nicht den notwendigen Raum und Abstand genommen, um zu reflektieren, warum die Hoffnungen und vollmundigen Ankündigungen sich immer wieder als illusorisch erwiesen haben. Erfolgreiche soziale Kämpfe unter Beteiligung der LINKEN wie die Berliner Initiative zur Enteignung des Immobilienkonzerns »Deutsche Wohnen« sind die rare Ausnahme geblieben. Was blieb, waren oft nur trotzige Selbstbestätigung und -beschäftigung. Wir müssten die Realität wohl noch drastischer anklagen, damit die Massen sich zu Großdemonstrationen aufraffen? Anders kann ich mir die immer wieder gleichen Forderungen nach »more of the same« und den schrillen Dauer-Ton, die »Immerschlimmeritis«, in vielen linken Presse- und Internetstatements nicht erklären. Hart gesagt: Je kleiner die realpolitische Interventionsfähigkeit, desto dröhnender die martialischen Phrasen. Sie sind letztlich Ausdruck von Ohnmacht und nicht eingestandener Ratlosigkeit. Dann wird im schlimmsten K-Gruppen-Duktus appelliert, wir müssten »die lohnarbeitende Klasse« stärker fokussieren, als »klassenbewusste sozialistische Kraft« eine »Klassenperspektive« einnehmen, zu »Klassenkompass« und »Klassenorientierung« zurückfinden, »die Klassenfrage ins Zentrum« rücken, die Frage nach dem Gebrauchswert der Linken ausgehend

»von der Lage der lohnarbeitenden Klasse« stellen und »linksliberale und linkslibertäre Tendenzen« zurückdrängen.[441]

So viel Klasse war wirklich lange nicht in der Linken. Unterdessen wanderte das Momentum für die Mobilisierung von Unbehagen und Unzufriedenheit auf die rechte Seite des politischen Spektrums. Soziale Umbrüche und einander überlappende Krisen führten – unter der Begleitmusik objektiv zynischer liberaler Lobeshymnen auf individuelle »Eigenverantwortung« – vielen Menschen in den zurückliegenden Jahren ihre Abhängigkeit und Verletzlichkeit in einer Gesellschaft vor Augen, die sie als undurchschaubar und komplex erfahren. Rechte und autoritäre Kräfte haben Weltdeutungen im Gepäck, mit denen der bedrohliche Druck des Kontrollverlusts und die eigene Ohnmacht auf ein imaginiertes Anderes projiziert werden können, »das von Verantwortung dispensiert: seien es die Sterne, sei's die Verschwörung der internationalen Bankiers«.[442] Im Wettstreit um die schlichte Bewirtschaftung von Wut hat die politische Rechte gegenüber der Linken bessere Karten. Nach dem berühmten Wort des Philosophen Walter Benjamin verhilft der Faschismus »den Massen zu ihrem Ausdruck« (indem er ihnen Ausdrucksmöglichkeiten und Hassobjekte zur Wutabfuhr anbietet), »aber nicht zu ihrem Recht«.[443] Auch heute bestärkt die autoritäre Rechte die für solche Haltungen anfälligen Menschen nur in ihrer »schiefgestellten« Herrschaftskritik und befeuert den latenten »Extremismus der Mitte« und autoritäre, postfaktische Positionen.[444] Vor allem das Unbehagen in Teilen des »Kleinbürgertums« war historisch immer wieder für Formen reaktionärer Krisenbearbeitung empfänglich. Aber auch die »Arbeiterklasse« war politisch durchaus volatil. Sie stützte nicht nur linke Parteien und Bewegungen, sondern auch konservative, faschistische und nationalsozialistische Politiken.

Für die Suche nach zeitgemäßer sozialistischer Politik und nach Antworten auf diese Entwicklungen hilft es uns nicht weiter, das Mantra des »Klassenstandpunkts« zu bemühen. Im dritten Kapitel habe ich beschrieben, dass die »Arbeiterklasse« im traditionellen Marxismus als »unsichtbare Hand« des Fortschritts galt, als die

Vollstreckerin Hegel'scher Geschichtsteleologie und der historischen Gesetzmäßigkeit vom revolutionären Übergang zum Kommunismus der Zukunft. In den realsozialistischen Diktaturen war der »Klassenstandpunkt« ein Instrument der Herrschaft, wurde damit Dissidenz brutal unterdrückt und ideologische »Linientreue« mit Mitteln des Polizeistaats durchgesetzt. Wer vom (von der Partei diktierten und deshalb recht schwankungsanfälligen) »Klassenstandpunkt« abwich, hatte Selbstkritik zu üben, wurde aus der Partei ausgeschlossen oder aus dem Land ausgebürgert, landete im Gulag oder vor dem Erschießungskommando. Nach 1989 bestand eine wichtige Aufgabe demokratischer Sozialist*innen darin, den Bruch mit dem Stalinismus und seinen Spätausläufern zu vollziehen. Vielleicht rührt daher mein Misstrauen, wenn in Ausgrenzungsabsicht unter Berufung auf »Klassenpositionen« munter Parolenfeuerwerke entzündet werden. Ist »das Konservativste« in der Linken, »die Klassenfrage«, wirklich »das Modernste, das Zeitgemäße«?[445] Oder wird nicht eher eine abgestandene Leerformel bemüht, um wortgewaltig strategische Defizite und Differenzen zu übertünchen?

Um keine Missverständnisse aufkommen zu lassen: Ich halte es für höchst modern, über Klassen zu sprechen. Eine Linke mit aufklärerischem Anspruch kommt nicht umhin, immer wieder deutlich zu machen, warum »Klasse zählt« – und wir eben nicht alle individuell und jeder für sich unseres Glückes Schmiede sind. Im vergangenen Jahr hatte am Berliner Theater HAU Christiane Rösingers »Große Klassenrevue« Premiere. In dem Stück werden sehr unterhaltsam Klassenbeziehungen innerhalb unserer Gesellschaft thematisiert, wenn etwa ein urkomischer Tanz auf der Trittleiter das Märchen vom Aufstieg durch Leistung der Lüge überführt oder wenn die großartige Stefanie Sargnagel als »Erbscham-Therapeutin« ausspricht, was hierzulande allzu gern mit Schweigen bedacht wird. Über »Klasse« zu sprechen, kann Ohnmacht überwinden helfen, es kann Menschen motivieren, sich für bessere Verhältnisse einzusetzen. Ich meine, das ist eine Voraussetzung für sozialistische Politik: Menschen zu ermutigen, sich mit sozialen Strukturen von Herrschaft und Ausgrenzung auseinanderzusetzen. Aufgeklärt und reflektiert die Härte der Klassengesellschaft, in der wir immer noch leben, zu thematisieren ist auch ein Gegengift gegen rechtspopulistische Propaganda und irrationale Deutungen der Missstände und Ungleichheiten in der spätmodernen Gesellschaft, die vor allem Geflüchteten und Migrant*innen die Schuld für prekäre soziale Lagen in Deutschland in die Schuhe schieben wollen. Die Existenz und Härte dieser prekären Lagen sehen, anerkennen, dass »die Ausgebeuteten und Schutzlosen [...] existieren, dass sie leben, dass sie etwas denken und wollen«[446] – und gleichzeitig den Blick nicht zur Seite zu richten, auf andere Schutzlose, die es scheinbar draußen zu halten gilt, sondern nach oben: auf die massive Ungleichverteilung der Vermögen, der Einkommen und damit auch der Lebenschancen.

Der große amerikanische Soziologe und frühere Präsident der American Sociological Association Erik Olin Wright hat verschiedene Mechanismen beschrieben, wie Klassenverhältnisse wirksam werden und als Prozesse der Herrschaft und Ausbeutung von Menschen in kapitalistischen Gesellschaften auch heute hoch relevant sind.[447] »Klasse« wirkt sich, etwa über die Bildungswege, die sie öffnet oder versperrt, oder über das häufig vererbte Privateigentum an Produktionsmitteln oder etwa Immobilien, systematisch auf die Lebensbedingungen der Einzelnen aus. Klasse strukturiert auch die Beziehungen zwischen den Menschen: Jene in Machtpositionen (die z. B. ein Eigentumstitel verschafft) können die Aktivitäten anderer Menschen kontrollieren oder aus ihnen einen wirtschaftlichen Nutzen ziehen – Marx nennt das schlichtweg Ausbeutung. In kapitalistischen Gesellschaften produzieren unterschiedliche Mechanismen Ungleichheit und weisen Menschen ihre jeweilige »Klassenposition« zu. Sozialistische Politik zielt darauf, diese Mechanismen zu überwinden – und zwar alle diese Mechanismen, nicht nur die, die an Verfügung oder Nicht-Verfügung über Produktionsmittel gebunden sind.

Wer soll sich aber eigentlich auf den Weg der dringend nötigen Transformation des Kapitalismus machen (um hier nicht das berühmte »revolutionäre Subjekt« zu bemühen)? Bei einem eher traditionellen Verständnis des Proletariats ergeben sich da gleich mehrere Fragen: Wie sieht die »lohnarbeitende Klasse« heute aus? Was heißt das für ihr »Bewusstsein«, aus dem die sozialistische Linke so lange ihre revolutionäre Hoffnung schöpfte? Ist es richtig, im Proletariat weiterhin die geborene Kraft zu suchen, die aufgrund ihrer »Klassenposition« die Überwindung des Kapitalismus vollziehen werde? Hilft es uns, an einer Kritik des Kapitalismus vom Standpunkt der Arbeit und in national oder europäisch beschränkter Perspektive festzuhalten? Schließlich: Was bedeuten die Antworten auf diese Fragen für eine mögliche Strategie der Transformation? Denn nur »eine Wunschliste mit ›Wir sollten‹-Sätzen abzufassen, ohne ernsthaft darüber nachzudenken, wer dieses Wir ausmacht und wie sich die Dazugehörigen über ihre Wünsche und Ziele verständigen können, scheint«, wie Friedrich Lenger schreibt, »im dritten Jahrzehnt des 21. Jahrhunderts seltsam aus der Zeit gefallen«.[448]

Mit dem Lamento, die Linke möge sich als klassenbewusste sozialistische Kraft neu erfinden, geht verlässlich die Klage einher, sie habe »die Arbeiterklasse« vernachlässigt und deshalb an Glaubwürdigkeit eingebüßt. Die Linke hat sich danach ihre Schwäche selbst zuzuschreiben, weil sie sich nicht um die Belegschaften der Betriebe und die Zuspitzung des Klassenkampfes gekümmert habe. Zweifelsohne entwickelten die Parteien der Arbeiterbewegung im 19. und 20. Jahrhundert beträchtliche Durchsetzungskraft und politische Stärke, weil sie authentisch die Interessen des organisierten Industrieproletariats vertraten. Aber das war längst nicht alles. Das Bild des Proletariats dieser Zeit als einer homogenen Klasse der Malocher im Schichtbetrieb der Großfabriken war immer schief. »Arbeiterklasse« gab es schon damals eigentlich nur im Plural. Der Strukturwandel zum globalisierten Kapitalismus hat die Arbeitswelt aber noch einmal drastisch revolutioniert. In den Industrienationen des Westens ging die Zahl der Beschäftigten in der klassischen Industrieproduktion stark zurück. Im Jahr 1992 waren noch 31 Prozent aller Beschäftigen in Deutschland Industriearbeiter*innen, 2015 nur 21 Prozent.[449] Selbst, wenn eine erneuerte Linke das ganze Industrieproletariat für sich gewinnen könnte – von einer politischen Mehrheit oder auch nur davon, relativ stärkste Kraft zu werden, wäre sie weit entfernt.

Wer nun meint, die »Arbeiterklasse« sei im 21. Jahrhundert auf wundersame Weise einfach verschwunden, ist genauso auf dem Holzweg. Nur etwa 800.000 Menschen konnten 2021 in Deutschland »ihr Geld für sich arbeiten lassen« und von Erträgen aus ihrem Vermögen leben – »ziemlich genau das oberste ›eine Prozent‹«.[450] Wer das nicht kann, ist für den Lebensunterhalt potenziell auf Erwerbsarbeit angewiesen. Der Umkehrschluss, die übrigen 99 Prozent gehörten dann wohl zur »Arbeiterklasse«, ist so richtig, wie er konkret überhaupt nichts aussagt. Dank Analysen des Soziologen Daniel Oesch, der das für unsere zeitgenössischen Gesellschaften und Arbeitswelten wohl adäquateste Klassenmodell entwickelt hat[451], können wir die vielfältige Klassen- und Berufsstruktur in Deutschland aber sehr genau ausdifferenzieren: Neben den in der klassischen Produktion beschäftigten Menschen gehören weitere vier Prozent der Bevölkerung zur traditionellen Bourgeoisie, 23 Prozent sind Angestellte im mittleren oder oberen Management (im privaten und öffentlichen Sektor), zehn Prozent technische Spezialist*innen, zwölf Prozent sozio-kulturelle Spezialist*innen, sechs Prozent selbstständige Kleingewerbetreibende, 13 Prozent sind Bürokräfte und 13 Prozent als Arbeiter*innen im Dienstleistungssektor beschäftigt.[452]

Den sinkenden Zahlen von Industriejobs stehen wachsende Beschäftigtenquoten mit höherer Berufsqualifikation gegenüber.[453] Damit werden auch die Klassenpositionen widersprüchlicher.[454] In immer mehr Jobs sind Versatzstücke eines »kapitalistischen Bewusstseins«, von »unternehmerischer Denke«, mit Elementen von »proletarischem« Verständnis verbunden, bei hochqualifizierten Angestellten oder Soloselbständigen beispielsweise. Es ist ja schon ein Unterschied, ob jemand fancy Apps im Homeoffice programmiert oder jede Nacht Büroetagen putzt, kranke Menschen im Schichtbetrieb pflegt, in einer Fertigungshalle Komponenten von Autos zusammenschraubt oder sich 16 Stunden im eigenen Späti die Beine in den Bauch steht, um am Ende des Geldes nicht zu viel

Monat übrigzuhaben. Ein schlichtes Klassenverständnis verführt dazu, all diese Welten über einen Kamm zu scheren.

Mit der fortwährenden Umwälzung der Produktivkräfte, vor allem der Einführung von neuen Technologien, und mit der Arbeitsteilung in der Globalisierung werden auch die Arbeitsvolumina immer wieder neu verteilt und Menschen von der Erwerbsarbeit freigesetzt. »Der technologische Fortschritt«, schrieb Albert Einstein, »führt häufig eher zu mehr Arbeitslosigkeit als zu einer Erleichterung der Last der Arbeit für alle«.[455] Es entsteht, was Marx als »industrielle Reservearmee«[456] bezeichnet hat. Damit wächst die Zahl der für den kapitalistischen Verwertungsprozess nicht mehr benötigten, also »überflüssig« gemachten Menschen. Dazu zählen Langzeiterwerbslose oder unterbeschäftigte Menschen, für die der sogenannte erste Arbeitsmarkt keine oder nur geringfügige und prekäre Arbeit bereitstellen kann. In manchen Industriestaaten, wie den USA, spielt die Gefängnisindustrie hierbei eine volkswirtschaftlich relevante Rolle; 1,7 Millionen Menschen sind dort inhaftiert.[457] Es gibt unterschiedliche Regimes der Verwaltung und Regulierung von Erwerbslosigkeit. Das autoritäre Regulativ ruft nach Formen von Pflichtarbeit in öffentlichen Bereichen. Diese Arbeiten werden aus den öffentlichen Haushalten nicht oder nicht ausreichend regulär finanziert und zur Bedingung gemacht, um Transferleistungen zu erhalten. Der Vorschlag des CDU-Generalsekretärs von 2023, Bürgergeldbeziehende nach sechs Monaten zu öffentlichen Arbeiten zu verpflichten, geht genau in diese Richtung. Meistens sind diese Tätigkeiten mit niedrigen Qualifikationsanforderungen und einem geringen Sozialprestige verbunden – etwa Reinigungs- oder Hilfsarbeiten. Auch das ist eine Klassenfrage. Ohnehin prekär lebende Menschen betrifft das besonders, so Migrant*innen, alleinerziehende Frauen oder Ältere. Auch Aspekte des strukturellen Rassismus, des Geschlechterverhältnisses oder Ageismus spielen also mit hinein.

Mit dem quantitativen Schwund der Industriearbeitsplätze und mit der Tendenz zur Vereinzelung durch neoliberale Politik im spätmodernen Kapitalismus hat auch der Organisationsgrad von Arbeiter*innen in Gewerkschaften, Parteien und Vereinen stark abgenommen.[458] Ohnehin konstatieren Analysen zum Arbeitswandel im Prozess der Kapitalverwertung im späten 20. Jahrhundert, dass Arbeiter*innen sich »in ihrem Selbstverständnis eher als Arbeiter/Konsumenten denn als Arbeiter/Produzenten sehen«.[459] Die Ausdifferenzierung der Lohnarbeit, widersprüchliche Klassenpositionen und nachlassende Organisierung – all das hat die Sicht der Menschen auf sich selbst und auf die Verhältnisse, in denen sie leben, gravierend verändert. Was um die Wende vom 19. zum 20. Jahrhundert als »Klassenbewusstsein« galt, ist dadurch abgeschwächt worden.

Das Bewusstsein der Arbeiter*innen erwuchs sowieso nie wie von selbst aus ihrer Stellung zu den Produktionsmitteln. Alle Menschen schleppen einen großen Sack durchaus widersprüchlicher Gedanken, Gefühle und Glaubenssätze mit sich herum, mit denen sie sich ihr Bild von den Dingen machen.[460] Schließlich formen und prägen eine Unmenge anderer Faktoren unser Bewusstsein, die mit unserer Stellung im Produktionsprozess nicht unmittelbar zu tun haben. Es spricht einiges dafür, dass diese Faktoren in den vergangenen Jahrzehnten noch wichtiger geworden sind. »Die Arbeiterklasse isst und trinkt nicht und geht auch keine sexuellen Beziehungen zu anderen Klassen und Schichten ein«.[461] So ironisierte schon der Kulturwissenschaftler Lothar Kühne in der DDR ein hölzernes Verständnis von Klasse, das sich für die konkreten Lebenslagen der Individuen nur wenig interessiert. Dass in einem solchen Blick auf »Klasse« feministische und antirassistische Perspektiven, kulturelle und historische Aspekte, die Dimensionen der internationalen Arbeitsteilung und des technologischen Wandels kaum berücksichtigt sind, ist oft und zurecht kritisiert worden.[462] Bei einer Fokussierung von »Klasse« auf Lohnarbeits- und Produktionsverhältnisse bleiben soziale Lebenslagen, die gesellschaftliche Organisation von Care-Arbeit und die geschlechtliche Teilung der Arbeit unterbelichtet.[463]

Es gibt einen weiteren und entscheidenden Grund, warum die linke Gewohnheit, die eigenen revolutionären Hoffnungen auf das »historische Subjekt Arbeiterklasse« zu projizieren, zu wenig nütze ist. Der kanadische Historiker und Ökonom Moishe Postone hat gezeigt, dass nach der von Marx im »Kapital« entwickelten

Analyse der Kampf zwischen der Klasse der Kapitalist*innen und der Klasse der Arbeiter*innen zwar *innerhalb* des Kapitalismus eine große Rolle spielt, aber gar nicht der entscheidende ist, wenn es um den Fortschritt *über den Kapitalismus hinaus* geht. Die Kämpfe der Arbeiter*innen trugen dazu bei, den Kapitalismus zu humanisieren und zu demokratisieren. Das ist ihr unschätzbares Verdienst. Der »Klassenkampf« richtete sich aber auf »die Konstitution, die Behauptung und die Befestigung ihrer Position und Situation als Mitglieder der Arbeiterklasse«.[464] Als Besitzer*innen der Ware Arbeitskraft kämpften und kämpfen die Arbeiter*innen um ein Stück vom großen Kuchen, das sie als halbwegs fair empfinden. Marx ging es jedoch darüber hinaus um mehr: um die Überwindung der Klassengesellschaft, also die Abschaffung von Lohnarbeit und Kapitalverhältnis. Die Transformation der Gesellschaft über den Kapitalismus hinaus liegt nicht schon von sich aus in der Logik des Widerspruchs zwischen Kapital und Arbeit.[465] Es ist deshalb kein Zufall, dass es bisher in keiner entwickelten kapitalistischen Gesellschaft gelungen ist, »die Arbeiter*innen« für eine postkapitalistische Perspektive zu gewinnen.[466] Es wird nicht helfen, sich stoisch und trotzig an das verlorene Subjekt vergangener Zeiten zu klammern und auf einem vage bleibenden »Klassenstandpunkt« zu beharren.

Was folgt aus alldem für die Möglichkeit, Menschen für eine linke Politik der sozial-ökologischen Transformation und deren mögliche Ansätze und Ziele zu gewinnen? Die Sozialdemokratie hat in den meisten reichen Industriestaaten aus einer geschrumpften Industriearbeiterschaft die Konsequenz gezogen, sich den Interessen höher qualifizierter gesellschaftlicher Gruppen zu widmen. »New Labour« wie »Dritter Weg« zielten auf die »Mittelschicht«, auf neoliberale Reformen und eine für höhere Einkommen attraktive Steuerpolitik, während der Sozialstaat und die Daseinsvorsorge unter Druck gerieten.[467] Didier Eribon beschreibt diese Entwicklung unter sozialdemokratisch geführten Regierungen so: »Im Namen einer vermeintlich notwendigen ›Individualisierung‹ (oder Entkollektivierung, Entsozialisierung), die das Arbeitsrecht, die sozialen Sicherungssysteme und allgemeiner die Mechanismen der gesellschaftlichen Solidarität und Umverteilung betraf, wurde im gleichen Zug der Rückbau des Wohlfahrtsstaats legitimiert«. Das alte Projekt des Sozialabbaus war, wie er feststellt, zuvor ausschließlich von rechten Parteien vertreten und zwanghaft wiederholt worden.[468] Größere Teile der »unteren« sozialen Klassen und einst proletarische Milieus hatten damit keine organisierte politische Repräsentanz mehr, sie wandten sich von der Politik ab, deren Parteien sich nicht mehr für sie interessierten. Sie blieben den Wahlen fern, weil sie sich in der »neuen Welt der Mittelschichten« nicht gesehen, erkannt und verstanden fühlten. Nach einer ersten spürbaren Welle der Wahlabstinenz – mit der Deindustrialisierung der 1980er Jahre in den westlichen Industriezentren Deutschlands – folgte eine zweite Welle ab 2005. Da hatte die Sozialdemokratie unter der rot-grünen Regierung Gerhard Schröders mit der Agenda 2010 ihr soziales Versprechen aufgekündigt, Status und Lebensstandard auch der einkommensschwächeren Menschen abzusichern.[469] All das rächt sich jetzt, wo die großen gesellschaftlichen Probleme unübersehbar sind und starker Veränderungsdruck herrscht. Es ist klar, dass die Transformation ohne die Menschen in der produktivistischen Arbeitswelt nicht gelingen kann.[470]

Die Linke hat »die soziale Frage« zwar nie ausgeblendet. Aber ganz offensichtlich reichte es nicht, im Namen der Deklassierten naheliegende soziale Forderungen in die politische Arena zu tragen. Menschen, denen Hoffnung fehlt, dass die Politik an ihren Lebensverhältnissen noch etwas ändern will oder kann, sind damit nicht zur Wahlteilnahme zu motivieren. Menschen, die unter dem hohen Druck stehen, ihr Leben jeden Tag unter bedrängten Verhältnissen aufs Neue irgendwie zu meistern, und erschöpft sind, brauchen zeitnahe Verbesserungen – »sowohl materieller Art, als auch in Gestalt eines gesellschaftspolitischen Narrativs, das auch in einer Wissensgesellschaft« manuell tätigen Menschen Anerkennung und Anrechte auf soziale Absicherung und Partizipation bietet.[471] Eine aktuelle Untersuchung Julia Cagés und Thomas Pikettys legt aber nahe, dass die Rechtsdrift bei Wahlen in Europa nicht in Stein gemeißelt ist, wenn die politische Linke das erkennt und ihre Politik auch darauf ausrichtet.[472]

Meine Partei bezog über zwei Jahrzehnte ihren »Gebrauchswert« aus ihrer Rolle als »Schutzmacht« – erst mit dem Eintreten für ostdeutsche Erfahrungen und Biografien im Vereinigungsprozess, anschließend aus der Wut, den Enttäuschungen und den Verletzungen durch die sozialdemokratische Agenda-Politik. Beide Impulse bescherten ihr eine Reihe von Wahlerfolgen. Aber sie erschöpften sich auch vor einem guten Jahrzehnt. Seitdem hat DIE LINKE kaum Wahlen gewonnen, aber viele verloren.[473] Zu zentralen politischen Themen – Migration, Pandemie, Krieg, Sicherheit, Inflation oder Klimawandel – konnte sie kaum überzeugende und gemeinsam getragene Deutungen anbieten, von Lösungsvorschlägen ganz zu schweigen. Wir waren weder vorbereitet noch in der Lage, darüber aufklärerisch und reflektiert zu streiten und uns auf ein kohärentes Programm zu verständigen. So wurde DIE LINKE nur noch mit heftigen Auseinandersetzungen über ihre möglichen Zielgruppen, als Kakophonie widersprüchlicher Thesen und besserwisserischer Anklagen wahrgenommen. Das ist bizarr, weil die Struktur der linken Wählerschaft – nach ihrem Erwerbsstatus – sich nahe am Durchschnitt der Bevölkerung bewegt. Zu keiner Zeit war die Partei ausschließlich eine »der Lohnabhängigen«, »Arbeiterpartei« oder gar Partei der »großen Mehrheit«.[474] Diesem Paralleluniversum der Metadebatten stand ich selbst zusehends fremd gegenüber.

Eigentlich läge es nahe, sich auf der Basis einer solchen Struktur von Wähler*innen eher über die Gemeinsamkeiten verschiedener Milieus und »Klassenpositionen« zu verständigen, statt sich in Gegenüberstellung vermeintlich unvereinbarer Interessen anhand ziemlich gestriger linker Gewissheiten zu zerlegen. Wer könnte gewonnen werden, sich auf den Weg zu machen, um nach Alternativen zu suchen? Das Überleben der Menschheit betrifft natürlich alle. Das ist sehr viel umfassender als ein ökonomistisch verkürztes »Interesse der Arbeiterklasse«. Außerdem sind Herrschaftsverhältnisse nicht auf die Sphäre der Ökonomie beschränkt, sodass eine »Klassen«-Fixierung zu inhaltlicher Einengung führt. Wir schneiden uns damit mögliche Allianzen ab. Selbst einige Multimillionär*innen sind davon überzeugt, dass mehr soziale Gleichheit besser für alle ist.[475] Eine Linke, die Politik für die »untere Hälfte der Einkommenspyramide« machen will, sollte sich wiederum klarmachen, dass diese Menschen zu einem erheblichen Teil Nichtdeutsche sind – die »Arbeiterklasse« in Deutschland ist längst international.[476] Das betrifft vor allem junge Menschen, die nicht wählen dürfen, durch Steuerzahlungen aber die soziale Absicherung (überwiegend älterer) deutscher Wahlberechtigter mitfinanzieren.

Wie sieht es mit der Aufgeschlossenheit für eine progressive, vielleicht sogar eine auf postkapitalistische Verhältnisse zielende Politik entlang der »Klassenpositionen« nun tatsächlich aus? Sind die Haltungen und Einstellungen in Deutschland wirklich so antagonistisch, dass sie die Diagnose von einer harten Klassen-Spaltung der Gesellschaft nähren? Nicht nur Wagenknecht baut ihre politische Erzählung auf einem manichäischen Weltbild auf – einerseits weltabgewandte Eliten mit »skurrilen« Weltsichten, andererseits »normale« Menschen mit Bodenhaftung und »vernünftigen« Sichten.[477] Auch in der Partei DIE LINKE lebt die Sehnsucht nach imaginären Gegnern fort. Aber warum sollte es nicht funktionieren, Politikvorschläge in die Debatte einzubringen, die legitime Interessen unterschiedlicher Klassen und Milieus verbinden?

So wird die Besorgnis über den fortschreitenden Klimawandel von einer großen, auch Generationen und Klassen übergreifenden Mehrheit hierzulande geteilt.[478] Tatsächlich sind die Sorgen der Älteren sogar größer. Nicht mal ein Viertel glaubt, dass diese Herausforderung ohne eine Veränderung unserer Lebensweise, mittels technischen Fortschritts, gemeistert werden könne. Allerdings finden 40 Prozent, dass Deutschland schon ökologisches Vorreiterland sei und nun erst einmal andere Länder nachziehen müssten«.[479] Nur ein Drittel meint, unser Wohlstand wäre gefährdet, wenn wegen des Klimawandels »alles auf den Prüfstand« gestellt werden würde.[480] Die sozialen Differenzen bei der Verursachung der Klimaveränderungen werden dagegen nur im Ansatz als politisches Thema angesprochen – und wenn, dann »vor allem mit Blick auf den Konsum der Reichen, selten mit Bezug auf die Profite von Konzernen und ihren Eignerinnen und Eignern«.[481] Es trifft nicht zu, dass »die unteren Klassen« kein ökologisches Krisenbewusstsein hätten. Allerdings treten die Unterschiede dort in den Vordergrund, wo es um die konkreten Kosten der Transformation, die Wohlstandsverluste und die Lastenverteilung geht.[482] Steffen Mau sieht darin einen »Klassenkampf im Werden«.[483] In den akademischen Milieus ist der Zugang zur ökologischen Frage an individuelles Handeln und ethische Zurechnung, »heroischen Verzicht« und Zukunftsorientierung geknüpft – eine Lebensstilfrage, vielleicht in der Demonstration ökologisch überlegener Moral sogar ein Distinktionsmerkmal.[484] In den weniger begüterten Klassen geht es um die Frage: Kann ich mir das leisten?[485]

Die Linke müsste in dieser Lage auf das Soziale *innerhalb* der Transformationsfrage mit konkreten Vorschlägen und Ideen abzielen – und aufzeigen, wie der Strukturwandel sozial und ökologisch gelingen kann, »durch den Ausbau von Sozialeigentum, Beschäftigung und öffentlicher Infrastruktur« in den ökologischen Investitionsprogrammen.[486] Wir müssen Wege finden, das Bewusstsein für die strukturelle Dimension bei Wachstum und Kapitalverwertung zu erhöhen und für alternative Formen der Vergesellschaftung – mittels Gemeingütern, genossenschaftlichen Lösungen, der Produktion langlebiger Güter oder auch für nachhaltigkeitsstärkende Innovationen im System der Politik und in den Betrieben – zu öffnen.[487] Außerdem sollten wir die Leute auf eine Weise ansprechen, die die ökologische und die soziale Frage zur Gewinnung breiter Allianzen für die Transformation verbindet. Gebraucht werden politische Projekte, die die unteren Klassen zu Akteur*innen einer Nachhaltigkeitswende machen – indem sie sowohl ihre soziale Lage verbessern als auch ihre Bereitschaft zum Mitwirken an der ökologischen Transformation erhöhen. Solche Projekte werden ohne materielle Umverteilung in erheblichem Maße kaum realisierbar sein. An diesem Punkt muss linke Klimapolitik ansetzen.

Dafür lassen sich potentiell auch Mehrheiten gewinnen, denn auch Kritik an sozialer Ungleichheit ist in Deutschland weit verbreitet. Fast vier von fünf Befragten sehen die Ungleichheit der

Einkommen und Vermögen als zu hoch an.[488] Eine höhere Erbschaftssteuer für große Erbschaften hält – mit geringer Klassendifferenzierung – eine knappe Mehrheit für sinnvoll.[489] Zwei Drittel treten für staatliche Maßnahmen ein, um die bestehenden Einkommensunterschiede zu verringern. Die Polarisierung nimmt aber deutlich zu, sobald es konkret wird. Es zeigt sich, dass die ideologische Legitimation von Ungleichheit durch »individuelle Anstrengungen«, Qualifikationserwerb und eine »natürliche« Verteilung von Talenten gesellschaftlich tief verankert ist.[490] Eine deutliche Anhebung der Transferleistungssätze findet kaum die Zustimmung der Hälfte. Dafür sind sich 70 Prozent der Befragten darin einig, für lange Zeit Erwerbslose zu einer gemeinnützigen Arbeit zu verpflichten.[491] Die Kritik an der Ungleichheit beruht zwar nicht auf dem individuellen Gefühl, nicht das zu erhalten, was man für den legitimen Anteil am gesellschaftlichen Reichtum hält.[492] Allerdings ist »der Glaube an die Leistungsbereitschaft«, wie der Soziologe Steffen Mau resümiert, »groß, die Frage legitimer sozialer Ansprüche wird stark moralisiert«.[493]

Für eine egalitäre oder auch nur sozial halbwegs faire Politik ist der meritokratische Mythos die größte Herausforderung. Umverteilungsforderungen sind sehr leicht als »leistungsfeindlich« zu diskreditieren. Es ist deshalb nicht ausreichend, Reichtum und Armut zu skandalisieren. Die gesellschaftliche Dimension der Ungleichheit muss argumentativ konkret mit den Alltagserfahrungen der Leute verbunden werden. Viele wissen nicht einmal, dass Vermögen in Deutschland – anders als in anderen Ländern – überhaupt nicht, dass Gewinne am Finanzmarkt niedriger als Erwerbsarbeit und dass höhere Erbschaften weniger als kleine Erbschaften besteuert werden. Wenn sie in Befragungen explizit darauf hingewiesen werden, empfinden das aber große Mehrheiten als ungerecht. Für eine Politik größerer Gleichheit könnte durchaus Zustimmung mobilisiert werden. Aber es muss klar sein, dass es um sehr hohe Vermögen oder Erbschaften geht.[494] War das liberale Narrativ in den 1970er Jahren eher in oberen Klassen verbreitet, haben es heute vor allem Produktionsarbeiter*innen sehr stark verinnerlicht.[495]

Auch gesellschaftliche Diversität genießt inzwischen zumindest grundsätzlich größere Akzeptanz, als es die zugespitzten öffentlichen Debatten nahelegen. So finden 81 Prozent – mit deutlicher Mehrheit aller Klassen – die gleichgeschlechtliche Ehe richtig. Ebenfalls 81 Prozent sind der Ansicht, dass Transpersonen anerkannt werden müssen, auch hier klassenübergreifend mit einer klaren Mehrheit. Eine Dreiviertelmehrheit tritt für das homosexuelle Adoptionsrecht ein. Doch die »Mitte-Studie« 2023 belegt erstmals seit Längerem wieder deutlich zunehmende queer-feindliche Ressentiments.[496] Größere Kontroversen und auch stärkere Ablehnung erfahren Geschlechterquoten, geschlechtergerechte Sprache oder »die aktuellen Sexismus-Diskussionen«. Auch das Bewusstsein für das Fortbestehen rassistischer Diskriminierungen ist nur mäßig ausgeprägt: Dass Schwarze Menschen in vielen Bereichen des Lebens Diskriminierung erleben, wird nur von 57 Prozent so gesehen.[497] Einer generellen Anerkennung des rechtlichen Gleichstellungspostulats stehen skeptischere Sichten und Zurückweisung gegenüber, wenn der aktive Abbau fortbestehender Ungleichheit oder die Wertschätzung von Differenz eingefordert wird – was sich aus Affekten oder einer empfundenen Bedrohung der eigenen, fragilen Identität speist.[498]

Deutlichere Klassenunterschiede lassen sich bei den Themen Flucht und Migration ausmachen. Dass es legitime Flucht- und Migrationsgründe gibt, ist insgesamt breit anerkannt, wenngleich in der Bevölkerung nicht gänzlich unumstritten. Gerade darum ist die Fähigkeit der Länder und Kommunen so wichtig, für Aufnahme und Integration gute Bedingungen zu schaffen. Das zeigen die Zahlen: Etwa jeweils 60 Prozent der Befragten meinen, Migration bereichere das kulturelle Leben und sei gut für die Wirtschaft – demgegenüber stimmen 22 Prozent dem Satz zu, sich »durch die vielen Migranten hier« manchmal wie Fremde im eigenen Land zu fühlen.[499] In allen Klassen findet sich eine Mehrheit für die Ansicht, dass »gleiche Rechte« für Migrant*innen daran geknüpft werden sollten, dass »sie sich anstrengen und integrieren«. Und 22 Prozent finden zumindest »teils-teils«, weitere 25 Prozent sogar überwiegend oder voll und ganz, in Deutschland komme

Einheimischen »zu wenig zu Gute, weil zu viel für Migranten ausgegeben« werde.[500] Wohlfahrtschauvinistische Sichten sind in unteren gesellschaftlichen Lagen stärker ausgeprägt. Aber insgesamt, so fassen Mau und Kollegen ihre Ergebnisse zusammen, stehen weder für Migration aufgeschlossene Mehrheiten in den oberen Klassenlagen einer migrationsfeindlichen Mehrheit in den unteren Klassenlagen gegenüber, noch lässt sich (zumindest für den Erhebungszeitraum im Jahr 2022) eine generelle migrationsfeindliche Tendenz ausmachen.[501] Man muss dabei berücksichtigen, dass gerade bei einem aktuell in den Medien und der politischen Debatte so präsenten Thema wie Migration die Umfragewerte häufig volatil sind. Es kann sein und spricht manches dafür, dass das Kalkül der radikalen Rechten, mit fortwährender, gezielt Fake News einsetzender Hetze gegenüber Geflüchteten und Migrant*innen die öffentliche Stimmung und Debatte zu ihrem eigenen Nutzen zu drehen, im letzten Jahr bereits ein Stück weit aufgegangen ist: Erste Studien verzeichnen in 2023 gegen den bisherigen Trend einen Anstieg xenophober, völkischer, antisemitischer oder auch queerfeindlicher Einstellungen in Deutschland.[502] Offenbar werden mindestens latent vorhandene Ressentiments wieder offener geäußert oder breiten sich sogar aus. Noch ist es wohl nicht zu spät, dieses fatale Aufhetzen von Bevölkerungsgruppen gegen andere, sozial noch schlechter gestellte Gruppen zu stoppen. Aber die Zeit drängt.

Gerade einer progressiven Linken kommt hier die wichtige Aufgabe zu, die von rechts produzierten und oft medial weiterverbreiteten Diskurse und Zustandsbeschreibungen unserer Gesellschaft kritisch zu befragen. Denn tatsächlich zeigt sich unsere Gesellschaft in der umfassenden Studie von Mau und Kollegen zumindest bezüglich dieser im öffentlichen Diskurs virulenten vier Themenkomplexe – Einstellung zur sozialen Ungleichheit, zu Klima, Migration und Vielfalt – deutlich weniger »gespalten«, als es die fortwährende Beschwörung in Politik und Medien nahelegt. Die Gegenüberstellung »abgehobener« Eliten und »bodenständiger«, »vergessener« Arbeiter*innen ist eher ein Produkt des »Meinungskampfes« in politischen und medialen Arenen, als es die gesellschaftliche Wirklichkeit abbildet.[503] Die Unterstellung, dass die »Eliten« in besonderer Weise progressiv seien, die arbeitenden Massen dagegen besonders reaktionär, drückt eine gehörige Portion Klassendünkel aus. Umgekehrt ist auch die traditionsmarxistische Vorstellung, die »arbeitenden Klassen« verfügten über eine Art »revolutionäre Prädisposition«, nicht besonders plausibel. Linke Politik muss die verbreitete Mischung aus Frust, Wut und erschöpfter Veränderungsbereitschaft im »unteren Drittel« der Gesellschaft zur Kenntnis nehmen. Mit ein paar Euro mehr im Geldbeutel ist es da nicht getan. Diese Erschöpfung resultiert auch daher, »dass die unteren Schichten sich beruflich oft in einem Korsett von Vorgaben bewegen. Wer wenig Kontrolle hat, erlebt gesellschaftlichen Wandel als Kontrollverlust«.[504] Das gilt es von links zu ändern!

Die Ziele sozialistischer Politik werden nicht schnell erreichbar sein. Es geht um eine Politik der kleinen Schritte angesichts großer Herausforderungen, nicht nur um ein Versprechen für die Zukunft, sondern um erste baldige Erfolge. »Sozialismus im 21. Jahrhundert ist ein gradueller Politikansatz«, betont Klaus Dörre, er spricht davon auch in der Mehrzahl – von »Sozialismen«.[505] So sollten sich linke Politikansätze als experimentell verstehen, um Menschen selbst zu Akteur*innen zu machen.[506] Das bedeutet zuerst, die gesellschaftliche Entwicklung in »Alternativen zu denken, Optionen offenzuhalten und nicht den Status quo als beste aller Welten zu affirmieren«.[507] Natürlich geht es darum, »gleichgewichtig mit der Beseitigung von Klassenherrschaft eine Überwindung aller patriarchalisch, rassistisch oder nationalistisch legitimierten Herrschaftsmechanismen« anzustreben[508] – im Wissen um den drohenden ökologischen Kollaps. Ein bewohnbarer Planet mit menschlichen Gesellschaften, die von größerer Gleichheit geprägt sind und frei vom Zwang zur Kapitalakkumulation, der die Individuen ausbrennt und vereinzelt – das läge nicht nur im Interesse der Arbeiter*innenklasse, sondern aller Menschen. Unter der Verkümmerung des sozialen Wesens im Kapitalismus leiden, wie schon der Physiker Albert Einstein in seinem leidenschaftlichen Plädoyer für einen humanen

Sozialismus feststellte, »alle Menschen, unabhängig von ihrer Stellung in der Gesellschaft.«[509]

Es gibt keinen prinzipiellen Grund, warum für eine solche bessere Welt Arbeiter*innen nicht genauso zu gewinnen sein sollten wie Chefärzt*innen, Studierende oder Erzieher*innen. Das erfordert, dass die gesellschaftliche und parteiliche Linke mehr über die in unserer gesellschaftlichen Wirklichkeit angelegten Alternativen und Möglichkeiten spricht, als sich »an der Politisierung und Anschärfung von Konflikten« und ihrer »gesinnungspolitischen Aufladung«[510] zu beteiligen. »Die Leute abzuholen«, argumentiert Stephan Hebel, »das ist schon richtig. Aber wer sagt, dass man sie wieder dorthin zurückbringen muss, wo sie hergekommen sind? Man könnte ja auch auf die Idee kommen, die Leute von etwas zu überzeugen.«[511] Die Voraussetzungen dafür sind besser, als es angesichts der gängigen Diagnosen den Anschein hat.

Es wäre zum Beispiel eine Möglichkeit, über die Stärken und Chancen zu sprechen, die ostdeutsche Erfahrungen nach 1989 für gelingende Transformationsprozesse in sich bergen, statt abstrakt die Vertretung von »Ostinteressen« zu reklamieren und sie damit in einer vagen »Identität« zu bestärken.[512] Die ökonomische Strukturschwäche abgehängter Regionen könnte auch verbindend aufgegriffen werden, um politische Vorschläge zu entwickeln, statt im Gegensatz zwischen Ost und West zu verharren.[513] Es ist möglich, sich für queere Rechte einzusetzen, ohne die Leute an den Pranger zu stellen, die im Alltag nicht »gendern« oder manchen Dreh akademisch als »korrekt« geadelter Begriffe eher lästig und albern als überzeugend finden.[514] Vorschläge für eine Entspannungs- und linke Sicherheitspolitik können wir machen;[515] ohne die russischen Verhältnisse und Putins militärische Aggression zu verklären,[516] Pazifismus zur einzig legitimen linken Position zu stilisieren oder überall nur »Kriegstreiber«[517] zu wittern. Es ist auch möglich, über mögliche emanzipatorische und transformatorische Potenziale eines Grundeinkommens[518] zu diskutieren, aber gleichzeitig gewerkschaftliche Positionen zu verstehen und ihren Kampf um die Vier-Tage-Woche zu unterstützen.[519]

Um globale Verflechtungen und Abhängigkeiten sichtbar zu machen, solidarisch mit Initiativen und Aktivist*innen in anderen Teilen unseres Globus gegen die Ausbeutung von Menschen und Natur zu sein, müssen wir nicht Despoten verklären oder völlig irrationale Hoffnungen und überzogene Erwartungen auf progressive Regierungen projizieren.[520] Natürlich können wir extrem froh sein, wenn in Brasilien Lula da Silva Präsident ist und nicht ein Bolsonaro. Ohne enge Kooperation mit den ärmeren Ländern lassen sich die globalen Probleme nicht lösen. Aber wir müssen den »globalen Süden« nicht idealisieren. Wir können auch da kritisch bleiben und unseren Blick auf die Welt »von unten« schärfen. Wir werden überrascht sein, wie viele soziale Praktiken dort schon als Experimente für eine sozial-ökologische Transformation gelten können.[521]

Im Moment ist die Linke – als Partei und gesellschaftliche Strömung – durch ihr eigenes Verschulden in einer existenziellen Defensive. Um wieder auf die Beine zu kommen, muss sie sich über ihre Funktion und ihre Strategie klar werden. Es wäre gut, wenn sie dabei nicht um sich selbst kreist oder – als DIE LINKE – hingebungsvoll auf »innere« Machtbalancen und Befindlichkeiten schaut, sondern auf die Gesellschaft. Versteht sich DIE LINKE weiterhin eher als »Korrektiv« für die von den Grünen und der SPD enttäuschten Menschen? Oder ist sie dazu fähig, mit einer eigenen konsistenten politischen Agenda die Herzen der Menschen genauso zu erreichen wie ihre Köpfe? Wie gelingt es, glaubwürdig für sozialen Schutz der von vielen Umbrüchen betroffenen Menschen zu stehen und gleichzeitig eine ernstzunehmende Ansprechpartnerin für diejenigen zu sein, die die nötige sozialökologische Transformation vorantreiben und gestalten wollen?[522] Gelingt es uns, anstelle des Blicks auf den eigenen Bauchnabel, der »kleinlichen Negativität« (Nils Minkmar)[523] und der »schlechten Laune« (Stephan Hebel)[524] ein offenes Klima der Neugier, von Lernbereitschaft und der Lust auf produktiven Streit zu entwickeln?

In meiner Partei streiten gegenwärtig zwei starke konkurrierende strategische Ansätze um die Vorherrschaft. Beide bleiben die Antwort auf die Umsetzung und Umsetzbarkeit ihrer programmatischen

Vorstellungen schuldig. Einerseits ist das unserer gegenwärtigen Lage zuzuschreiben. Wer um das bundespolitische Überleben kämpfen muss, macht sich um solche (mangels Masse eher hypothetischen) Fragen nicht die allergrößten Gedanken. Auf der anderen Seite ist diese fehlende Klarheit aber auch eine der Ursachen für die Krise der Linkspartei. Wer nicht sagen kann, wie die eigenen politischen Ziele erreicht werden sollen, wird es schwer haben, Menschen zur Stimmabgabe zu überzeugen.

Die eine Strategie ist der Linkskonservatismus. Die Bezeichnung ist durch seine Verheißung gerechtfertigt, »das gute Alte« zu reaktivieren: als »Schutzmacht« gegen die Zumutungen der postmodernen Dynamik und der globalisierten Kapitalverhältnisse. Er nährt sich von der realen Entfremdung vieler Menschen von den früheren Volksparteien. Linker Konservatismus lebt von der Vorstellung, die Voraussetzungen des fossilen Klassenkompromisses ließen sich innerhalb des Nationalstaats durch ein »Zurückschrauben« der ökonomischen Globalisierung wieder herstellen – oder sich ein nationaler Klassenkompromiss zumindest aktualisieren. Die Sehnsucht nach sozialen Sicherungslinien wie im fordistischen Zeitalter ist in Zeiten großer Verunsicherung durchaus nachvollziehbar. Darin liegt die Anziehungskraft dieser Strategie. Wie das gelingen soll, bleibt aber offen. Letztlich lebt er auch von einer nostalgischen Verklärung des »Goldenen Zeitalters« und der sozialdemokratischen Ära – einer Verklärung, die sich häufig nicht nur auf die ökonomische Dimension des Klassenkompromisses bezieht, sondern auch eine (interessanterweise in West wie Ost vorhandene) »kulturelle« Sehnsucht nach einer früher vermeintlich »heileren Welt« beinhaltet, in der die Geschlechterrollen klar verteilt waren, nicht ständig jemand veganes Essen verlangte, die Welt insgesamt übersichtlicher schien. Er schaut auf das nationalstaatliche Territorium, ist tendenziell etatistisch und den (schon lange nicht mehr) »neuen« sozialen Bewegungen und Organisationsformen gegenüber skeptisch.

Mit der Ausgründung Sahra Wagenknechts hat der linke Konservatismus eine relevante Repräsentantin linkskonservativer

Strategien in der Partei verloren. Es wird sich zeigen, ob Sahra Wagenknechts Politunternehmen – »BRD noir«[525] (Oliver Nachtwey) – auf Dauer erfolgreich sein kann.[526] Aber auch in der Partei DIE LINKE lebt manche »Identitätsaufladung« und mancher »Kulturkampf« nach ihrem Abgang fort. Wenn es um »den Osten« oder die Außenpolitik geht, ist das sehr spürbar. Das wird von denen unterschätzt, die linksautoritäre Strategien einfach als »Gespenst« bezeichnen.[527] Natürlich müssen soziale Sicherungen und öffentliche Infrastrukturen Kernelemente jeder sozialistischen Strategie sein. Aber der Kapitalismus und die Welt haben sich tiefgreifend verändert. Der Rückgriff auf alte, oft paternalistische Modelle aus früheren Zeiten hilft da kaum. Auch auf die Herausforderung der sozialökologischen Transformation hat der Linkskonservatismus keine Antwort.[528]

Eine zweite Strategie setzt darauf, gesellschaftliche Veränderung vor allem durch »Gegenmacht« zu bewirken. Anders als der Linkskonservatismus kann sie die Verflechtung globaler politischer und ökonomischer Macht durchaus politisieren. Wie der Linkskonservatismus folgt auch sie oft einem sehr einfachen Verständnis von »Klasse«. Sie adressiert nötige Veränderungen vor allem »von außen« an das politische System und den Staat. Die politische Durchsetzungsperspektive für die eigenen Konzepte, Ziele und Vorhaben, so sie denn existieren, bleibt deshalb unbestimmt. Aber Parteien folgen nicht derselben Mobilisierungslogik wie Bewegungen. Letztlich ist auch eine solche Strategie auf ein punktuelles Einhaken – entlang von Protestkonjunkturen – in gesellschaftliche Konfliktlagen angewiesen und reproduziert sehr simple »Wir-gegen-sie«-Konstellationen. Sie läuft Gefahr, in moralischen Anklagen der Verhältnisse zu verharren. Dennoch ist natürlich richtig: Ohne öffentlichen Resonanzraum, ohne gesellschaftlichen Druck hat es progressive Politik schwer. Deshalb kommt sie ohne außerparlamentarische Aktionen nicht aus – sinnvollerweise durch solche, die die Menschen für sie aufschließen und gewinnen, statt sie gegeneinander auf die Barrikaden zu treiben. Die Blockaden und Farbattacken der »Letzten Generation« halte ich da eher für kontraproduktiv.

In der Partei DIE LINKE schaut man, wenn es darum geht, wie wir wieder erfolgreich werden können, vorzugsweise auf alle möglichen Parteien und Akteure in anderen Ländern. Die Projektionsflächen wechseln dabei so schnell, wie sich die Erfolge erschöpfen oder – bei genauerem Hinsehen – ihren Glanz einbüßen: Hugo Chavez, Bernie Sanders, Jeremy Corbyn, die griechische Partei SYRIZA und in jüngerer Zeit die österreichische KPÖ oder die belgische PTB.[529] Geringer ist das Interesse in großen Teilen unserer Partei an Strategien in den eigenen Landesverbänden, die in den vergangenen Jahren (trotz wenig Rückenwind aus der Bundesebene) Erfolge einfahren konnten, wie in Thüringen, Bremen oder Berlin. »In der Partei ist seit Langem die Haltung stark, dass man gern anders gewinnen möchte, als es die genannten Landesverbände vormachen.«[530] Gegenüber Menschen, die für die Partei in Regierungsämter gehen, habe ich immer wieder eine Hermeneutik des Verdachts erlebt, »Grundsätze« zu schleifen, Überzeugungen zugunsten der vermeintlich damit verbundenen Privilegien aufzugeben etc.

Zu den großen Problemen erst der PDS, dann der Partei DIE LINKE gehört es, ihr Verhältnis zu Regierungsbeteiligungen bestenfalls halbherzig, in einem duldenden Sinne, geklärt zu haben. Das drückt letztlich ein ideologisch blockiertes, konfuses Verständnis von Parlamentarismus und parlamentarischer Demokratie aus. So etwas gibt es sonst nicht im deutschen Parteiensystem.[531] Das kann man zwar aus der Geschichte der Partei DIE LINKE heraus erklären. »Das haben wir noch nie so gemacht« ist aber keine Antwort auf die Frage, wie denn stattdessen die eigene Programmatik politisch umgesetzt werden soll. Wer demokratische Veränderungen bewirken will, kann das gerade aus einer linken Perspektive nicht einfach anderen überlassen.

Sicherlich, Opposition hat Vorzüge und erlaubt eine gewisse Bequemlichkeit (auch im Denken). Wer sich auf Kritik der jeweils amtierenden Regierung beschränken kann, muss sich nicht in die konkrete Auseinandersetzung mit Interessengruppen begeben, erspart sich komplexe Abwägungen und komplizierte Aushandlungsprozesse – und setzt nichts durch. Aber sozial-ökologische

Transformationsprozesse werden auf Übersetzung in demokratisch legitimierte staatliche Politik angewiesen sein. Der Staat wird gebraucht, um die Räume für Alternativen zu erweitern und zu verteidigen. Transformationsvorstellungen sind ohne neue Formen von »Klassenkompromissen« nicht denkbar. »Eine Strategie, die ausschließlich auf Druck von außen setzt«, ist Erik Olin Wright zufolge deshalb »nicht robust«.[532] Wer auf demokratischem Weg um Mehrheiten ringt, kommt an der institutionellen Umgestaltung – auch in Regierungen – überhaupt nicht vorbei.

Mit der Politik, die sich auf Fundamental-Opposition beschränkt, hat es DIE LINKE zu Umfragewerten in der Nähe der Wahrnehmungsgrenze gebracht. »Den Kurs eines Flugzeugs kann man nicht wirklich beeinflussen«, so Bremens linker Co-Landeschef Spehr, wenn man »nicht bereit ist, die Kiste zu fliegen. Sich auf Kritik am Piloten zu beschränken, wird irgendwann schal und verliert seine Wirkung«.[533] Das ist auch ein Dilemma der vielen markigen Angriffe, die DIE LINKE im Bundestag kontinuierlich gegenüber der Ampel und ihren Entscheidungen fährt. Vielleicht sähe deutsche Politik im Jahr 2024 anders aus, wenn die FDP für eine »Fortschrittskoalition« nicht gebraucht würde – weil DIE LINKE die einst bestehende Chance genutzt hätte, das politische Koordinatensystem im Bund stärker nach links zu verschieben?

Es wäre falsch, die Risiken linken Regierens zu negieren. Die Berliner Linke hat das schmerzhaft erfahren, als wir in der ersten rot-roten Landesregierung Wowereits und Sarrazins Sparhaushalte mittragen mussten. Die frühere Sprecherin der Grünen, Verena Krieger, trat einst idealistischen Vorstellungen beim Mitregieren mit der nüchternen Feststellung entgegen, »der Staat« sei »kein Fahrrad, auf das man sich einfach setzen und in beliebiger Richtung losradeln kann«.[534] Es gibt natürlich auch einen manifesten Konformitätsdruck in Koalitionen. Linke Programme sind oft sehr viel ehrgeiziger als das, was die konkreten Spielräume, zum Beispiel finanzielle, hergeben. Die Spielräume in den jeweiligen Ebenen, von der EU bis zur Kommune, sind unterschiedlich groß und auch anders. Eine Koalition funktioniert nicht, wenn die eigenen

Leute erwarten, dass am Kabinettstisch permanent nur im Konfliktmodus agiert wird.[535] Aus eigener Erfahrung: Regieren ist für Linke anstrengend und aufreibend – und es kostet viel Lehrgeld.[536] Linke werden sich nie erspraren können, die Kosten und den Nutzen eines Regierungseintritts sorgfältig und kritisch zu reflektieren. Aber letztlich lassen sich gesellschaftliche Konflikte, wenn wir ernsthaft Politik gestalten lassen, nur auf der Ebene der politischen Macht bearbeiten. Eines ist auf jeden Fall sicher: »Der Weg wird mit Widersprüchen gepflastert sein«.[537]

Wer meint, DIE LINKE müsse vor allem immer ein »eigenständiger Pol«[538] im Parteiensystem sein, macht sich in der eigenen Politik nur von den anderen abhängig. Der Preis des Reinheitsgebots ist der Verzicht auf Gestaltungskraft. Diese Haltung übersieht unter anderem, dass sich sozialistische Erfolge in der Geschichte nur in Bündnissen mit anderen, für Veränderungen offenen Teilen des übrigen politischen Lagers (inklusive sozialer und republikanischer Liberaler oder Konservativer) durchsetzen lassen konnten. Die aktuelle autoritäre Drift macht es sogar noch notwendiger, klug über die Grenzen und Notwendigkeiten politischer Bündnisse nachzudenken. Ich war sehr froh, als die breite polnische Opposition gegen die PIS im Oktober 2023 die Sejm-Wahlen gewann und am 12. Dezember 2023 Donald Tusk zum polnischen Regierungschef gewählt wurde. Sozialistische Politik für Gleichheit und Freiheit ist unmöglich, wenn reaktionäre und autoritäre Bewegungen die Institutionen der Demokratie abgeschafft haben.

In meiner Partei hält sich eine fundamental verirrte Sichtweise, die das Verhältnis von gesellschaftlichen Mehrheiten zu Regierungsmacht als »strikt zeitlich gestaffeltes Hintereinander« sieht – erst das eine, dann das andere. Aber wie Christoph Spehr feststellt, ist das vollkommen »realitätsfern und wird nie passieren«.[539] Von gesellschaftlichen Mehrheiten sind wir sehr weit entfernt. Erfolgreiche, also an der Realität ausgerichtete Arbeit der Partei wäre auch ein Mittel zum Zweck, in der Gesellschaft mehrheitsfähig zu werden. »Kulturelle Hegemonie« (Gramsci) ist kein Ergebnis von Belehrung. Sie kann sich überhaupt erst in der wechselseitigen

Wirkung gesellschaftlicher und institutioneller Lösungssuche entwickeln. Vom früheren linken israelischen Knesset-Abgeordneten Dov Khenin habe ich vor vielen Jahren einen schönen Satz gelernt: »Politik heißt, die Frage zu beantworten: Wer isoliert wen?« Die Linke jenseits von Sozialdemokratie und Grünen hat, wenn wir uns die gegenwärtigen Wahlergebnisse und Umfragen ansehen, diese Frage bislang im Sinne ihrer Gegner beantwortet, indem sie sich selbst isoliert hat.

Auf ihrem Potsdamer Bundesparteitag 2004 hatte die PDS die Auseinandersetzung um den richtigen Weg für demokratisch-sozialistische Gesellschaftsveränderung mit folgender Feststellung beendet: »Für sozialistische Politik nach unserem Verständnis bilden Widerstand und Protest, der Anspruch auf Mit- und Umgestaltung sowie über den Kapitalismus hinausweisende Alternativen ein unauflösbares strategisches Dreieck«.[540] Lothar Bisky, mit seiner Sachlichkeit, Klugheit und Menschlichkeit für mich bis heute ein Vorbild, sagte dazu später, »dass es dabei nicht um alternativ aus- und abwählbare Ansatzpunkte demokratisch-sozialistischer Politik geht, sondern darum, ein Spannungsfeld produktiv auszufüllen«.[541] Er ahnte schon, dass sich viele ihrer Mitstreiter*innen in der Ecke des »strategischen Dreiecks« einrichten würden, die ihnen am liebsten ist. Jedenfalls blieb es bei der Idee – die Massen der Partei hat sie nicht ergriffen. Der Partei droht nun das politische Bermuda-Dreieck. Ich hoffe nach wie vor, dass es uns gelingt, die »alte Scheidelinie zwischen reformistischer und revolutionärer Politik«[542] zu überwinden, uns auf den Weg der nötigen Schritte für die Transformation unserer Gesellschaft über den Kapitalismus hinaus zu machen – wie es jüngere Genoss*innen schreiben: als »durchsetzungsstarke Reformkraft«.[543] Veränderung ist auf demokratische Mehrheiten angewiesen, auf reale politische und gesellschaftliche Bewegung. »Sie braucht den emanzipatorischen Impuls, den die libertären Ideen hinsichtlich der Individuen haben,« schrieb Lothar Bisky im Januar 1996, »und den emanzipatorischen Impuls, den die sozialistische Idee in Bezug auf die Gesellschaft besitzt. Libertärer Sozialismus wäre somit die Freiheit von Gleichen«.[544]

Ich bin in den vergangenen Jahren immer wieder gefragt worden, warum ich mich nicht in der SPD oder bei den Grünen engagieren würde. In der Frage schwang oft Unverständnis mit – angesichts mancher Positionen, die in meiner Partei vertreten werden, manchmal auch nur das Bedauern über ihren Zustand. Die Antwort darauf versuche ich in diesem Buch zu geben. Unsere Gegenwart hält nicht nur alternativlos *die eine* Zukunft für uns bereit. Sie trägt verschiedene Möglichkeiten in sich. Ich hänge einer Vorstellung von Zukunft an, in der die Menschen frei von fremder – abstrakter oder persönlicher – Herrschaft sind, in einer Gesellschaft, in der wir als Freie und Gleiche unsere Geschichte gemeinsam gestalten können. Und ich bin überzeugt, dass es sowohl nötig als auch möglich ist, die Welt besser und anders einzurichten. Dass das wirklich gelingt, mag uns heute unwahrscheinlich vorkommen. So, wie es vor 200 Jahren undenkbar erschien, dass Frauen wählen können oder der reguläre Arbeitstag acht Stunden hat. Nehmen wir unsere eigene Geschichte selbst in die Hand. Wir können es.

ANMERKUNGEN

ERSTES KAPITEL

1. Neues Forum 1989.
2. Maier 1999, S. 229.
3. Vgl. Bock 2014.
4. Stephan Heym, Rede auf der Großdemonstration am Alexanderplatz vom 4.11.1989, *https://www.youtube.com/watch?v=tsPKRSvSWVg*, abgerufen am 7.9.2023.
5. Aufruf »Für unser Land« vom 26.11.1989, *https://www.chronik-der-mauer.de/material/178900/aufruf-fuer-unser-land-neues-deutschland-26-november-1989*
6. Dazu *https://www.ddr89.de/texte/land.html*, abgerufen am 8.9.2023.
7. Müller 2019, S. 344f., S. 421.
8. Neue Zeit, Jahrgang 45, Ausgabe 291 vom 11.12.1989, zitiert nach *https://www.ddr89.de/texte/land.html*, abgerufen am 8.9.2023.
9. Zum Ganzen Maier 1999, S. 274ff.
10. Erklärung des Runden Tisches vom 7.12.1989, in: Arbeitsgruppe »Neue Verfassung der DDR« des Runden Tisches 1990, S. 75.
11. Diese Metapher nutzte Bundeskanzler Helmut Kohl (CDU) in den Monaten bis zur Vereinigung immer wieder, vgl. die Fernsehansprache zum Inkrafttreten der Wirtschafts-, Währungs- und Sozialunion am 1. Juli 1990, Internetpublikation der Konrad-Adenauer-Stiftung, abgerufen am 10.9.2023 unter: *https://web.archive.org/web/20130208033025/http://www.helmut-kohl.de/index.php?msg=555*
12. Fukuyama 1992. Vor der Buchpublikation stand ein Aufsatz mit dieser Kernthese in der US-amerikanischen Fachzeitschrift für internationale Beziehungen The National Interest im Sommer 1989.
13. Diesen Begriff habe ich entliehen von Misik 2022a.
14. Differenziert zum Ganzen Mau 2020.
15. Oschmann 2023, S. 199.
16. Arbeitsgruppe »Neue Verfassung der DDR« des Runden Tisches 1990.
17. Ullmann, zitiert nach Maier 1999, S. 296.
18. Engler 2004, S. 30f.
19. Aus der reichhaltigen Literatur dazu vgl. nur Leonhard 2019, Brüning 1990, Hodos 1990, Hoffmann 1990, Hedeler 2002, Ruge 2003, Keßler 2015 und Hedeler/Keßler 2015.
20. IPSOS Global Advisor, Presseinformation vom 2.5.2018, Jeder Zweite weltweit hält sozialistische Ideale für wertvoll.
21. Ebenda.

ZWEITES KAPITEL

22 Zu deutsch-deutschen Gründungsmythen Münkler 1995, S. 1179ff. Der Liedermacher Gerulf Pannach verspottete die Parole zu Recht: »Überholen, ohne einzuholen – das ist DDR-konkret. Bonzen macht man zu Idolen, wenn sie loben, was besteht«. Zu diesem Zeitpunkt zeichnete sich die ökonomische Unterlegenheit des ostdeutschen Wirtschaftssystems erst am Horizont ab.
23 Hobsbawm 1995, S. 18.
24 Dazu ausführlich Wallerstein 2023c und 2023d, Hobsbawm 2022 und 2004b sowie der Überblick bei Kocka 2013, S. 69–84.
25 Hobsbawm 1995, S. 21.
26 Zum Ganzen ausführlich Hobsbawm 1995, S. 22f. und S. 37–281.
27 Geisel 2015.
28 Dazu ausführlich Wehler 1988.
29 Aly 2006, S. 188ff.; zur Beteiligung der Bevölkerung an der nationalsozialistischen Vernichtungsmaschinerie beispielsweise Browning 1996 und Welzer 2005, S. 18–219.
30 Zu den Trägerschichten der nationalsozialistischen Modernisierungsdynamik vgl. Aly/Heim 1993.
31 Schon im Buchtitel paradigmatisch Neiman 2020, demgegenüber die Bestandsaufnahme bei Aly 2023.
32 Grundlegend dazu Klemperer 1990.
33 Die ostdeutsche Quartalsschrift telegraph hat sich in ihrem Doppelheft 3-4/1998 »Brauner Osten« ausführlich mit dem Phänomen und den Reaktionen in Politik und Medien auseinandergesetzt, als die Bezeichnung als »Baseballschlägerjahre« noch nicht gängig war. Die Texte sind heute immer noch lesenswert.
34 Politiker*innen nahezu aller demokratischen Parteien haben die bis dahin ungewohnt massive Zurschaustellung von nationalen Symbolen hierzulande seit der Fußball-Weltmeisterschaft 2006 als »unverkrampften Patriotismus« gelobt.
35 Maier 1999, S. 443f.
36 Zum Ganzen Maier 1999, S. 443–461.
37 Mau 2020, S. 15f., sowie ausführlich Ther 2014.
38 Marx 1962, S. 49.
39 Marx 1962, S. 765.
40 Dazu und zur Bilanz der Merkel'schen Kanzlerinnenjahre nüchtern: Hebel 2019.
41 Siehe nur den Nachruf von Wolfram Neidhard auf n-tv am 24.2.2020, Zum Tode von Norbert Blüm. Kohls streitbarer Herz-Jesu-Mann.
42 Hobsbawm 2012, S. 14.
43 Zur Biografie Marx' u. a. Berlin 1959, Wheen 2001, Stedman Jones 2017, Fetscher 2018, S. 127–133, und Heinrich 2018.
44 Zu Engels, der zeitlebens im Schatten seines Freundes Marx stand, und seinem Werk Euchner 1991, S. 157–170.
45 Berlin 1959, S. 7.
46 Misik 2003, S. 18.
47 Marx 1985, S. 10.
48 Marx 1959, S. 535.
49 Fetscher 2018, S. 133.

50 Hans-Werner Sinn, Was Marx uns heute noch zu sagen hat, Deutschlandfunk, 19.03.2017, *https://www.deutschlandfunk.de/re-das-kapital-7-9-was-uns-marx-heute-noch-zu-sagen-hat-100.html*, abgerufen am 12.10.2023.
51 Kardinal Reinhard Marx, Interview in der Welt am Sonntag, 24.12.2017. Sonntag«, 24.12.2017.
52 »Warum Marx immer noch aktuell ist. Marx is back. Nach der Finanzkrise hat Karl Marx wieder Konjunktur. Doch können wir überhaupt etwas vom alten Marx lernen? Hat nicht die Geschichte gezeigt, dass Marx Lehren zum Missbrauch einladen? Marx-Experte Andreas Arndt im Interview über das ewige Missverstehen eines großen Denkers«, in: Cicero, ohne Datum, *https://www.cicero.de/wirtschaft/warum-marx-immer-noch-aktuell-ist/42029*, abgerufen am 12.10.2023.
53 Maike Albath im Gespräch mit Karl-Dietz-Verlegerin Sabine Nuss, »Interpretiert, ideologisiert, dogmatisiert. Das philosophische Werk von Karl Marx.«, Deutschlandfunk, 5.5.2018, *https://www.deutschlandfunkkultur.de/das-philosophische-werk-von-karl-marx-interpretiert-100.html*, abgerufen am 12.10.2023.
54 Marx/Engels 1980, S. 467. Der von mir bezeichnete Teil des Manifests umfasst in den MEW ganze viereinhalb Seiten (S. 463–467).
55 Vgl. dazu Kocka 2013, S. 23–77.
56 Rostow, zitiert nach Hobsbawm 2004a, S. 57.
57 Siehe Conert 1998, S. 23ff., Kocka 2013, S. 31ff.
58 Brand/Wissen 2017, S. 74ff. Grundlegend dazu Braudel 1985, 1986a und 1986b, sowie Wallerstein 2023a und 2023b.
59 Hobsbawm 2004a, S. 57.
60 Conert 1998, S. 23, sowie Herrmann 2023, S. 28.
61 Marx 1964, S. 260.
62 Marx 1962, S. 167.
63 Marx 1980, S. 465, sowie 1983b, S. 321.
64 Marx 1983b, S. 430.
65 Über die liberale Begründung und Legitimation bürgerlicher Herrschaft und kapitalistischer Ökonomie ausführlich Conert 1998, S. 52–80, Hobsbawm 2004a, S. 453–467, Lichtheim 1975, S. 11–39, Wallerstein 2023d sowie Polanyi 1978, S. 182–280.
66 Zum Ganzen anschaulich Polanyi 1978, S. 102–146.
67 Vgl. Arendt
68 Ausführlich dazu Misik, Sei kreativ – aber gehorche dem Kommando. Durch die Marx-Brille: Wir produzieren den Reichtum einer Gesellschaft gemeinschaftlich, aber nur wenige werden reich, *https://steadyhq.com/de/vernunft-und-ekstase/posts/63928580-94aa-4cc2-9759-27d2519c4707*, abgerufen am 16.10.2023.
69 Weshalb diese Versuche, den »ganzen Menschen« in die Arbeit zu integrieren, sinnlos sind: Vgl. Matthiesen/Muster/Laudenbach 2022.
70 Marx 1983b, S. 27.
71 Dazu Saito 2023, S. 226ff.
72 Eine kurze und gut verständliche Zusammenfassung der Marx'schen Kritik der politischen Ökonomie inklusive des Phänomens des »tendenziellen Fallens der Profitrate« liefert Fetscher, S. 87–108. Vgl. aber auch Conert 1998, S. 81–168, sowie Rohbeck 2014, S. 20–45.
73 Marx 1962, S. 529.

74 Saito 2023, S. 138.
75 Eine gut verständliche kurze »Geschichte des Geldes« findet sich bei Herrmann 2013, S. 109–149.
76 Polanyi 1978, S. 107f.
77 Zum zinstragenden Kapital Marx 1964, S. 350–626.
78 Zur Auseinandersetzung mit Graeber 2011 und der »Zinskritik« in der Kapitalismuskritik Herrmann 2013, S. 130–133.
79 Eine exzellente Genese der US-Hypothekenkrise 2008, die zum Crash der Investmentbank Lehman Brothers führte und schließlich in eine umfassende Krise der globalen Finanz- und Wirtschaftssphäre mündete, bietet Frederic Lourdon, Die Mechanik der Finanzkrise, Le Monde diplomatique, 7.5.2020, *https://monde-diplomatique.de/artikel/!5662623*, abgerufen am 17.10.2023.
80 Vgl. die Darstellung bei Herrmann 2013, S. 140–149; unterhaltsam wie aufschlussreich auch Galbraith 2010.
81 Dazu Saito 2023, S. 63ff., und Herrmann 2023, S. 165ff.
82 Als Beispiel nur Ursula Rissmann-Telle, Wie Chinas expandierende Fischereiflotte die Ozeane der Welt plündert, 11.2.2021, *https://netzfrauen.org/2021/02/11/fishing/*, abgerufen am 17.10.2023.
83 Dazu in seinen Ökonomisch-philosophischen Manuskripten von 1844 eingängig Marx 1968, S. 562ff., sowie im Kommunistischen Manifest von 1848 Marx/Engels 1980, S. 464ff.
84 Unbedingt lesenswert hierzu die Bestandsaufnahme von Harvey 2015.
85 Marx/Engels 1989, S. 468.
86 Hobsbawm 2012, S. 22.
87 So Schumpeter 2005, S. 134ff., dessen konservativ-pessimistische Auseinandersetzung mit Marx jede Lektüre lohnt.
88 Polanyi 1978, S. 59.
89 Vgl. CDU 1947, S. 1: »Das kapitalistische Wirtschaftssystem ist den staatlichen und sozialen Lebensinteressen des deutschen Volkes nicht gerecht geworden.«

DRITTES KAPITEL

90 Honneth 2015, S. 33. Jaeggi 2014, insbesondere S. 277–309, zur Unterscheidung von immanenter und interner Kritik: »Immanente Kritik richtet sich daher im Gegensatz zur internen Kritik nicht auf einen Widerspruch zwischen Norm und Wirklichkeit (also die Nichteinlösung von Normen in der Wirklichkeit); sie richtet sich vielmehr auf die *innere Widersprüchlichkeit* der Realität und der diese konstituierenden Normen selbst. […] Immanente Kritik behauptet weiterhin, dass die von ihr aufgewiesenen Widersprüche für die Existenz der entsprechenden Praktiken konstitutiv sind. Es ist […] die Wirklichkeit des kapitalistischen Warentauschs selbst, die auf die Normen von Freiheit und Gleichheit einerseits angewiesen ist, sie andererseits aber auch untergraben muss.« (S. 291). »Immanente Kritik ist nicht *rekonstruktiv*, wie die interne Kritik, sondern *transformativ*.« (S. 294).
91 Zu all dem ausführlicher Lichtheim 1975, S. 11–40, und Hobsbawm 2004a, S. 453–467.

92 Smith 2001.
93 So auch Lichtheim 1975, S. 16f.
94 Eagleton 2012, S. 87.
95 Bock 2013, S. 10.
96 Die komplexe Dynamik der Ereignisse 1789–1786 wird detailliert dargestellt von Bock 2013, S. 9–58, und Hobsbawm 2004a, S. 107–154.
97 Hobsbawm 2004a, S. 44.
98 Zur Verfassung als »Gegenstand allen Sehnens« und »auf Dauer gestellte Möglichkeit menschlicher Vervollkommnung« Preuß, S. 13–28.
99 Honneth 2015, S. 31.
100 Lichtheim 1975, S. 12. Zu den Ursprüngen des Sozialismus ausführlich Lichtheim 1969, Honneth 2015, S. 25ff., Hobsbawm 2011, S. 27–62, speziell zu Frankreich Bock, S. 85–96, sowie Höppner/Seidel-Höppner 1975.
101 Im Einzelnen dazu Bock 2013, S. 78–85.
102 Polanyi 1978, S. 67.
103 Bock 2013, S. 99.
104 Vgl. Lichtheim 1975, S. 69f., und Hobsbawm 2004a, S. 476.
105 Siehe Marx/Engels 1980, S. 473f.: »Der Fortschritt der Industrie, dessen willenloser und widerstandsloser Träger die Bourgeoisie ist, setzt an die Stelle der Isolierung der Arbeiter durch die Konkurrenz ihre revolutionäre Vereinigung durch die Assoziation. Mit der Entwicklung der großen Industrie wird also unter den Füßen der Bourgeoisie die Grundlage selbst hinweggezogen, worauf sie produziert und die Produkte sich aneignet. Sie produziert vor allem ihren eigenen Totengräber. Ihr Untergang und der Sieg des Proletariats sind gleich unvermeidlich.«
106 Ausführlich zum liberalen, demokratischen und marxistischen Freiheitsbegriff Fetscher 2018, S. 139–153.
107 Marx 1968, S. 451.
108 Marx 1980, S. 482.
109 Marx 1983a, S. 385.
110 Eine umfassende Auseinandersetzung hiermit liefert Honneth 2015, siehe auch Preuß, S. 69ff.
111 Hobsbawm 2004a, S. 454.
112 Marx 1985, S. 8f.
113 So auch Honneth 2015, S. 78f.
114 Mit Engels 1978, S. 464, »macht sich die Geschichte so, dass das Endresultat stets aus den Konflikten vieler Einzelwillen hervorgeht, wovon jeder wieder durch eine Menge besonderer Lebensbedingungen zu dem gemacht wird, was er ist; es sind also unzählige einander durchkreuzende Kräfte, eine unendliche Gruppe von Kräfteparallelogrammen, daraus eine Resultante – das geschichtliche Ergebnis – hervorgeht, die selbst wieder das Produkt einer, als Ganzes, bewusstlos und willenlos wirkenden Macht angesehen wird. Denn was jeder einzelne will, wird von jedem andern verhindert, und was herauskommt, ist etwas, das keiner gewollt hat.«
115 Exemplarisch Marx 1983, S. 388ff., sowie Marx 1985, S. 8f.
116 Honneth 2015, S. 57ff. Zum Verhältnis von Sozialismus und Demokratie auch von Oertzen 1991, S. 153f.
117 Marx beabsichtigte ursprünglich, Fragen der Politik und des Staates im Anschluss an seine ökonomischen Analysen auszuarbeiten, wozu es aber nicht mehr

gekommen ist; vgl. Rohbeck 2014, S. 77. Unter Bezugnahme auf Poulantzas 2001 zur Transformation der bürgerlichen Staatlichkeit vgl. die Texte in Hirsch/Jessop/Poulantzas 2001.
118 Dazu Preuß 1994, S. 78.
119 Marx 1983c.
120 Marx 1975b, S. 11.
121 Eagleton 2012, S. 126.
122 Engels 1978, S. 463 und 465: »Nach materialistischer Geschichtsauffassung ist das in letzter Instanz bestimmende Moment in der Geschichte die Produktion und Reproduktion des wirklichen Lebens. Mehr hat weder Marx noch ich je behauptet. Wenn nun jemand das dahin verdreht, das ökonomische Moment sei das einzig bestimmende, so verwandelt er jenen Satz in eine nichtssagende, abstrakte, absurde Phrase. [...] Dass von den Jüngeren zuweilen mehr Gewicht auf die ökonomische Seite gelegt wird, als ihr zukommt, haben Marx und ich teilweise selbst verschulden müssen. Wir hatten, den Gegnern gegenüber, das von diesem geleugnete Hauptprinzip zu betonen, und da war nicht immer Zeit, Ort und Gelegenheit, die übrigen an der Wechselwirkung beteiligten Momente zu ihrem Recht kommen zu lassen.«
123 Engels 1979, S. 288. Zum Begriffsgehalt der »Diktatur des Proletariats«, der in diesem Zusammenhang immer wieder aufgerufen wird, Hobsbawm 2011, S. 63ff., sowie Rohbeck 2014, S. 77ff.
124 Bock 2013, S. 120.
125 Engels 1980, S. 374f.
126 Dazu Hobsbawm 2004a, S. 579–601, und Hobsbawm 2022, S. 21–41, sowie zu den Folgen Wallerstein 2023d, S. 186–256.
127 Dazu Marx 1983a, S. 378ff.
128 Marx 1976b, S. 31–34. Fünfundzwanzig Jahre später begründet Marx die historische Mission des Proletariats im »Kapital« empirisch-historisch aufgrund seiner Stellung im Produktionsprozess. Er hält auch nach der Niederlage der Pariser Kommune 1871 (dazu detailliert Bock 2013, S. 131–200) daran fest, siehe Marx 1976a, S. 343ff.
129 Hobsbawm 2022, S. 194.
130 Ausführlich zur gesamten Blütezeit des Kapitals Hobsbawm 2022.
131 Zum imperialen Zeitalter siehe die Darstellung von Hobsbawm 2004b.
132 Maßgebend dabei waren die Studien von Luxemburg 1990, Lenin 1962 und Hilferding 1955. Zum Überblick und der Einordnung aus heutiger Sicht vgl. Schmidt 2018.
133 Kocka 2013, S. 89.
134 Dazu Hobsbawm 2022, S. 272, sowie Piketty 2023, S. 22 und 32.
135 So Thompson 1987, S. 7, im Vorwort zu seiner grundlegenden Studie, deren Originaltitel »The Making of the English Working Class« diesem Prozess besser gerecht wird. Ausführlich im globalen Kontext Hobsbawm 2004b, S. 147–180.
136 Zur Entwicklung in Deutschland siehe Engelmann 1984, S. 26–275, zu Österreich Misik 2016, über Marx als Politiker der Arbeiterbewegung Fetscher 2018, S. 112–117. Den Einfluss des Marxismus auf die Gesellschaft insgesamt in den Jahren von 1880 bis 1914 würdigt eingehend Hobsbawm 2012, S. 174–226.
137 Hobsbawm 2022, S. 383.

138 Es war eine widersprüchliche Beziehung zwischen Arbeiterbewegung und Feminismus mit Unterschieden zwischen den Ländern. »Die Frau und der Sozialismus« (Bebel 1946) galt für diese Zeit als fortschrittliches Werk. Die feministischen Sozialist*innen kritisierten die Haltung weiter Teile der SPD zum Feminismus dennoch als eine, die bestenfalls an den hohen Feiertagen des Proletariats zu ihrem Recht kam.
139 Dazu Wallerstein 2023d, S. 217–256.
140 Hobsbawm 2004b, S. 133–145.
141 Eagleton 2012, S. 221.
142 Wallerstein 2023d, S. 209ff., sowie Engelmann 1994, S. 204ff.
143 So auch von Oertzen 1991, S. 146, Rohbeck 2014, S. 77–81, und Saito 2023, S. 132.
144 Hobsbawm 2012, S. 82f., Hobsbawm 2022, S. 194, und Eagleton 2012, S. 222.
145 Engels 1977, S. 525, und dazu Hobsbawm 2012, S. 84f.
146 Marx 1983d, S. 511, sowie Engels 1977, S. 513.
147 Hobsbawm 2004a, S. 454.
148 Preuß 1994, S. 46.
149 Bisky 2019, S. 269.
150 Hobsbawm 2022, S. 381 ff., insbesondere S. 383, sowie Hobsbawm 2004b, S. 113–145. Zum Antisemitismus Brumlik 2020, S. 39ff.; exzellent Keßler 2022 zum Kampf gegen Antisemitismus in der sozialistischen Geschichte.
151 Hobsbawm 2004b, S. 138–141, insbesondere S. 141.
152 Hobsbawm 2004b, S. 15.
153 Zum Ganzen Wallerstein 2023d, S. 201ff., sowie Hobsbawm 2004b, S. 161–167, und Hobsbawm 2012, S. 82ff.
154 Dazu Engelmann 1984, S. 276ff.
155 Zum deutlich weitergehenden Ansatz von Eduard Bernstein, der die sozialistische Demokratie als eine umfassende, die ökonomische Sphäre einschließende »Organisation der Freiheit« verstand, siehe Honneth 2015, S. 63f.
156 Hobsbawm 2004b, S. 167.
157 Zur Gesellschafts- und Revolutionsgeschichte in Russland zu Beginn des 20. Jahrhunderts Bock 2013, S. 201–286, sowie Hobsbawm 2004b, S. 367–377.
158 Dazu Lichtheim 1975, S. 123–158.
159 Vgl. hierzu Hedeler/Schützler/Striegnitz 1997. Marx hielt in seinem späteren Werk die Revolution auch in unterentwickelten Ländern für möglich, allerdings musste diese kurz über lang auf die entwickelten Staaten übergreifen, um insgesamt erfolgreich sein zu können. Eine Revolution ausschließlich in einem Land hätte seinen universellen Ansprüchen nicht genügen können, und für die Überwindung des Kapitalismus galt für ihn: »Eine Gesellschaftsformation geht nie unter, bevor alle Produktivkräfte entwickelt sind, für die sie weit genug ist, und neue höhere Produktionsverhältnisse treten nie an die Stelle, bevor die materiellen Existenzbedingungen derselben im Schoß der alten Gesellschaft selbst ausgebrütet sind.« (Marx 1985, S. 9) In einem rückständigen Agrarland waren diese Voraussetzungen nicht gegeben. Zu den damit verbundenen ideologischen Folgen Bloch 1968, S. 163–179.
160 Zu Persönlichkeit, Gedankenwelt und Werk Wladimir Iljitsch Lenins Hildermeier 1991. Ausführlicher die exzellente Biografie von Ruge 2010.

161 Luxemburg 2000, S. 359, Fußnote 3. Dieser Satz ist eine Randbemerkung Rosa Luxemburgs an ihrem Text zur russischen Revolution. Auch wenn Luxemburg in ihrer Weiterentwicklung des Marx'schen Erbes – mit seiner Denkverhaftung im 19. Jahrhundert und der Vorstellung des revolutionären Bruchs – das Verhältnis zum Proletariat tendenziell als eines der Anleitung und Schulung versteht, atmet der Text im Kern ein emanzipatorisches Verständnis von Freiheit (S. 363, Schrägstellung im Originaltext): »Wir sind nie Götzendiener der formalen Demokratie gewesen, das heißt nur: Wir unterschieden stehts den sozialen Kern von der politischen Form der *bürgerlichen* Demokratie, wir enthüllten stets den herben Kern der sozialen Ungleichheit und Unfreiheit unter der süßen Schale der formalen Gleichheit – nicht um diese zu verwerfen, sondern um die Arbeiterklasse dazu anzustacheln, sich nicht mit der Schale zu begnügen, vielmehr die politische Macht zu erobern und mit neuem sozialen Inhalt zu füllen. Es ist die historische Aufgabe des Proletariats, anstelle der bürgerlichen Demokratie sozialistische Demokratie zu schaffen, nicht jegliche Demokratie abzuschaffen. Sozialistische Demokratie beginnt aber nicht erst im gelobten Lande, wenn der Unterbau der sozialistischen Wirtschaft geschaffen ist, als fertiges Weihnachtsgeschenk für das brave Volk, das inzwischen treu die Handvoll Diktatoren unterstützt hat.« Hierzu auch Lichtheim 1975, S. 226ff.
162 Dazu Engelmann 1984, S. 300–344.
163 Eine die über der Novemberrevolution 1918/19 liegenden Mythen dekonstruierende und sehr genaue Darstellung der Ereignisse liefert Haffner 2018.
164 So beispielsweise bei den Ereignissen des Herbsts 1923, als die deutschen Kommunisten im Auftrag der Moskauer Zentrale einen »deutschen Oktober« inszenierten und kläglich scheiterten, vgl. Friedmann 2023.
165 So Eagleton 2012, S. 63.
166 Leonhard/Leonhard 2009, S. 66f.
167 Hobsbawm 1995, S. 95.
168 Zur Biografie und Herrschaft Stalins eindrücklich Deutscher 1992 und Sebag Montefiore 2007; den Terror des Stalinismus in der UdSSR und dem sowjetischen Machtbereich behandeln umfassend Weber/Mählert 1998.
169 Zum historischen Hintergrund der Ereignisse eindrücklich Besymenski 2006 und Weber 2019.
170 Hobsbawm 1995, S. 147ff.
171 Zur Weltwirtschaftskrise 1929 und den politischen Reaktionen darauf Hobsbawm 1995, S. 115–142, sowie Herrmann 2013, S. 162–183.
172 Preuß 1994, S. 68.
173 Im groben Überblick bei Leonhard/Leonhard 2009, S. 85–110.
174 Zur globalen sozialen Entwicklung von 1945–1990 Hobsbawm 1995, S. 363–401. Zu den politischen und kulturellen Einflüssen des Marxismus nach 1945 vgl. Hobsbawm 2012, S. 284–374, und insbesondere in den Staaten der Peripherie Lichtheim 1975, S. 244–252.
175 Hobsbawm 1995, S. 324–362.
176 Hobsbawm 2004b, S. 417f.
177 Zu Planung in der britischen Kriegswirtschaft beispielsweise Herrmann 2023, S. 229–242.
178 Dazu Hobsbawm 1995, S. 346ff.
179 FDP 1971, S. 13.

180 Von Oertzen 1991, S. 154f., unter Bezugnahme auf Marx 1985, S. 9: »Auf einer gewissen Stufe ihrer Entwicklung geraten die materiellen Produktivkräfte der Gesellschaft in Widerspruch mit den vorhandenen Produktionsverhältnissen […], innerhalb deren sie sich bisher bewegt hatten. Aus Entwicklungsformen der Produktivkräfte schlagen diese Verhältnisse in Fesseln derselben um. Es tritt dann eine Epoche sozialer Revolution ein. Mit der Veränderung der ökonomischen Grundlage wälzt sich der ganze ungeheure Überbau langsamer oder rascher um.«
181 Hobsbawm, 2004b, S. 425f.
182 Bloch 1968, S. 21.

VIERTES KAPITEL

183 Angaben zur Lebenserwartung insgesamt bei Roser/Ortiz-Ospina/Ritchie 2019.
184 Herrmann 2023, S. 26.
185 Angaben zur Entwicklung des Bildungsniveaus bei Piketty 2023, S. 30.
186 Herrmann 2023, S. 26.
187 Kellermann/Markert 2023, S. 36.
188 Piketty 2023, S. 13f. und 22.
189 Zu Irland Wieters 2023, S. 13f., und zu Finnland Herrmann 2023, S. 19.
190 Qaim 2023, S. 20.
191 Piketty 2023, S. 33. Diese Angabe ist kaufkraftbereinigt.
192 Zu den Zahlen der Produktivitätsentwicklung vgl. Kellermann/Markert 2023, S. 35.
193 Steinhaus/Cornelsen 2023, S. 127.
194 Qaim 2023, S. 24 und 26.
195 Herrmann 2023, S. 60f.
196 Hobsbawm 1995, S. 129ff.
197 Zur Phase des »organisierten Kapitalismus« Kocka 2017, S. 115–117.
198 Zu den Ursachen und Folgen der Weltwirtschaftskrise 1929 anschaulich Herrmann 2013, S. 162–183.
199 Hobsbawm 1995, S. 332ff., Herrmann 2023, S. 60f.
200 Herrmann 2012, S. 176.
201 Piketty 2023, S. 162ff.
202 Piketty 2023, S. 43f.
203 Zum Ganzen Brand/Wissen 2017, S. 85–94.
204 Für die heutige Umschlagdynamik in der Warenproduktion anhand des Smartphones siehe Kaufmann 2023.
205 Brand/Wissen 2017, S. 90.
206 Die Ausnutzung von Ressourcen und Arbeitskraft von außerhalb der Zentren waren von Anfang an Teil und Bedingung der kapitalistischen Expansion, vgl. nur Piketty 2023, S. 61–109, Brand/Wissen 2023, S. 69–105.
207 Brand/Wissen 2017, S. 90.
208 Graeber 2020, S. 13.
209 Brand/Wissen 2017, S. 91.
210 Milanović 2020, S. 8.
211 So Brand/Wissen 2017.

212 Kellermann/Markert 2023, S. 35.
213 Zum Ganzen Herrmann 2013, S. 184ff.
214 Hobsbawm 1995, S. 341.
215 Ausführlich zu den Phasen der ökonomischen Integration in den globalen Weltmarkt Altvater/Mahnkopf 2004, S. 364–477.
216 Eine umfassende Kritik der Strukturanpassungspolitik dieser Institutionen liefern Stiglitz 2004 (Zitat S. 12) und Krugman 2009, S. 133ff.
217 Hobsbawm 1995, S. 438.
218 Zitiert nach Davis 2007, S. 161.
219 Davis 2007, S. 161.
220 Hobsbawm 2012, S. 395.
221 Polanyi 1978, S. 57–293, hat sehr eindrucksvoll beschrieben, wie das liberale Credo bereits im Europa des 19. Jahrhunderts zur herrschenden politischen Ideologie werden konnte und wie es schließlich scheiterte.
222 Marx/Engels 1980, S. 479.
223 Altvater/Mahnkopf 2004, S. 90–111.
224 Mit diesem Slogan gewann Bill Clinton 1992 die US-Präsidentschaftswahl. Es lässt sich kaum prägnanter auf den Punkt bringen, welche Rolle im Zeitalter der zweiten Globalisierung die ökonomischen Rahmendaten für nationalstaatliche Politik und Wahlerfolge spielen.
225 Im Einzelnen dazu Lederer 2011.
226 Zu den damaligen Vorhaben der Kommission Fritz 2005.
227 Milanović 2020, S. 19.
228 Milanović 2020, S. 8.
229 Siehe Zinke 2020.
230 Zum Ganzen Milanović 2020, S. 32–126. Es ist zwischen Einkommens- und Vermögenszuwächsen zu unterscheiden. Vom absoluten globalen Einkommenszuwachs von 1988 bis 2008 flossen 44 Prozent den reichsten fünf Prozent der Weltbevölkerung zu, davon 20 Prozent dem reichsten einen Prozent. In der Finanzkrise zwischen 2008 und 2011 hatte das reichste eine Prozent der Weltbevölkerung relative Einbußen zu verzeichnen, ihre Einkommen blieben relativ stabil bei im Übrigen sinkenden Einkommen. Die Vermögensungleichheit ist nahezu überall stärker ausgeprägt als die Einkommensungleichheit. Selbst in hochentwickelten Ländern, wie den USA oder Deutschland, hat zwischen einem Viertel und einem Drittel der Bevölkerung keinerlei oder sogar negatives Nettovermögen. Zwischen 2000 und 2013 blieb der Anteil des reichsten einen Prozents der Bevölkerung am Einkommen ungefähr stabil, während ein Anteil am globalen Vermögen von 32 auf 46 Prozent stieg. Letzteres ist ein Ergebnis der Entwicklung an den Aktienmärkten.
231 Milanović 2020, S. 141.
232 Eine umfassende Bestandsaufnahme des Zusammenhangs von wachsender Weltbevölkerung, Urbanisierung und Armut in der globalisierten Welt hat mit »Planet der Slums« Mike Davis vorgelegt (Davis 2007).
233 Im ganzen Absatz greife ich auf Gégory Salles unterhaltsame Untersuchung der Welt der Megayachten zurück (Salle 2023).
234 Salle 2023, S. 61.
235 Salle 2023, S. 54.
236 Milanović 2020, S. 50.

237 Milanović 2020, S. 52f.
238 Milanović 2020, S. 50.
239 Herrmann 2012, S. 197.
240 So Kocka 2013, S. 118.
241 Stiglitz 2010, S. 309.
242 Dazu Herrmann 2012, S. 208ff.
243 Qaim 2023, S. 21.
244 Schlott 2023.
245 Dazu Saito 2023, S. 48–50.
246 Potsdamer Institut für Klimafolgenforschung 2023.
247 Charbonnier 2022, S. 9.
248 Global Monitoring Laboratory 2023.
249 Inside Climate News 2023.
250 Wurche 2023.
251 Dazu Nisbet 2023.
252 Vgl. dazu IPCC 2021, 2022a und 2022b.
253 Zu den Folgen des Zusammenbruchs der atlantischen meridionalen Umwälzzirkulation Rahmstorf 2023a und 2023b.
254 Rahmstorf 2023a.
255 Enzensberger 1973, S. 36. Dank an Tom Strohschneider, der mich auf diesen Text aufmerksam gemacht hat.
256 Latif 2023, S. 7.
257 Schmitt 2023.
258 Oelrich 2023.
259 Brand/Wissen 2017, S. 31.
260 Herrmann 2023 und Saito 2023.
261 Dieses »Jevons-Paradoxon« wird in der Wirtschaftswissenschaft auch »Rebound-Effekt« genannt. Der britische Ökonom William S. Jevons hat dieses Phänomen erstmals anhand des Kohleverbrauchs in der ersten industriellen Revolution 1865 beschrieben. Es besagt, dass Effektivitätsgewinne einer neuen Technologie (unter kapitalistischen Wachstumsverhältnissen) sofort zu erhöhter Produktivität und deshalb zu einem größeren Umschlag der Ressourcenmengen führen. Die wachsende »Masse« des Ressourcenausstoßes konsumiert und überschreitet gewissermaßen die Einsparungen, die durch ihre intensivere und effektivere Nutzung gewonnen werden.
262 Warum solche Propaganda eher alchimistische als mathematische Züge trägt, erörtert am Beispiel der neuen Epoche des nuklearen Abenteuers: zum Winkel 2023. Auch das Zitat stammt aus diesem Text.
263 Herrmann 2023, S. 151f.
264 Instruktiv dazu Blume 2023.
265 Alle Informationen zum digitalen »Energiehaushalt« und das Zitat habe ich Maak 2023 entnommen.
266 Siehe den Überblick zum »ökologischen Fußabdruck« der digitalen Wertschöpfungskette bei Schmidt 2023.
267 Herrmann 2023, S. 213.
268 Schwägerl 2023.
269 Vinke 2023, S. 44.

270 Vgl. Rehm/Huwe/Bohnenberger 2023, S. 14f.
271 Umweltbundesamt 2023a.
272 Umweltbundesamt 2023b.
273 Expertenrat für Klimafragen 2023, S. 25.
274 Zum Autowahn des FDP-Bundesverkehrsministers vgl. Krüger 2023; anlässlich des Beschlusses des Koalitionsausschusses der Regierungskoalition vom März 2023: »Es klingt wie ein schlechter Scherz: ›Straßenbau und Klimaschutz sollen zusammen gedacht werden. Es soll kein Kilometer Autobahn mehr geplant werden, ohne die Möglichkeiten der Erzeugung erneuerbarer Energien auszuschöpfen‹ (S. 35).
275 ARD-Tagesschau vom 15.9.2023, *https://www.tagesschau.de/wirtschaft/verbraucher/pkw-bestand-deutschland-101.html*, abgerufen am 10.11.2023.
276 Schöneberg 2023.
277 Vgl. Harvey 2023.
278 ARD-Tagesschau vom 25.3.2023, *https://www.tagesschau.de/wirtschaft/finanzen/finanzkonzerne-banken-investitionen-klimaschutz-101.html*, abgerufen am 10.11.2023.
279 Vgl. Carrington 2023, unter Berufung auf einen Bericht des IWF. Dass zum Beispiel in den Chefetagen der weltweiten Energiekonzerne längst von 2045 statt, wie seitens der Internationalen Energieagentur (IEA), von 2030 als dem Höhepunkt der fossilen Ölnutzung ausgegangen wird, zeigt der Bericht über die Megafusion US-amerikanischer Ölgiganten von Zöttl 2023.
280 Joeres/Kolb/von Daniels 2023.
281 Steeger/Joeres 2023.
282 Vgl. Flavelle/Cowan/Penn 2023.
283 Mihatsch 2023.
284 UNEP 2023.
285 Vinke 2023, S. 39.
286 Dazu anschaulich Kuner 2023.
287 Dazu eindrucksvoll Franzen 2023.
288 Vgl. Kwasniewski 2018.
289 Zur Klage und dem aktuellen Sachstand *https://rwe.climatecase.org/de*, abgerufen am 10.11.2023.
290 Rehm/Huwe/Bohnenberger 2023.
291 Vinke 2023, S. 39.
292 Bühn/Voss 2023.
293 So ein Bericht des RBB vom 14.8.2023, *https://www.rbb24.de/panorama/beitrag/2023/07/brandenburg-wasserentnahme-verbot-regeln-trockenheit-grundwasser.html*, abgerufen am 15.11.2023.
294 Schmid 2003.
295 Torsch 2023.
296 Mau/Lux/Westhäuser 2023, S. 442.
297 Mau 2021, S. 53.
298 Milanović 2020, S. 153.
299 Steinke 2023.
300 FDP 1971, S. 72.
301 Kahrs 2022, S. 598.
302 Kocka 2013, S. 109.

303 Zum Ganzen Graeber 2020. Seine Arbeitsdefinition: »Ein Bullshit-Job ist eine Form der bezahlten Anstellung, die so vollkommen sinnlos, unnötig oder gefährlich ist, dass selbst derjenige, der sie ausführt, ihre Existenz nicht rechtfertigen kann, obwohl er sich im Rahmen der Beschäftigungsbedingungen verpflichtet fühlt, so zu tun, als sei dies nicht der Fall« (S. 40).
304 Vgl. dazu nur Techniker Krankenkasse 2023 sowie Kratzer 2020 (S. 1): »Stress, Hetze und Leistungsdruck gehören für viele Beschäftigte zum Arbeitsalltag – das machen Befragungen immer wieder deutlich. Eine wesentliche Ursache ist die zunehmende Verdichtung der Arbeit: In der gegebenen Zeit muss mehr geleistet werden. Hohe Arbeitsintensität gilt deshalb als zentraler Belastungsfaktor und Arbeitsintensivierung als wesentlicher Trend.«
305 Grundlegend dazu Bücker 2020.
306 Laut einem Bericht der Welt vom 18.6.2022, *https://www.welt.de/wirtschaft/article239437617/Wegen-Fachkraeftemangel-BDI-Chef-erwaegt-42-Stunden-Woche.html*, abgerufen am 10.11.2023.
307 Negt 2019.
308 Das übersieht Fleury 2023 in ihrem Ansatz, das Ressentiment zu pathologisieren. Das Ressentiment ist keine Krankheit, die »geheilt« werden muss, sondern eine Bewusstseinsform der Verarbeitung der gesellschaftlichen Herrschaftsverhältnisse, die sich mit deren Durchdringung nicht aufhält.
309 Dazu nur die Überschriften jüngster Meldungen: »Vergleich mit Normalbürgern: Multimillionäre können Steuerlast weit unter den Durchschnitt drücken«, in: Der Spiegel vom 13.1.2023, sowie »Studie der OECD: Gewinne steigen in Deutschland besonders stark«, in: Der Spiegel vom 11.7.2023.
310 Steinhaus/Cornelsen haben 2023 die Kampagne der CDU in ihrem Buch, das sich umfassend mit den Wirkungen von Hartz IV auseinandersetzt, seziert und analysiert (S. 33–54). Sie ist paradigmatisch für die Art und Weise, mit der die herrschende Politik systematisch Armut und Prekarität stigmatisiert.
311 Für die Jüngeren: Der PR-Claim »Raider heißt jetzt Twix, sonst ändert sich nix« begleitete den Wechsel des Markennamens eines beliebten Schokoriegels.
312 Dazu Steinke 2022.
313 Steinhaus/Cornelsen 2023, S. 30.
314 Diese Entwicklung wird gut beschrieben und analysiert von Seliger 2015 und Seliger 2019.
315 Siehe Hoppenstedt 2023.
316 Susskind 2023, S. 18.
317 Siehe dazu Cagé 2016, S. 7–16.
318 Seeßlen 2023.
319 Lazarević 2023.
320 Dazu ausführlich Heins/Wolff 2023.
321 Hickel 2022, S. 279.

FÜNFTES KAPITEL

322 Hebel 2021.
323 In diesem Sinn auch Gebauer 2019.

324 Hebel 2021.
325 Marx 1985, S. 9.
326 Eagleton 2012, S. 97.
327 Luhmann 1984, S. 13.
328 Eagleton 2012, S. 124.
329 Zitiert nach Bock 2013, S. 13.
330 Marx 1983a, S. 385. Dazu bereits ausführlich Kapitel 3.
331 Vgl. Bobbio 2021. So schon Kahrs/Lederer 2022, S. 107f.
332 So auch Eagleton 2012, S. 127.
333 Eagleton 2012, S. 96.
334 Dazu ausführlicher Lederer 2009, S. 104ff.
335 Eagleton 2012, S. 109.
336 Wagenknecht 2022, S. 164ff.
337 Siehe Steinke 2023.
338 Piketty 2023, S. 245ff.
339 Piketty 2020, S. 1185ff.
340 Dörre 2021, S. 27ff.
341 Saito 2023, S. 207ff.
342 Dazu schon Lederer 2011b.
343 Wright 2023, S. 65.
344 Der Heilige Stuhl 2023.
345 Vgl. Kahrs/Strohschneider 2023a und 2023b.
346 Warum das nicht funktionieren kann, beschreiben Herrmann 2023 und Saito 2023.
347 Kindsmüller 2023, S. 60.
348 Vogel/Hickel 2023.
349 Für die PDS und DIE LINKE vgl. schon die Texte bei Witt 1998 sowie Witt 2011, für die SPD erst jüngst Kindsmüller 2023.
350 Dörre/Holzschuh/Köster/Sittel 2022.
351 In diesem Sinne auch Gottwald 2023.
352 Siehe nur Sander 2023.
353 Die Kritik bezog sich nicht nur auf die sozialen Auswirkungen. Auch an der »kapitalismusimmanenten« Logik der Preiswirkungen wird immer wieder grundsätzliche Kritik geübt. Aber Ordnungsrecht und ökonomische Instrumente müssen kein Widerspruch sein. Auch DIE LINKE hatte in ihrem Bundestagswahlprogramm eine Reform des Emissionshandelsregimes vorgesehen. Vgl. dazu m.w.N. Witt 2021a.
354 Vgl. Dörre 2022 und Land 2022.
355 Monetär übersetzt betragen die Klimaschulden der Industrieländer für den Zeitraum von 1959 bis 2018 nach Angaben des IWF etwa 60 Billionen Dollar, für den Zeitraum von 2019 bis 2035 kämen weitere 80 Billionen Dollar dazu, zusammengenommen sind das 140.000 Milliarden. Andere Berechnungen kommen zu höheren Summen. Zum Ganzen mit weiteren Angaben Kaufmann 2023b.
356 Dörre 2022, S. 6.
357 Die von materiellem Verzicht gekennzeichnete britische Rationierungswirtschaft im Zweiten Weltkrieg, darauf weisen Herrmann 2023 und Hentschel 2023 hin,

war deshalb breit akzeptiert, weil in ihr allen Menschen gleiche Rechte der Partizipation eingeräumt waren.
358 Dörre 2022, S. 7, sowie Neckel 2023.
359 Herrmann 2023, S. 255 und 259.
360 Dörre 2022, S. 7.
361 Zur Armutsentwicklung in Deutschland und den nötigen politischen Gegenmaßnahmen siehe Schneider 2023.
362 Dazu Herrmann 2023, S. 153ff.
363 Viele Verbrauchssteuern, etwa die Mehrwertsteuer in der Gastronomie, haben »sozial blinde« Auswirkungen. Sie treffen Menschen mit geringen Einkommen ungleich härter als reichere Haushalte.
364 Piketty 2022, S. 627ff.
365 Mazzucato 2023, S. 30.
366 Leider ist das Dokument auf der Seite der Linksfraktion im Bundestag nicht mehr abrufbar.
367 Wie das gesellschaftliche Konkurrenzprinzip Alle gegen Alle von der »rohen« bürgerlichen Mitte reproduziert wird und dadurch die Rechte gewinnt, ist ausführlich analysiert von Misik 2019a und Misik 2019b sowie Steinhaus/Cornelsen 2023.
368 Hirschel 2020.
369 Ihre Abneigung gegenüber dem Staat hat die Hohepriester des freien Marktes natürlich nie daran gehindert, in den Krisen der vergangenen 15 Jahre nach staatlicher Rettung zu rufen – und sofort stand Geld in unfassbarer Höhe bereit. Auch Subventionen aus Steuermitteln für die »Sicherung des Wirtschaftsstandortes« sind kein Problem für sie. Der Chef des Instituts der Deutschen Wirtschaft forderte erst jüngst eine Reform der Schuldenbremse, um Unternehmenssteuersenkungen zu finanzieren; vgl. Hüther 2023. Immerhin beweist er damit mehr Realismus in Sachen staatliches Handeln als diejenigen in der Politik, die aus dogmatischer Verirrung an der Schuldenbremse festhalten wollen.
370 Hickel 1975, S. 141.
371 So auch Rehm/Huwe/Bohnenberger 2023, S. 10.
372 Siehe Herrmann 2023, S. 151f.
373 Sog. Nassauskiesungsbeschluss, vgl. Bundesverfassungsgericht, Beschluss des Ersten Senats vom 15. Juli 1981 – 1 BvL 77/78.
374 Der frühere SPD-Chef Hans-Jochen Vogel machte kurz vor seinem Tod eine Reihe von konkreten Vorschlägen für eine gemeinwohlorientierte Bewirtschaftung von Grund und Boden, die von seiner Partei nicht aufgegriffen wurden; siehe Vogel 2019. Auch DIE LINKE hat aber damit meines Wissens keine Politik gemacht. Dabei ist das bezahlbare Wohnen unzweifelhaft eine entscheidende soziale Frage. Instruktiv dazu auch Djadda 2019.
375 Bundesverfassungsgericht, Beschluss des Ersten Senats vom 24. Februar 2021 – 1 BvR 2656/18 (Klimaschutz). Zur zunehmenden Bedeutung gerichtlicher Entscheidungen im Bereich des Klimaschutzes vgl. Witt 2021b sowie Rath 2023.
376 So auch Land 2022, S. 34, und wohl nicht nur in Bezug auf Energie auch Herrmann 2023, S. 255.

377 Mazzucato 2023, zum Smartphone insbesondere Kapitel 5, S. 115–145.
378 Nach dem ZDF-Politbarometer vom 24.11.2023 spricht sich die Mehrheit der Befragten gegen eine Reform der Schuldenbremse aus, siehe *https://www.zdf.de/nachrichten/politik/deutschland/politbarometer-ampel-koalition-haushaltskrise-regierung-100.html*. Deutschland gilt damit international zunehmend als völlig jenseits jeder Vernunft. US-Präsident Bidens ehemaliger Chef-Wirtschaftsberater nennt die Schuldenbremse »Deutschlands Zwangsjacke«, die »das Land an einen selbstzerstörerischen Tiefpunkt geführt« habe (*https://www.zeit.de/wirtschaft/2023-12/schuldenbremse-bundeshaushalt-usa-brian-deese*), die Financial Times schreibt, sie habe sich als »very bad idea« erwiesen (*https://www.ft.com/content/1191ca59-778d-4db5-8ca9-e73b01e539e0*). Alle Links abgerufen am 6.12.2023.
379 Ohne zentrale staatliche Steuerung der Industrialisierung und protektionistische Regulierung wären Japan, Taiwan, Südkorea oder China niemals in der Lage gewesen, den technologisch-ökonomischen Anschluss an die westlichen Industrienationen zu schaffen; vgl. Herrmann 2023, S. 62ff.
380 Mazzucato 2023, S. 231ff.
381 Mazzucato 2023, S. 232.
382 So auch Dörre 2022, S. 167ff.
383 Dass das umsetzbar ist, belegt der Bericht der Expertenkommission zum Volksentscheid 2023.
384 Witt 2022 z. B. belegt, dass es in der Klimapolitik differenzierte Strategien braucht. »Vergesellschaftung« ist nicht immer die richtige Antwort, es braucht »eine aufgeklärte Debatte zu Eigentum und Regulierung.«
385 Und auch »Vergesellschaftung« ist es nicht per se, worauf Klopotek 2023 unter Bezugnahme auf den vergessenen Kritischen Theoretiker Felix Weil hingewiesen hat.
386 Vgl. Bücker 2023, S. 307ff.
387 Ramelow/Grosse-Röthig/Schaft 2023 sowie Thüringer Landtag, Drs. 7/8233 vom 22.6.2023, Entwurf eines Thüringer Gesetzes über die Beteiligung von Einwohnerinnen und Einwohnern sowie Gemeinden an Windparks (ThürWindBeteilG).
388 Dörre 2021, S. 145ff.
389 Hirschel 2020, S. 234ff., Zitat S. 235.
390 Vgl. Susskind 2023 und Cagé 2016.
391 Dörre 2022, S. 10.
392 Wie hier auch Kahrs/Strohschneider 2023b; mit großem Dank an die Autoren für gemeinsame Diskussionen.
393 Kahrs/Strohschneider 2023b.
394 Steinke 2023.
395 Hobsbawm 2009, S. 28.
396 Konicz 2023 spricht plastisch von »Krisenimperialismus«.
397 Piketty 2023, S. 262–264, Zitat S. 263.
398 Das ist nur eines von vielen Themen, in denen die Linke in den vergangenen Jahren de facto ausgefallen ist. Zwischen »Grenzen auf für alle« und »Abschottung zur Bewahrung unseres Lebensstandards« war alles dabei. Schon seit 6 Jahren liegen konkrete Überlegungen vor, die politisch nutzbar gewesen wären; vgl. Projektgruppe Einwanderung 2017.

399 Vgl. nur Kaleck 2015 und Kaleck 2021.
400 Marx 1975a.
401 Hengst/Volkery 2006.
402 Nach Protesten ruderte Ramsauer zurück, was ein typischer Modus der schleichenden Grenzverschiebung des Sagbaren ist. Bezeichnend ist, dass auch die Berichterstattung den Terminus »Wirtschaftsflüchtlinge« ganz selbstverständlich reproduziert hat, vgl. *https://www.spiegel.de/politik/deutschland/peter-ramsauer-vergleicht-im-interview-gefluechtete-mit-ungeziefer-a-ee14b044-822f-4cb1-ae8f-a214550a6b05*, abgerufen am 30.11.2023.
403 Zur ungebrochenen Aktualität des Antisemitismus Adorno 2019, Holz 2005 und Lipstadt 2018; Holz und Lipstadt insbesondere zu seinen modernen Erscheinungsformen.
404 Exemplarisch dazu die Schilderungen bei Savoy 2021 und Aly 2021.
405 Zum Ganzen Lederer 2019.
406 Vgl. dazu Piketty 2023, S. 82–109 und 220–235.
407 Dazu eingehender Misik 2023.
408 Zu dieser Entwicklung und ihrer ideologischen Grundierung ausführlich Snyder 2018 und Misik 2022.
409 Dazu Haug/Monal 2001.
410 Wagenknecht 2022, S. 133.
411 Vgl. dazu Serif 2022. Zur aufgeheizten, außer Rand und Band geratenen Debatte um »kulturelle Aneignung« hat Balzer 2022 eine unaufgeregte Bestandsaufnahme vorgelegt, die zu lesen sich lohnt.
412 So auch Kleine 2023.
413 Dazu schon Lederer 2015.
414 Dazu nur Schäfer 2023 und Sarotte 2023.
415 Hartwich 2023.
416 Wagenknecht 2021.
417 Vgl. Schmitz 2023.
418 Schulen, Unis, Rundfunk. CDU und SPD wollen in Hessen Genderzeichen in öffentlichen Einrichtungen verbieten, Der Spiegel vom 14.11.2023, *https://www.spiegel.de/panorama/gesellschaft/hessen-cdu-und-spd-planen-verbot-von-genderzeichen-an-schulen-universitaeten-und-im-oeffentlich-rechtlichen-rundfunk-a-c6cf21bb-74d2-4cbc-a33c-e81ca7288452*, abgerufen am 6.12.2023.
419 Vgl. Doll/Bolzen 2023.
420 Spahn hinterfragt Flüchtlingskonvention, in: ZDF am 12.5.203, *https://www.zdf.de/nachrichten/video/politik-lanz-spahn-migration-eu-100.html*, abgerufen am 6.12.2023.
421 Siehe Schlindwein 2023.
422 Weiermann 2023.
423 Dazu schon Keßler/Lederer 2012.
424 Zum Prozess der schleichenden Vergangenheitsentledigung der deutschen Linken vgl. Postone 2005, insbes. S. 59–85; jüngst dazu Kraushaar 2023.
425 Baddiel 2021, S. 10.
426 Zur Auseinandersetzung mit diesem bedenklich verkürzten Verständnis von Intersektionalität Stögner 2022.
427 Zu den Auswirkungen der BDS-Kampagne im deutschen Kulturbetrieb siehe Slevogt 2023.

428 Siehe Lenz 2023.
429 Seyla Benhabib bringt das ganze Elend inhaltlich auf den Punkt; vgl. Benhabib 2023.
430 Vgl. Heinze 2023: »Die Gewalt der Hamas ist nicht die revolutionäre Gewalt der Dekolonisierung: Sie ist die Gewalt des Pogroms«.
431 Siehe dazu nur Hartmann/Ebbrecht-Hartmann 2023 und Illouz 2023.
432 Dazu der Bericht von Hartmann 2023.
433 Richter 2023.
434 Dazu grundlegend Krishnan 2023.
435 Pistorius: Wir müssen kriegstüchtig werden, in: Zeit vom 29.10.2023, *https://www.zeit.de/politik/deutschland/2023-10/pistorius-modernisierung-bundeswehr-kriegsgefahr-europa*, abgerufen am 30.11.2023.

SECHSTES KAPITEL

436 Güttler/Ludwig/Schläger/Storks 2023, S. 8f.
437 Dazu schon Kahrs/Lederer 2022, S. 106f.
438 Misik 2003, S. 17.
439 Marx 1962, S. 87, sowie Marx 1968, S. 512.
440 Marx 1962, S. 765.
441 Nur beispielhaft jüngst Brie/Bierbaum 2023 (alle Zitate aus dem Text), unter zustimmender Bezugnahme auf Eifler/Ferschl/Richter 2022.
442 Adorno 1997, S. 172.
443 Benjamin 1980, S. 506.
444 Zum »libertären Autoritarismus« als spätmodernes Phänomen ausführlich Amlinger/Nachtwey 2022.
445 Bierbaum/Brie 2023.
446 Eribon 2016, S. 39.
447 Dazu ausführlich Wright 2023, S. 7–41.
448 Lenger 2023.
449 Oesch 2022, S. 22. In Spanien sank der Anteil der Produktionsarbeiter*innen an der Zahl der Beschäftigten im gleichen Zeitraum von 31 auf 20 Prozent, in Großbritannien von 21 auf 12 Prozent. Wichtig: »Industriearbeiter« ist hier schon im ziemlich weitesten Sinne definiert, meint also nicht nur Fabrikarbeiter*innen, sondern schließt z. B. auch alle Arbeiter*innen in der Land- und Fortwirtschaft, im Baugewerbe und Handwerk – von der Schuhmacherin über den Buchbinder bis zur Fleischerin (im Handwerk natürlich nicht die Meister*innen) –, auch LKW-Fahrer*innen u.s.w. mit ein.
450 Mau/Lux/Westheuser 2023, S. 74.
451 Dazu die Darstellung mit etwas anderer Bezeichnung der Klassen bei Mau/Lux/Westheuser 2023, S. 67.
452 Zahlen von 2015 bei Oesch 2022, S. 22.
453 Oesch 2022, S. 15.
454 Wright 2010, S. 105. Er fährt fort: »Keine dieser Formen von Komplexität innerhalb der Klassenverhältnisse bedeutet, dass Klasse im Leben der Menschen eine geringere Rolle spielt oder die Klassenstruktur in irgendeinem grundlegenden Sinn weniger

kapitalistisch wird. Sie bedeuten lediglich, dass die Strukturveränderungen, die der These von der Verschärfung des Klassenkampfes zugrunde liegen, nicht stattgefunden haben.« [zitiert aus der dt. Übersetzung: Reale Utopien, Suhrkamp 2017, S. 166]

455 Einstein 1949.
456 Marx 1962, S. 664.
457 Siehe *https://de.statista.com/statistik/daten/studie/3212/umfrage/laender-mit-den-meisten-gefangenen-im-jahr-2007/*, abgerufen am 10.12.2023, und zur Elendsverwaltung durch Gefängnisse Waquant 2000.
458 Oesch 2022, S. 16.
459 Postone 2003, S. 279f., Zitat in Anm. 42. Vgl. auch Dörre 2023, S. 44: »Warum ist der Befragte bereit, diese monotone, körperlich enorm belastende Arbeit jeden Tag auszuführen? […] Die Zwänge des Arbeitslebens nimmt der Befragte letztlich vor allem deshalb in Kauf, um in seiner Freizeit, wie er sagt, wirklich frei zu sein.«
460 Vgl. dazu auch Marx 1975a, S. 115.
461 Das Zitat ist eine mündliche Überlieferung von Konstanze Kriese, die Kühnes Vorlesungen an der Humboldt-Universität gehört hat. Einen ähnlichen Hinweis auf Kühnes Äußerungen bietet auch Groschopp 2006, S. 15.
462 Manche behelfen sich, wie Bauer/Bisky 2022 über die Walter-Benjamin-Lecture von Nancy Fraser berichten, mit dem rhetorischen und begrifflichen Kniff, einfach alle gegenwärtigen (gewerkschaftlichen, ökologischen, feministischen, antiimperialistischen, antirassistischen) Kämpfe zu Arbeitskämpfen zu erklären. Darin komme eine »Klasse jenseits der Klasse zur Welt, das heißt ein neues Großsubjekt.« Aber was gewinnen wir damit? Ja, wir verkaufen (fast) alle die Ware Arbeitskraft. Macht uns das empfänglich für postkapitalistische Einstellungen? Die bisherige Geschichte spricht jedenfalls dagegen. Auf mich wirkt das eher wie ein Griff in die Mottenkiste des Traditionsmarxismus, um liebgewonnene Gewissheiten nicht infrage stellen und komplexe, fragmentierte Klassenverhältnisse nicht zur Kenntnis nehmen zu müssen.
463 Siehe diesbezüglich die kritische Würdigung Erik Olin Wrights durch Oliver Nachtwey in Wright 2023, S. 106f. Zur Kritik eines ökonomischen Reduktionismus auch Eagleton 2012, S. 136f.
464 Postone 2003, S. 489.
465 Zum Ganzen Postone 2003, S. 473–492.
466 Wright 2010, S. 106; im Folgenden zitiert nach der dt. Ausgabe, Suhrkamp 2017, S. 167: »Jedenfalls hat die Arbeiterklasse in keiner entwickelten kapitalistischen Gesellschaft die kollektive Fähigkeit entwickelt, die Grundlagen kapitalistischer Macht infrage zu stellen.«
467 Ausführlich dargestellt hat das Piketty 2020, S. 993–1056.
468 Eribon 2016, S. 121.
469 Kahrs 2022, S. 597–599.
470 Aufschlussreich dazu Dörre 2023.
471 Kahrs 2022, S. 599.
472 Cagé/Piketty 2023.
473 Dazu Kahrs/Lederer 2022, S. 105f.
474 Siehe Kahrs 2022, S. 601, anhand von Zahlen, die bis 2017 vorlagen. Das kann sich in den zurückliegenden sechs Jahren im Aggregatzustand der Selbstzerfleischung

noch einmal verändert haben. Spehr 2023 verzeichnet aber eine ähnliche Struktur des Elektorats für die Bremer Bürgerschaftswahl am 14. März 2023.
475 Über 100 Millionäre fordern, härter besteuert zu werden, Business Insider Deutschland vom 21.1.2022, *https://www.businessinsider.de/wirtschaft/finanzen/weil-das-system-gemacht-sei-um-reiche-nur-noch-reicher-zu-machen-ueber-100-millionaere-fordern-haerter-besteuert-zu-werden-a/*, abgerufen am 9.12.2023.
476 Kahrs 2023a, S. 2.
477 Das Monopol auf »vernünftige Politik« reklamiert Wagenknechts Politunternehmen bereits in seinem Namen – »Für Vernunft und Gerechtigkeit«. Auf der Internetseite heißt es: »Wir stehen für eine Rückkehr der Vernunft in die Politik.« Vgl. *https://buendnis-sahra-wagenknecht.de/*, abgerufen am 10.12.2023.
478 Angaben nach Mau/Lux/Westheuser 2023, S. 214f. Mau et. al. arbeiten mit dem oben bereits beschriebenen Klassenschema nach Oesch, so dass sich die Einstellungsmuster klassenspezifisch sehr genau abbilden lassen.
479 Mau/Lux/Westheuser 2023, S. 214. Hier gibt es größere Unterschiede zwischen den Klassen. In den sozio-kulturellen Berufen stimmen dieser Aussage nur ein Viertel zu, bei der Produktionsarbeiter*innen mehr als 50 Prozent (ebenda, S. 215).
480 Mau/Lux/Westheuser 2023, S. 215. Unter den Produktionsarbeiter*innen findet das gut die Hälfte, aber nur weniger als ein Viertel der akademischen Mittelklasse (ebenda, S. 229).
481 Mau/Lux/Westheuser 2023, S. 215 und 242.
482 Mau/Lux/Westheuser 2023, S. 232.
483 Mau 2023.
484 Mau/Lux/Westheuser 2023, S. 238.
485 Mau 2023.
486 Mau/Lux/Westheuser 2023, S. 243.
487 Ausführlicher dazu Dörre 2021b.
488 Mau/Lux/Westheuser 2023, S. 77. Die Polarisierung entlang der Klassenstruktur ist hierbei nicht besonders ausgeprägt. Selbst die Gruppe der »traditionellen Bourgeoisie« (Arbeitgeber*innen, Freiberufler*innen, etwa Notar*innen und Zahnärzt*innen) stimmt mit über 60 Prozent zu (ebenda, S. 79).
489 Mau/Lux/Westheuser 2023, S. 78.
490 Mau/Lux/Westheuser 2023, S. 85.
491 Mau/Lux/Westheuser 2023, S. 77.
492 Mau/Lux/Westheuser 2023, S. 82.
493 Mau 2023.
494 Vgl. dazu Güttler/Ludwig/Schläger/Storks 2023, S. 4, 11 und 20ff.
495 Mau 2023.
496 Neue Studie: Queerfeindlichkeit in Deutschland nimmt rasant zu, in: Queer.de vom 21.9.2023, *https://www.queer.de/detail.php?article_id=47043*, abgerufen am 10.12.2023.
497 Mau/Lux/Westheuser 2023, S. 186.
498 Mau/Lux/Westheuser 2023, S. 203; dazu auch Amlinger/Nachtwey 2022, S. 342ff.
499 Mau/Lux/Westheuser 2023, S. 127. »Heutzutage gibt es zu viele Migranten«, sagen insgesamt 31 Prozent, aber 45 Prozent der Produktionsarbeiter*innen (ebenda, S. 127, 130f.).
500 Mau/Lux/Westheuser 2023, S. 127 und 129.

501 Mau/Lux/Westheuser 2023, S. 156f.
502 Siehe Zick/Küpper/Mokros 2023 sowie Decker/Reimer-Gordinskaya/Pickel 2024.
503 So auch Mau 2022, S. 18.
504 Mau 2023. In diesem Sinne auch Postone 2017. Vgl. hierzu die jüngste Untersuchung von Kiess et. al. 2023, S. 35–43, zu erlebter Handlungsfähigkeit im Betrieb und demokratischen Einstellungen in Ostdeutschland. Die Studie verweist auch auf die Wirkmacht eines sekundären Autoritarismus, der die »nationale Wirtschaft« in Deutschland mit stabilisierender Funktion für die Identität der Einzelnen idealisiert (siehe dazu auch Decker 2023) – eine Form der in die Gegenwart transformierten NS-Ideologie der »Deutschen Arbeit«. Zu Letzterem nur Lelle 2022.
505 Dörre 2021.
506 Vgl. insoweit Wright 2010, S. 123; Honneth 2015, S. 118; Dörre 2021; Hebel 2021; Amlinger/Nachtwey 2022, S. 354.
507 Amlinger/Nachtwey 2022, S. 354.
508 Dörre 2021. Dazu Wright 2010, S. 123: »Gesellschaftliche Ermächtigung meint jedoch mehr als nur die Ermächtigung der Arbeiterklasse und schließt ein breites Spektrum an Verbindungen und kollektiven Akteuren ein, die nicht einfach über ihr Verhältnis zur Klassenstruktur definiert werden. Der Sozialismus, wie er hier verstanden wird, ist daher nicht gleichbedeutend damit, dass die Arbeiterklasse über ihre kollektiven Verbindungen die Produktionsmittel kontrolliert. Gesellschaftliche Ermächtigung über die Wirtschaft bedeutet vielmehr eine umfassende, auf breiter Grundlage aufgebaute Wirtschaftsdemokratie.« [zitiert nach der dt. Übersetzung: Reale Utopien, Suhrkamp 2017, S. 188f.]
509 Einstein 1949 [Übers. d. Verf.].
510 Mau 2022, S. 18.
511 Hebel 2021.
512 Vgl. Marxistisch-feministische Gruppe 2020.
513 Vgl. Christoffers/Holter/Lederer 2013.
514 Bache/Fuchs/Niendel/Tegeler 2023.
515 Siehe Höhn 2022. Die klaffende offene Flanke, für das öffentliche Gut »Sicherheit« im außenpolitischen aktuellen Kontext (nicht nur nach dem russländischen Überfall auf die Ukraine) zum einen die richtigen Fragen zu stellen und zum anderen auch überzeugende Ansätze für eine Antwort zu formulieren, sehen auch Dahme et.al. 2023. Kahrs/Strohschneider 2023a bestehen zurecht darauf, dass Willy Brandts bekannte Äußerung, »ohne Frieden sei alles nichts« nicht zu dem simplen Kurzschluss verführen dürfe, Frieden sei einfach bloß die Kehrseite von Krieg: Er verlange »nach gerechten Verhältnissen, in denen Menschen frei, selbstbestimmt und sicher leben können.« Das ist noch lange nicht mehrheitsfähig in der Partei DIE LINKE.
516 So auch Hebel 2021.
517 Bierbaum/Brie 2023.
518 Vgl. Wright 2010, S. 217–222, Wright 2023, S. 63, Piketty 2016, S. 129, Postone 2003, S. 549, 560 und 563, sowie Postone 2017.
519 Vgl. Lott/Windscheid 2023; zur Verbindung von sozialen und ökologischen Anliegen Frey/Krull 2023.
520 Dazu schon Werner 2015.
521 Siehe nur Wright 2010.

522 So bereits Kahrs/Lederer 2022 und Kahrs 2022.
523 Minkmar 2023.
524 Hebel 2021.
525 Nachtwey 2023.
526 Zum politischen Potenzial des »Linkskonservatismus« Kahrs 2023c.
527 Brie/Schwerdtner 2023 und ähnlich auch Bierbaum/Brie 2023: »Werden wesentliche linke Ansätze dauerhaft ignoriert, zurückgedrängt oder sogar denunziert, ziehen sich deren Anhängerinnen und Anhänger zurück, verlassen die Partei oder es kommt zur Spaltung.« Dieser selbst nicht ganz ohne Denunziationen auskommende Beitrag übersieht geflissentlich das Erscheinen von Wagenknecht 2022 unmittelbar vor einer Bundestagswahl.
528 Im Einzelnen dazu Kahrs/Strohschneider 2023c und Spehr 2023b. Die ausschließliche Fokussierung auf den Nationalstaat schließt jedenfalls jede transnationale Perspektive aus. Die ist aber für eine sozialökologische Transformation unabdingbar, siehe Piketty 2023, S. 63–66.
529 Dazu schon Werner 2015 und jüngst Spehr 2023a.
530 Spehr 2023a.
531 Bislang gehörten Wagenknecht und ihre Anhänger*innen in der PDS und in DIE LINKE zu denjenigen, die eine Regierungsbeteiligung kategorisch abgelehnt haben. Es wird zu beobachten sein, ob die Position, dadurch drohe der »Verlust der Unschuld«, von ihnen so weiterhin aufrechterhalten bleibt.
532 Wright 2023, S. 77
533 Spehr 2023a.
534 Zitiert nach Wolf 2014.
535 Im Einzelnen Wolf 2014.
536 Die erste Regierungsperiode der PDS/DIE LINKE von 2002–2011 in Berlin bilanzieren Holm/Lederer/Naumann 2011 und Wolf 2016.
537 Wright 2023, S. 73.
538 Bierbaum/Brie 2023.
539 Spehr 2023a.
540 Zitiert nach Falkner 2022, S. 71, m.w.N.
541 Lothar Bisky, zitiert nach Falkner 2022, S. 71.
542 Dörre 2021.
543 Dahme et. al. 2023.
544 Bisky 1996, S. 31.

LITERATUR

Adorno, Theodor W., Aspekte des neuen Rechtsradikalismus (Suhrkamp 2019).
Adorno, Theodor W., Aberglaube aus zweiter Hand, in: Soziologische Schriften Band 1 (Suhrkamp 2020)
Altvater, Elmar/Birgit Mahnkopf, Grenzen der Globalisierung. Ökonomie, Ökologie und Politik in der Weltgesellschaft (Westfälisches Dampfboot 2004).
Aly, Götz/Susanne Heim, Vordenker der Vernichtung. Auschwitz und die deutschen Pläne für eine neue europäische Ordnung (Fischer 1993).
Aly, Götz, Hitlers Volksstaat. Raub, Rassenkrieg und nationaler Sozialismus (Fischer 2006).
Aly, Götz, Das Prachtboot. Wie Deutsche die Kunstschätze der Südsee raubten (Fischer 2021).
Aly, Götz, Unser Nationalsozialismus. Reden in der deutschen Gegenwart (Fischer 2023).
Amlinger, Carolin/Oliver Nachtwey, Gekränkte Freiheit. Aspekte des libertären Autoritarismus (Suhrkamp 2022).
Arbeitsgruppe »Neue Verfassung der DDR« des Runden Tisches, Verfassungsentwurf für die DDR (BasisDruck und Staatsverlag der DDR 1990).
Arendt, Hannah, Viva activa oder Vom tätigen Leben (Piper 2002).
Bache, Daniel/Wiebke Fuchs/Bodo Niendel/Maja Tegeler, Zukunft der Linkspartei: Queer geht nur sozial. Was Geschlechtergerechtigkeit und Selbstbestimmung für eine moderne linke Partei bedeuten, in: nd vom 20.6.2023, *https://www.nd-aktuell.de/artikel/1174087.linke-zukunft-der-linkspartei-queer-geht-nur-sozial.html*, abgerufen am 10.12.2023.
Baddiel, David, Und die Juden? (Hanser 2021).
Balzer, Jens, Ethik der Appropriation (Matthes & Seitz 2022).
Bauer, Martin/Jens Bisky, Eine Physiognomik kapitalistischer Arbeit. Bericht zu den »Walter Benjamin Lectures 2022« von Nancy Fraser am 14., 15. und 16. Juni im Berliner Haus der Kulturen der Welt, in: Soziopolis vom 23.6.2022, *https://www.soziopolis.de/eine-physiognomik-kapitalistischer-arbeit.html*, abgerufen am 1.12.2023.
Bebel, August, Die Frau und der Sozialismus (Dietz 1946).
Benhabib, Seyla, An Open Letter To My Friends Who Signed »Philosophy for Palestine«, auf: Medium vom 4.11.2023, *https://medium.com/amor-mundi/an-open-letter-to-my-friends-who-signed-philosophy-for-palestine-0440ebd665d8*, abgerufen am 30.11.2023.

Benjamin, Walter, Das Kunstwerk im Zeitalter seiner technischen Reproduzierbarkeit, in: Walter Benjamin – Gesammelte Schriften Band 1, 2. Teil (Suhrkamp 1980), S. 471–508.

Berlin, Isaiah, Karl Marx. Sein Leben und Werk (Piper 1959).

Besymenski, Lew, Stalin und Hitler. Das Pokerspiel der Diktatoren (Aufbau 2006).

Bierbaum, Heinz/Michael Brie, Zukunft der Linkspartei: Die Klassenfrage ist das Modernste, in: nd Der Tag vom 1.6.2023, *https://www.nd-aktuell.de/artikel/1173708.linkspartei-zukunft-der-linkspartei-die-klassenfrage-ist-das-modernste.html*, abgerufen am 1.12.2023.

Bisky, Jens, Berlin. Biographie einer großen Stadt (Rowohlt 2019).

Bisky, Lothar, Plädoyer für einen libertären Sozialismus, in: Utopie kreativ Heft 63, Januar 1996, S. 21–31.

Bloch, Ernst, Über Karl Marx (Suhrkamp 1968).

Blome, Nikolaus, Linke Fraktion im Bundestag vor der Auflösung: Keine Träne für die Linkspartei, in: Der Spiegel vom 13.11.2023, *https://www.spiegel.de/politik/deutschland/linke-fraktion-im-bundestag-vor-der-aufloesung-keine-traene-fuer-die-linkspartei-meinung-a-23579597-0193-489f-bc60-14bd885960de*, abgerufen am 13.11.2023.

Blume, Horst, Alles grün? Wie Wasserstoffkooperationen der Bundesregierung zu Energie-Kolonialismus führen, in: nd Der Tag vom 22.6.2023, S. 15.

Bobbio, Norberto, Rechts und Links. Gründe und Bedeutungen einer politischen Unterscheidung (Wagenbach 2021).

Bock, Christoph, Gorbatschow hat den berühmten Satz nie gesagt, Die Welt vom 6.10.2014, *https://www.welt.de/geschichte/article132968291/Gorbatschow-hat-den-beruehmten-Satz-nie-gesagt.html*, abgerufen am 7.9.2023.

Bock, Helmut, Freiheit – ohne Gleichheit? Soziale Revolution 1789 bis 1989. Tragödien und Legenden (Karl Dietz 2013).

Brand, Ulrich/Markus Wissen, Imperiale Lebensweise. Zur Ausbeutung von Mensch und Natur im globalen Kapitalismus (Oekom 2017).

Braudel, Fernand, Sozialgeschichte des 15.–18. Jahrhunderts. Der Alltag (Kindler 1985).

Braudel, Fernand, Sozialgeschichte des 15.–18. Jahrhunderts. Der Handel (Kindler 1986a).

Braudel, Fernand, Sozialgeschichte des 15.–18. Jahrhunderts. Aufbruch zur Weltwirtschaft (Kindler 1986b).

Brie, Michael/Ines Schwerdtner, Partei Die Linke: Drei Gespenster gehen um. Für eine konstruktive Erneuerung der Partei Die Linke. Eine Antwort auf Thesen zu einem Neustart der Linken von Mario Candeias, in: nd Der Tag vom 15.8.2023, *https://www.nd-aktuell.de/artikel/1175328.linke-debatte-partei-die-linke-drei-gespenster-gehen-um.html*, abgerufen am 11.12.2023.

Browning, Christopher R., Ganz normale Männer. Das Reserve-Polizeibataillon 101 und die »Endlösung« in Polen (Rowohlt 1996).

Brüning, Elfriede, Lästige Zeugen? Tonbandgespräche mit Opfern der Stalinzeit (Mitteldeutscher Verlag 1990).
Brumlik, Micha, Antisemitismus. 100 Seiten (Philipp Reclam jun. 2020).
Bücker, Teresa, Alle_Zeit. Eine Frage von Macht und Freiheit (Ullstein 2022).
Bühn, Stefanie/Maike Voss, Gutachten Klima und Gesundheit – Auswirkungen auf die Arbeitswelt, Februar 2023.
Cagé, Julia, Rettet die Medien. Wie wir die vierte Gewalt gegen den Kapitalismus verteidigen (C.H.Beck 2016).
Cagé, Julia/Thomas Piketty, Europe's rightward drift is not set in stone: our new research should give hope to the left, in: The Guardian vom 26.9.2023, *https://www.theguardian.com/commentisfree/2023/sep/26/europe-right-research-left-voting-data-julia-cage-thomas-piketty*, abgerufen am 10.12.2023.
Carrington, Damian, Fossil fuels being subsidised at rate of $13m a minute, says IMF, in: The Guardian vom 24.8.2023, *https://www.theguardian.com/environment/2023/aug/24/fossil-fuel-subsidies-imf-report-climate-crisis-oil-gas-coal*, abgerufen am 10.11.2023.
CDU, Zonenausschuss für die britische Zone, Ahlener Programm. Ahlen/Westfalen, 3. Februar 1947 (CDU 1947).
Charbonnier, Pierre, Überfluss und Freiheit. Eine ökologische Geschichte politischer Ideen (Fischer 2022).
Christoffers, Ralf/Helmut Holter/Klaus Lederer, Elemente einer neuen Regional- und Strukturpolitik: Das LINKE-Strukturentwicklungsprogramm einer sozial-ökologischen und demokratischen Entwicklungsperspektive der Regionen, Programmvorschlag vom 26.2.2013.
Conert, Hansgeorg, Vom Handelskapital zur Globalisierung. Entwicklung und Kritik der kapitalistischen Ökonomie (Westfälisches Dampfboot 1998).
Dahme, Katharina/Janis Ehling/Thomas Goes/Inva Halili/Felix Pithan, Widerspenstig, lernbegierig und reformorientiert. Für eine LINKE, die sich neu erfindet, in: Links bewegt vom 29.10.2023, *https://www.links-bewegt.de/de/article/786.widerspenstig-lernbegierig-und-reformorientiert.html*, abgerufen am 1.12.2023.
Davis, Mike, Planet der Slums (Assoziation A 2007).
Decker, Oliver, »Das funktioniert auch ohne Führer«. Andere Länder sind stolz auf die Demokratie, Deutschland auf seine Wirtschaft. Wie Oliver Decker sich und uns den allgemeinen Rechtsruck erklärt, in: Die Tageszeitung taz vom 21.9.2023, *https://taz.de/Rechtsextremismusexperte-ueber-Rechtsruck/!5958358/*, abgerufen am 1.12.2023.
Decker, Oliver/Katrin Reimer-Gordinskaya/Gert Pickel, Der Berlin-Monitor 2023. Berlin in Zeiten multipler Krisen (zu Klampen 2024).
Der Heilige Stuhl, Apostolisches Schreiben Laudate Deum des Heiligen Vaters Papst Franziskus an alle Menschen guten Willens über die Klimakrise, Rom, 4.10.2023.
Deutscher, Isaac, Stalin. Eine politische Biographie (Rowohlt 1992).

Djadda, Hamid, Raus aus der Wohnungsnot. Wie Berlin wieder bezahlbar wird (Erste Sahne 2019).

Dörre, Klaus, Die Utopie des Sozialismus. Kompass für eine Nachhaltigkeitsrevolution (Matthes & Seitz 2021a).

Dörre, Klaus, Schicksalswahl: Alles muss anders werden, ändern soll sich wenig!, in: Jacobin, 13.10.2021 (2021b), *https://jacobin.de/artikel/schicksalswahl-alles-muss-anders-werden-klaus-dorre-bundestagswahl-ampelkoalition-grune-fdp-spd-scholz-bearbock-lindner-klimakrise-neuer-sozialismus*, abgerufen am 29.11.2023.

Dörre, Klaus, Alle reden vom Klima. Perspektiven sozial-ökologischer Transformation, in: APUZ. Aus Politik und Zeitgeschichte 3–4/2022 vom 17.1.2022, S. 4–10.

Dörre, Klaus/Madeleine Holzschuh/Jakob Köster/Johanna Sittel (Hrsg.), Abschied von Kohle und Auto? Sozialökologische Transformationskonflikte um Energie und Mobilität (Campus 2022).

Dörre, Klaus, Grün als Bedrohung: Warum die Klimapolitik die Arbeiter verliert, in: Blätter für deutsche und internationale Politik 6/2023, S. 43–46.

Doll, Nikolaus/Stefanie Bolzen, CSU-Delegation bei DeSantis.»Frei gewählte Abgeordnete brauchen keine grüne Gesprächspolizei«, in: Die Welt vom 10.5.2023, *https://www.welt.de/politik/deutschland/article245233592/CSU-Andreas-Scheuer-bei-Ron-DeSantis-Brauchen-keine-gruene-Gespraechspolizei.html*, abgerufen am 6.12.2023.

Eagleton, Terry, Warum Marx recht hat (Ullstein 2012).

Eifler, Ulrike/Susanne Ferschl/Jan Richter, Die Linke braucht einen Klassenkompass, in: Sozialismus, Heft 12/2022, S. 36–39.

Einstein, Albert, Why Socialism?, in: Monthly Review vom Mai 1949, *https://monthlyreview.org/2009/05/01/why-socialism/*, abgerufen am 15.12.2023.

Engelmann, Bernt, Vorwärts und nicht vergessen. Vom verfolgten Geheimbund zur Kanzlerpartei. Wege und Irrwege der deutschen Sozialdemokratie (Bertelsmann 1984).

Engels, Friedrich, Die Entwicklung des Sozialismus von der Utopie zur Wissenschaft, in: MEW, Band 19 (Dietz 1976), S. 177–228.

Engels, Friedrich, Einleitung zu Karl Marx' »Klassenkämpfe in Frankreich 1848 bis 1850«, in: MEW, Band 22 (Dietz 1977), S. 509–527.

Engels, Friedrich, Brief an Joseph Bloch in Königsberg vom 21. September 1890, in: MEW, Band 37 (Dietz 1978), S. 462–465.

Engels, Friedrich, Brief an Karl Kautsky in Stuttgart vom 5. März 1892, in: MEW, Band 38 (Dietz 1979), S. 287–288.

Engels, Friedrich, Grundsätze des Kommunismus, in: MEW, Band 4 (Dietz 1980), S. 361–380.

Engler, Wolfgang, Die Ostdeutschen als Avantgarde (Aufbau Taschenbuch 2004).

Enzensberger, Hans Magnus, Zur Kritik der politischen Ökologie, in: Kursbuch 33/1973. Ökologie und Politik oder: Die Zukunft der Industrialisierung, S. 1–42.

Eribon, Didier, Rückkehr nach Reims (Suhrkamp 2016).

Euchner, Walter, Friedrich Engels (1820–1895), in: ders. (Hrsg.), Klassiker des Sozialismus. Erster Band. Von Gracchus Babeuf bis Georgi Walentinowitsch Plechanow (C.H.Beck 1991), S. 157–170.

Expertenkommission zum Volksentscheid »Vergesellschaftung großer Wohnungsunternehmen«, Abschlussbericht vom Juni 2023.

Expertenrat für Klimafragen, Stellungnahme zum Entwurf des Klimaschutzprogramms 2023. Gemäß § 12 Abs. 3 Nr. 3 Bundes-Klimaschutzgesetz vom 22.8.2023.

Falkner, Thomas (Hrsg.), Lothar Bisky. Ein politischer Mensch 1941–2013. Lebensweg. Dokumente (Rosa-Luxemburg-Stiftung 2022).

FDP, Freiburger Thesen zur Gesellschaftspolitik der Freien Demokratischen Partei. Beschlossen auf dem Bundesparteitag in Freiburg vom 25.–27. Oktober 1971 (FDP 1971).

Fetscher, Iring, Marx. Eine Einführung (Suhrkamp 2018).

Flavelle, Christopher/Jill Cowan/Ivan Penn, Climate Shocks Are Making Parts of America Uninsurable. It Just Got Worse, in: New York Times vom 31.5.2023, *https://www.nytimes.com/2023/05/31/climate/climate-change-insurance-wildfires-california.html*, abgerufen am 10.11.2023.

Fleury, Cynthia, Hier liegt Bitterkeit begraben. Über Ressentiments und ihre Heilung (Suhrkamp 2023).

Franzen, Niklas, Dürre im Regenwald, in: nd Die Woche vom 21./22.10.2023, S. 23.

Frey, Philipp/Stephan Krull, Die Vier-Tage-Woche als Transformationsprojekt, in: Luxemburg. Gesellschaftsanalyse und linke Praxis (Rosa-Luxemburg-Stiftung 2023), *https://zeitschrift-luxemburg.de/artikel/vier-tage-woche/*, abgerufen am 29.11.2023.

Friedmann, Ronald, Mit dem Degen vorfühlen. Der »Deutsche Oktober« vor 100 Jahren begründete den Mythos um Thälmann, in: nd Die Woche vom 21./22.10.2023, S. 13.

Fritz, Thomas, Bolkesteins Hammer, in: Blätter für deutsche und internationale Politik 2/2005, S. 143–146.

Fukuyama, Francis, Das Ende der Geschichte (Kindler 1992).

Galbraith, John Kenneth, Eine kurze Geschichte der Spekulation (Eichborn 2010).

Gebauer, Thomas, Es wird Zeit für Utopia, in: Frankfurter Rundschau vom 11.1.2019.

Geisel, Eike, Die Wiedergutwerdung der Deutschen. Essays und Polemiken (Edition Tiamat 2015).

Global Monitoring Laboratory. Earth System Research Laboratories, Trends in Atmospheric Carbon Dioxide (9.11.2023), *https://gml.noaa.gov/ccgg/trends/mlo.html*, abgerufen am 9.11.2023.

Gottwald, Gaby, Robert Habeck: Einer gegen alle. Gaby Gottwald über die Kampagne gegen den Bundeswirtschaftsminister, in: nd vom 23.5.2023, *https://www.nd-aktuell.de/artikel/1173441.gruene-robert-habeck-einer-gegen-alle.html*, abgerufen am 9.11.2023.

Graeber, David, Schulden. Die ersten 5.000 Jahre (Klett-Cotta 2011).

Graeber, David, Bullshitjobs. Vom wahren Sinn der Arbeit (Klett-Cotta 2020).

Groschopp, Horst, Auf der Suche nach dem historischen Subjekt für sozialistische Kultur. Erinnerungen an die Arbeiterkulturforschung in der DDR, in: kulturation. Online Journal für Kultur, Wissenschaft und Politik vom 6.3.2006, *http://www.kulturation.de/_bilder/pdfs/2006-03-04_Report_Groschopp_Erinnerung.pdf*, abgerufen am 10.12.2023.

Güttler, Martin/Lina Ludwig/Catrina Schläger/Simon Storks, Mehr Umverteilung wagen. Politische Einstellungen zu Finanzpolitik, Steuern und Gerechtigkeit (Friedrich-Ebert-Stiftung 2023), *https://library.fes.de/pdf-files/a-p-b/20478.pdf*, abgerufen am 27.11.2023.

Haffner, Sebastian, Die deutsche Revolution 1918/19 (Rowohlt 2018).

Hartmann, Andreas, Nahostkonflikt in Berlin. Propaganda mit Spinnerparolen, in: Die Tageszeitung taz vom 24.11.2023, *https://taz.de/Nahostkonflikt-in-Berlin/!5972422/*, abgerufen am 30.11.2023.

Hartmann, Deborah/Thomas Ebbrecht-Hartmann, Essay zum Angriff der Hamas. Einfach weitermachen ist unmöglich, in: Die Tageszeitung taz vom 4.11.2023, *https://taz.de/Essay-zum-Angriff-der-Hamas/!5967960/*, abgerufen am 4.11.2023.

Hartwich, Inna, Russland verbietet LGBT-Bewegung: Homosexualität ist jetzt illegal, in: Die Tageszeitung taz vom 30.11.2023, *https://taz.de/Russland-verbietet-LGBT-Bewegung/!5973323/*, abgerufen am 30.11.2023.

Harvey, David, Siebzehn Widersprüche und das Ende des Kapitalismus (Ullstein 2015).

Harvey, Fiona, US behind more than a third of global oil and gas expansion plans, report finds, in: The Guardian vom 12.9.2023, *https://www.theguardian.com/environment/2023/sep/12/us-behind-more-than-a-third-of-global-oil-and-gas-expansion-plans-report-finds*, abgerufen am 10.11.2023.

Haug, Wolfgang-Fritz/Isabel Monal, Grundwiderspruch, Haupt-/Nebenwiderspruch, in: Wolfgang-Fritz Haug (Hrsg.), Historisch-kritisches Wörterbuch des Marxismus, Band 5 (Argument 2001), S. 1040–1050.

Hebel, Stephan, Merkel. Bilanz und Erbe einer Kanzlerschaft (Westend 2019).

Hebel, Stephan, Emanzipation ist nicht teilbar. Referat auf der Parteivorstandssitzung am 6. November 2021 zum Wahlergebnis der LINKEN bei der Bundestagswahl.

Hedeler, Wladislaw/Horst Schützler/Sonja Striegnitz (Hrsg.), Die Russische Revolution 1917. Wegweiser oder Sackgasse? (Dietz 1997).

Hedeler, Wladislaw (Hrsg.), Stalinscher Terror 1934–41. Eine Forschungsbilanz (BasisDruck 2002).

Hedeler, Wladislaw/Mario Keßler (Hrsg.), Reformen und Reformer im Kommunismus (VSA 2015).

Heinrich, Michael, Karl Marx und die Geburt der modernen Gesellschaft. Biographie und Werkentwicklung. Band I: 1818–1841 (Schmetterling Verlag 2018).

Heins, Volker M./Frank Wolff, Hinter Mauern. Geschlossene Grenzen als Gefahr für die offene Gesellschaft (Suhrkamp 2023).

Heinze, Robert, Was ist Befreiung? Mit dem Angriff der Hamas wurde Dekolonisierung zu einem umstrittenen Begriff, aber hilft er, den neuen Krieg zu verstehen?, in: ak 698 vom 14.11.2023, *https://www.akweb.de/politik/hamas-fanon-streit-um-dekolonisierung-was-ist-befreiung/*, abgerufen am 15.11.2023.

Hengst, Björn/Carsten Volkery, Kurt Becks Arbeitslosen-Schelte. »Waschen und rasieren, dann kriegen Sie auch einen Job«, in: Der Spiegel vom 13.12.2006, *https://www.spiegel.de/politik/deutschland/kurt-becks-arbeitslosen-schelte-waschen-und-rasieren-dann-kriegen-sie-auch-einen-job-a-454389.html*, abgerufen am 30.11.2023.

Hentschel, Karl-Martin, Degrowth Gegenargument. Umbauen statt schrumpfen, in: Die Tageszeitung taz vom 20.2.2023, *https://taz.de/Degrowth-Gegenargument/!5913881/*, abgerufen am 14.11.2023.

Herrmann, Ulrike, Der Sieg des Kapitals. Wie der Reichtum in die Welt kam: Die Geschichte von Wachstum, Geld und Krisen (Westend 2013).

Herrmann, Ulrike, Das Ende des Kapitalismus. Warum Wachstum und Klimaschutz nicht vereinbar sind – und wie wir in Zukunft leben werden (Kiepenheuer & Witsch 2023).

Hickel, Jason, Weniger ist mehr. Warum der Kapitalismus den Planeten zerstört und wir ohne Wachstum glücklicher sind (Oekom 2022).

Hickel, Rudolf, Kapitalfraktionen. Thesen zur Analyse der herrschenden Klasse, in: Kursbuch 24 (Rotbuch 1975), S. 141–152.

Hildermeier, Manfred, Wladimir Iljitsch Lenin (1870–1924), in: Walter Euchner (Hrsg.), Klassiker des Sozialismus. Zweiter Band. Von Jaurès bis Herbert Marcuse (C.H.Beck 1991), S. 27–43.

Hilferding, Rudolf, Das Finanzkapital. Eine Studie über die jüngste Entwicklung des Kapitalismus (Dietz 1955).

Hirsch, Joachim/Bop Jessop/Nicos Poulantzas, Die Zukunft des Staates. Denationalisierung, Internationalisierung, Renationalisierung (VSA 2001).

Hirschel, Dierk, Das Gift der Ungleichheit. Wie wir die Gesellschaft vor einem sozial und ökologisch zerstörerischen Kapitalismus schützen können (J.H.W. Dietz Nachf. 2020).

Hobsbawm, Eric, Das Zeitalter der Extreme. Weltgeschichte des 20. Jahrhunderts (Hanser 1995).

Hobsbawm, Eric, Europäische Revolutionen 1789 bis 1848 (Parkland 2004a).

Hobsbawm, Eric, Das imperiale Zeitalter 1875–1914 (Fischer 2004b).
Hobsbawm, Eric, Globalisierung, Demokratie und Terrorismus (dtv 2009).
Hobsbawm, Eric, Wie man die Welt verändert. Über Marx und den Marxismus (Hanser 2012).
Hobsbawm, Eric, Die Blütezeit des Kapitals 1848–1875 (WBG 2022).
Höhn, Matthias, Europäische Sicherheit organisieren. Eine Debatte über linke Sicherheitspolitik hat endlich begonnen (2022), *https://www.links-bewegt.de/de/article/522.europ%C3%A4ische-sicherheit-organisieren.html*, abgerufen am 10.12.2023.
Höppner, Joachim/Waltraud Seidel-Höppner, Von Babeuf bis Blanqui. Französischer Sozialismus und Kommunismus vor Marx, 2 Bände (Philipp Reclam Jun. Leipzig 1975).
Hodos, Georg Hermann, Schauprozesse. Stalinistische Säuberungen in Osteuropa 1948–54 (LinksDruck 1990).
Hoffmann, Dieter (Hrsg.), Robert Havemann: Dialektik ohne Dogma? (Deutscher Verlag der Wissenschaften 1990).
Holm, Andrej/Klaus Lederer/Matthias Naumann (Hrsg.), Linke Metropolenpolitik. Erfahrungen und Perspektiven am Beispiel Berlin (Westfälisches Dampfboot 2011).
Holz, Klaus, Die Gegenwart des Antisemitismus. Islamistische, demokratische und antizionistische Judenfeindschaft (Hamburger Edition 2005).
Honneth, Axel, Die Idee des Sozialismus. Versuch einer Aktualisierung (Suhrkamp 2015).
Hoppenstedt, Max, Forschung verhindert. X sperrt kritischen Datenanalysten – der wehrt sich vor Gericht, in: Der Spiegel vom 31.10.2023, *https://www.spiegel.de/netzwelt/netzpolitik/elon-musk-x-sperrt-kritischen-datenanalysten-der-wehrt-sich-vor-gericht-a-ca81683c-add4-4d0b-b79a-0a436049d033*, abgerufen am 12.11.2023.
Hüther, Michael, »Die Schuldenbremse ist aus der Zeit gefallen« – Michael Hüther im Interview, ntv, 21.11.23 (2023), *https://www.n-tv.de/politik/Michael-Huether-zur-Schuldenbremse-Wenn-Politik-so-stattfindet-dann-ist-sie-am-Ende-article24545591.html*, abgerufen am 29.11.2023.
Illouz, Eva, Am 7. Oktober hörte das Herz der Linken auf, zu schlagen, in: der Freitag vom 30.11.2023, S. 17.
Inside Climate News, June Extremes Suggest Parts of the Climate System Are Reaching Tipping Points (4.7.2023), *https://insideclimatenews.org/news/04072023/june-extremes-climate-tipping-points/*
IPCC – Zwischenstaatlicher Ausschuss für Klimaänderungen, Klimawandel 2021. Naturwissenschaftliche Grundlagen. Zusammenfassung für die politische Entscheidungsfindung, Beitrag der Arbeitsgruppe I zum Sechsten Sachstandsbericht des IPCC (IPCC 2021).
IPCC – Zwischenstaatlicher Ausschuss für Klimaänderungen, Klimawandel 2022. Folgen, Anpassung, Verwundbarkeit. Zusammenfassung für die politische

Entscheidungsfindung. Beitrag der Arbeitsgruppe II zum Sechsten Sachstandsbericht des IPCC (IPCC 2022a).

IPCC – Zwischenstaatlicher Ausschuss für Klimaänderungen, Klimawandel 2022. Minderung des Klimawandels. Zusammenfassung für die politische Entscheidungsfindung. Beitrag der Arbeitsgruppe III zum Sechsten Sachstandsbericht des IPCC (IPCC 2022b).

Jaeggi, Rahel, Kritik von Lebensformen (Suhrkamp 2014).

Joeres, Annika/Elena Kolb/Justus von Daniels, Schmutzige Rente: Klimaschützer wissen nichts von ihren Investitionen in Gas und Öl, Correctiv vom 27.6.2023, *https://correctiv.org/aktuelles/klimawandel/2023/06/27/schmutzige-rente-klimaschuetzer-wissen-nichts-von-ihren-investitionen-in-gas-und-oel/*, abgerufen am 10.11.2023.

Kahrs, Horst, DIE LINKE und ihre Wählerinnen und Wähler. Eine Geschichte des wechselseitigen Missverstehens?, in: PROKLA 209/Dezember 2022, S. 591–606.

Kahrs, Horst/Klaus Lederer, Überzeugung statt Empörung. Perspektiven für eine progressive Linke, in: Blätter für deutsche und internationale Politik 6/2022, S. 103–112.

Kahrs, Horst, Sozialversicherungspflichtige Beschäftigung von Inländern ohne deutschen Pass. (Statistische) Eckdaten zur Klassenstruktur des Arbeitsmarktes (Rosa-Luxemburg-Stiftung 2023a), *https://www.rosalux.de/fileadmin/rls_uploads/pdfs/sonst_publikationen/2023-11-27_SVB-ohne-deutschen-Pass_Kahrs.pdf*, abgerufen am 10.12.2023.

Kahrs, Horst, Kulturkampf mit Wagenknecht. Zum politischen Potenzial einer linksautoritären Partei, in: Blätter für deutsche und internationale Politik 10/2023 (2023b), S. 69–76.

Kahrs, Horst/Tom Strohschneider, Ein paar Fragen an uns selbst, in: linksdings vom 3.5.2023 (2023a), *https://linksdings.ghost.io/ein-paar-fragen-an-uns-selbst/*, abgerufen am 24.11.2023.

Kahrs, Horst/Tom Strohscheider, Linke Politik? Fürs erste einige Überlegungen, in: linksdings vom 1.11.2023 (2023b), *https://linksdings.ghost.io/linke-politik-planetares-paradigma-furs-erste-einige-uberlegungen/*, abgerufen am 24.11.2023.

Kahrs, Horst/Tom Strohschneider, »Keine eigenen Ziele«: Das BSW und die Klimapolitik, in: linksdings vom 15.11.2023 (2023c), *https://linksdings.ghost.io/buendnis-sahra-wagenknecht-bsw-klimapolitik-programm/*, abgerufen am 1.12.2023.

Kaleck, Wolfgang, Mit Recht gegen die Macht. Unser weltweiter Kampf für die Menschenrechte (Hanser 2015).

Kaleck, Wolfgang, Die konkrete Utopie der Menschenrechte. Ein Blick zurück und in die Zukunft (Fischer 2021).

Kaufmann, Stephan, Vom Zwang zur Innovation. Warum Unternehmen das Veralten ihrer Produkte in die eigene Hand nehmen, in: nd Die Woche, 23./24.9.2023 (2023a), S. 4.

Kaufmann, Stephan, Preis des Reichtums. Wie sich Erträge und Schäden der globalen Erwärmung verteilen, in: nd Die Woche vom 25./26.11.2023 (2023b), S. 5.

Kellermann, Christian/Cornelius Markert, KI in der Arbeitswelt, in: APuZ. Aus Politik und Zeitgeschichte 42/2023 vom 14.10.2023, S. 35–40.

Keßler, Mario, Grenzgänger des Kommunismus. Zwölf Porträts aus dem Zeitalter der Katastrophen (Karl Dietz 2015).

Keßler, Mario/Klaus Lederer, DIE LINKE, Israel und der Antisemitismus: Thema beendet?, in: Angelika Timm (Hrsg.), Die deutsche Linke und der Antisemitismus. Ausgewählte Zeugnisse der Antisemitismusdebatte in der Partei DIE LINKE (Rosa-Luxemburg-Stiftung Tel Aviv 2012), S. 17–38.

Kiess, Johannes/Alina Wesser-Saalfrank/Sophie Bose/Andre Schmidt/Elmar Brähler/Oliver Decker, Arbeitswelt und Demokratie in Ostdeutschland. Erlebte Handlungsfähigkeit im Betrieb und (anti)demokratische Einstellungen, OBS-Arbeitspapier 64 (Otto-Brenner-Stiftung 2023).

Kindsmüller, Werner, Das Trilemma der SPD – Klimaschutz, Wachstum und Wohlstand. Das Ende des fossilen Klassenkompromisses, in: spw 2/2023, S. 60–67.

Kleine, Christoph, Das schwarze Loch der Solidarität, in: ak 694 vom 20.6.2023, https://www.akweb.de/bewegung/das-schwarze-loch-der-solidaritaet-linker-internationalismus-im-ukraine-krieg/, abgerufen am 6.12.2023.

Klemperer, Victor, LTI. Notizbuch eines Philologen (Philipp Reclam jun. Leipzig 1990).

Klopotek, Felix, Sozialisierung ist eine Tätigkeit!, in: nd Die Woche vom 8./9.8.2023, S. 20–21.

Kocka, Jürgen, Geschichte des Kapitalismus (C.H.Beck 2013).

Konicz, Tomasz, Abschottung statt Weltreich, in: Jungle World 46/2023 vom 16.11.2023, S. 18.

Kratzer, Nick, Arbeitsintensität und Arbeitsintensivierung, WSI-Mitteilungen 1/2020.

Kraushaar, Wolfgang, »Latent antisemitischer Denkmuster«. Von Antiimperialismus zum »globalen Süden«: Der Politologe Wolfgang Kraushaar über Verwirrungen linker Theorien, Interview mit Peter Laudenbach, in: Süddeutsche Zeitung vom 16.11.2023, S. 9.

Krishnan, Kavita, Multipolarität – Das Mantra des Autoritarismus, in: emanzipation. Zeitschrift für ökosozialistische Strategie vom 6.1.2023, *https://emanzipation.org/2023/01/multipolaritaet-das-mantra-des-autoritarismus/*, abgerufen am 30.11.2023.

Krüger, Anja, Volker Wissing und der ewige Autobahnwahn, in: Blätter für deutsche und internationale Politik 6/2023, S. 35–38.

Krugman, Paul, Die neue Weltwirtschaftskrise (Campus 2009).

Kuner, Lisa, Die Angst vor der nächsten Flut, in: ND Die Woche vom 28./29.10.2023, S. 14–15.

Kwasniewski, Nikolai, Sojaanbau in Südamerika. Wie der Urwald für deutsches Fleisch gerodet wird, in: Der Spiegel vom 26.3.2018, *https://www.spiegel.de/wirtschaft/sojaanbau-in-suedamerika-entwaldung-fuer-deutsches-tierfutter-a-1199151.html*, abgerufen am 10.11.2023.

Latif, Mojib, »Man muss anerkennen, dass wir jetzt schon in einem anderen Klima leben«. Ein Gespräch über das aktuelle Klimageschehen, Anpassungsmaßnahmen und den demokratischen Dialog darüber, in: APuZ. Aus Politik und Zeitgeschichte 28–29/2023 vom 10.7.2023, S. 4–8.

Land, Rainer, Entwicklung statt Wachstum, in: APuZ. Aus Politik und Zeitgeschichte 3–4/2022 vom 17.1.2022, S. 31–36.

Lazarević, Krsto, Das italienische Modell, in: Jungle World 30/2023 vom 17.7.2023, S. 4.

Lederer, Klaus, Links und libertär? Warum die Linke mit individueller Freiheit hadert, in: Blätter für deutsche und internationale Politik 7/2009, S. 98–107.

Lederer, Klaus, Die Teilprivatisierung der Berliner Wasserbetriebe: Erfolgsmodell oder Abwicklungsfall?, in: Zeitschrift für öffentliche und gemeinwirtschaftliche Unternehmen (ZögU) 2011, S. 444–461 (2011a).

Lederer, Klaus, Ressentiment statt Aufklärung: Die »neue Friedensbewegung« und die Linke, in: Markus Liske/Manja Präkels (Hrsg.), Vorsicht, Volk! Oder: Bewegungen im Wahn? (Verbrecher Verlag 2015), S. 118–127.

Lederer, Klaus, Programmatisch festgefahren. Warum Die Linke sich ändern muss, in: Blätter für deutsche und internationale Politik 1/2011, S. 81–89 (2011b).

Lederer, Klaus, Wie viel Blut klebt an der Kunst? Von der Dekolonisierung der Museen zur Dekolonisierung der Kunst, in: Blätter für deutsche und internationale Politik 1/2019, S. 111–119.

Lelle, Nikolas, Arbeit, Dienst und Führung. Der Nationalsozialismus und sein Erbe (Verbrecher Verlag 2022).

Lenger, Friedrich, Kritische Theorie oder empirieferne Deduktion? Rezension zu »Der Allesfresser. Wie der Kapitalismus seine eigenen Grundlagen verschlingt« von Nancy Fraser, in: soziopolis vom 13.3.2023, https://www.soziopolis.de/kritische-theorie-oder-empirieferne-deduktion.html, abgerufen am 9.12.2023.

Lenin, Wladimir Iljitsch, Der Imperialismus als höchstes Stadium des Kapitalismus. Gemeinverständlicher Abriß (Dietz 1962).

Lenz, Susanne, Klaus Lederer und Lizzie Doron werden niedergebrüllt. Die beiden wollten vor dem Hintergrund der BDS-Kampagne über Boykott sprechen, in: Berliner Zeitung vom 15.9.2018, *https://www.berliner-zeitung.de/archiv/festival-pop-kultur-klaus-lederer-und-lizzie-doron-werden-niedergebruellt-li.1373713*, abgerufen am 30.11.2023.

Leonhard, Wolfgang, Die Revolution entlässt ihre Kinder (Kiepenheuer & Witsch 2019).

Leonhard, Wolfgang/Elke Leonhard, Die Linke Versuchung. Wohin steuert die SPD? (Bebra 2009).

Lichtheim, George, Ursprünge des Sozialismus (Bertelsmann 1969).

Lichtheim, George, Kurze Geschichte des Sozialismus (dtv 1975).

Lipstadt, Deborah, Der neue Antisemitismus (Berlin Verlag 2018).

Lott, Yvonne/Eike Windscheid, 4-Tage-Woche. Vorteile für Beschäftigte und betriebli-che Voraussetzungen für verkürzte Arbeitszeiten, in: Policy Brief 79, WSI 5/2023, *www.wsi.de/fpdf/HBS-008610/p_wsi_pb_79_2023.pdf*, abgerufen am 29.11.2023.

Luhmann, Niklas, Soziale Systeme (Suhrkamp 1984).

Luxemburg, Rosa, Die Akkumulation des Kapitals. Ein Beitrag zur ökonomischen Erklärung des Imperialismus, in: Rosa Luxemburg, Gesammelte Werke, Band 5 Ökonomische Schriften (Dietz 1990).

Luxemburg, Rosa, Zur russischen Revolution, in: Rosa Luxemburg, Gesammelte Werke, Band 4 August 1914 bis Januar 1919 (Karl Dietz 2000), S. 332–365.

Maak, Niklas, Eine deutsche Obsession. Kommt bald ein Hausverbot?, in: FAZ vom 23.6.2023, *https://www.faz.net/aktuell/feuilleton/debatten/wird-bald-das-bauen-von-einfamilienhaeusern-in-deutschland-verboten-18983168.html*, abgerufen am 10.11.2023.

Maier, Charles S., Das Verschwinden der DDR und der Untergang des Kommunismus (Fischer 1999).

Mann, Thomas, Achtung, Europa! Essays, Band 4, 1933–1938 (Fischer 1995), S 165f.

Marx, Karl, Thesen über Feuerbach. Redigiert durch Friedrich Engels, in: MEW, Band 3 (Dietz 1959), S. 533–535.

Marx, Karl, Das Kapital. Kritik der politischen Ökonomie. Erster Band. Nach der vierten, von Friedrich Engels herausgegebenen Auflage 1890, in: MEW, Band 23 (Dietz 1962).

Marx, Karl, Das Kapital. Kritik der politischen Ökonomie. Dritter Band. Nach der ersten, von Friedrich Engels herausgegebenen Auflage 1894, in: MEW, Band 25 (Dietz 1964).

Marx, Karl, Auszüge aus James Mills Buch »Élémens d'éconimie politique«, in: MEW-Ergänzungsband, 1. Teil (Dietz 1968), S. 443–463.

Marx, Karl, Ökonomisch-philosophische Manuskripte, in: MEW-Ergänzungsband, 1. Teil (Dietz 1968), S. 465–588.

Marx, Karl, Der achtzehnte Brumaire des Louis Bonaparte, in: MEW, Band 8 (Dietz 1975a), S. 111–207.

Marx, Karl, Inauguraladresse der Internationalen Arbeiter-Assoziation, in: MEW, Band 16 (Dietz 1975b), S. 5–13.

Marx, Karl, Der Bürgerkrieg in Frankreich, in: MEW, Band 17 (Dietz 1976a), S. 311–365.

Marx, Karl, Die Klassenkämpfe in Frankreich 1848 bis 1850, in: MEW, Band 7 (Dietz 1976b), S. 9–94.

Marx, Karl, Rede auf der Jahresfeier des »People's Paper« am 14. April 1856 in London, in: MEW, Band 12 (Dietz 1977), S. 3f.
Marx, Karl/Friedrich Engels, Manifest der Kommunistischen Partei, in: MEW, Band 4 (Dietz 1980), S. 459–493.
Marx, Karl, Zur Kritik der Hegel'schen Rechtsphilosophie. Einleitung, in: MEW, Band 1 (Dietz 1983a), S. 378–391.
Marx, Karl, Grundrisse der Kritik der politischen Ökonomie (inklusive Einleitung), in: MEW, Band 42 (Dietz 1983b), S. 15–768.
Marx, Karl, Bemerkungen über die neueste preußische Zensurinstruktion/Die Verhandlungen des 6. rheinischen Landtags. Von einem Rheinländer. Erster Artikel. Debatten über Preßfreiheit und Publikation der Landständischen Verhandlungen, in: MEW, Band 1 (Dietz 1983c), S. 3–27/28–77.
Marx, Karl, Interview mit dem Grundleger des modernen Sozialismus. Besondere Korrespondenz der »Tribune«, in: MEW, Band 31 (Dietz 1983d), S. 508–516.
Marx, Karl, Zur Kritik der Politischen Ökonomie, in: MEW, Band 13 (Dietz 1985), S. 7–160.
Marxistisch-feministische Gruppe, DIE LINKE als Partei des Sozialismus im 21. Jahrhundert (2020), *https://strategiedebatte.die-linke.de/beitraege/detail/die-linke-als-partei-des-sozialismus-im-21-jahrhundert/*, abgerufen am 10.12.2023.
Matthiesen, Kai/Judith Muster/Peter Laudenbach, Die Humanisierung der Organisation. Wie man dem Menschen gerecht wird, indem man den Großteil seines Wesens ignoriert (Vahlen 2022).
Mau, Steffen, Der Osten als Problemzone? Eine Skizze zur ostdeutschen Soziopolitik, in: APUZ. Aus Politik und Zeitgeschichte 28–29/2020 vom 6.7.2020, S. 11–17.
Mau, Steffen, Sortiermaschinen. Die Neuerfindung der Grenze im 21. Jahrhundert (C.H.Beck 2021).
Mau, Steffen, Kamel oder Dromedar? Zur Diagnose der gesellschaftlichen Polarisierung, in: Merkur, Heft 874/2022, S. 5–18.
Mau, Steffen, »Wutbürger sollten nicht in Watte gepackt werden.« Gendersternchen, Lastenräder und Klimakleber lassen viele an die Decke gehen. Der Wissenschaftler Steffen Mau behauptet: Gespalten ist die Gesellschaft deshalb noch lange nicht, Interview im Spiegel vom 28.9.2023, *https://www.spiegel.de/kultur/soziologe-steffen-mau-ueber-triggerpunkte-deutschland-ist-viel-weiter-als-seine-debatten-a-93a79a58-dd5d-486d-83d1-105a641d0568*, abgerufen am 30.11.2023.
Mau, Steffen/Thomas Lux/Linus Westheuser, Triggerpunkte. Konsens und Konflikt in der Gegenwartsgeschichte (Suhrkamp 2023).
Mazzucato, Mariana, Das Kapital des Staates. Eine andere Geschichte von Innovation und Wachstum (Campus 2023).
Mihatsch, Christian, Finanzsystem und Klimakrise: Wann kommt der Klima-Finanzcrash? Klima-Experten warnen vor einer neuen Wirtschaftskrise durch die Erderhitzung. Die ökonomischen Modelle würden die Lage

unterschätzen, in: Die Tageszeitung taz vom 3.9.2023, *https://taz.de/Finanzsystem-und-Klimakrise/!5954984/*, abgerufen am 10.11.2023.

Milanović, Branko, Die ungleiche Welt. Migration, das Eine Prozent und die Zukunft der Mittelschicht (Suhrkamp 2020).

Minkmar, Nils, Die Linke in der Krise. Das schönste Versprechen, in: Süddeutsche Zeitung vom 17.8.2023, *https://www.sueddeutsche.de/kultur/linke-wagenknecht-melenchon-krise-herausforderungen-1.6136946?reduced=true*, abgerufen am 1.12.2023.

Misik, Robert, Marx für Eilige (Aufbau Taschenbuch 2003).

Misik, Robert, Ein seltsamer Held. Der grandiose, unbekannte Victor Adler (Picus 2016).

Misik, Robert, Die falschen Freunde der einfachen Leute (Suhrkamp 2019a).

Misik, Robert, Herrschaft der Niedertracht. Warum wir so nicht regiert werden wollen (Suhrkamp 2019b).

Misik, Robert, Das große Beginnergefühl. Moderne, Zeitgeist, Revolution (Suhrkamp 2022a).

Misik, Robert, Putin. Ein Verhängnis. Wie Wladimir Putin Russland in eine Despotie verwandelte und jetzt Europa bedroht (Picus 2022b).

Misik, Robert, Westlicher Selbsthass. Die bittere Wahrheit: Mit der Phrase vom »globalen Süden« kann man auch Putin zum antikolonialen Widerstandskämpfer adeln (2023a), *https://misik.at/2022/07/westlicher-selbsthass/*, abgerufen am 30.11.2023.

Misik, Robert, »Ungeziefer ausrotten«. Die faschistische Radikalisierung schreitet in wahnwitzigem Tempo voran. Wolken aus den 30er Jahren werfen einen Schatten auf die offene Gesellschaft, in: Zackzack vom 30.11.2023 (2023b), *https://zackzack.at/2023/11/22/ungeziefer-ausrotten*, abgerufen am 1.12.2023.

Müller, Heiner, Krieg ohne Schlacht. Leben in zwei Diktaturen. Mit einem Dossier von Dokumenten des Ministeriums für Staatssicherheit der ehemaligen DDR (Kiepenheuer & Witsch 2019).

Münkler, Herfried, Überholen ohne einzuholen. Deutsche Gründungserzählungen im Leistungsvergleich. Blätter-Gespräch mit Herfried Münkler, in: Blätter für deutsche und internationale Politik 1995, S. 1179–1190.

Nachtwey, Oliver, Sahra Wagenknechts Projekt. BRD noir, in: FAZ vom 18.9.2023, *https://www.faz.net/aktuell/feuilleton/debatten/kann-sahra-wagenknecht-die-parteigruendung-gelingen-19180382.html*, abgerufen am 1.12.2023.

Neckel, Sighard, Zerstörerischer Reichtum. Wie eine globale Verschmutzerelite das Klima ruiniert, in: Blätter für deutsche und internationale Politik 4/2023, S. 47–56.

Negt, Oskar, »Humanität setzt Bindungen voraus, die der Kapitalismus zerstört«. Interview mit der Frankfurter Rundschau, in: Frankfurter Rundschau vom 1.8.2019, *https://www.fr.de/kultur/oskar-negt-humanitaet-setzt-bindungen-voraus-kapitalismus-zerstoert-12875293.html*, abgerufen am 10.11.2023.

Neiman, Susan, Von den Deutschen lernen. Wie Gesellschaften mit dem Bösen in ihrer Geschichte umgehen können (Hanser 2020).

Neues Forum, Aufbruch 89 – Neues Forum: Gründungsdokument vom 10.9.1989, *https://www.hdg.de/lemo/bestand/objekt/dokument-aufbruch-89.html*, abgerufen am 8.9.2023; Orthografie von mir korrigiert.

Nisbet, Euan, Rising methane could be a sign that Earth's climate is part-way through a 'termination-level transition' (14.8.2023), https://theconversation.com/rising-methane-could-be-a-sign-that-earths-climate-is-part-way-through-a-termination-level-transition-211211, abgerufen am 9.11.2023.

Oelrich, Christiane, Den Rest des Jahres leben wir auf Pump, in: Welt vom 1.8.2023, *https://www.welt.de/wissenschaft/article246690136/Erdueberlastungstag-Ab-2-August-lebt-die-Menschheit-auf-Pump.html*, abgerufen am 9.11.2023.

Oesch, Daniel, Contemporary Class Analysis (2022), *https://serval.unil.ch/resource/serval:BIB_D5878A27BEAD.P001/REF*, abgerufen am 27.11.2023.

Oschmann, Dirk, Der Osten: eine westdeutsche Erfindung (Ullstein 2023).

Piketty, Thomas, Ökonomie der Ungleichheit. Eine Einführung (C.H.Beck 2016).

Piketty, Thomas, Kapital und Ideologie (C.H.Beck 2020).

Piketty, Thomas, Das Kapital im 21. Jahrhundert (C.H.Beck 2022).

Piketty, Thomas, Eine kurze Geschichte der Gleichheit (C.H.Beck 2023).

Polanyi, Karl, The Great Transformation. Politische und ökonomische Ursprünge von Gesellschaften und Wirtschaftssystemen (Suhrkamp 1978).

Postone, Moishe, Zeit, Arbeit und gesellschaftliche Herrschaft. Eine neue Interpretation der kritischen Theorie von Marx (Ça ira 2003).

Postone, Moishe, Deutschland, die Linke und der Holocaust. Politische Interventionen (Ça ira 2005).

Postone, Moishe, Das war kein Sozialismus. Interview mit Lukas Wieselberg vom 6.11.2017, *https://science.orf.at/v2/stories/2876013/*, abgerufen am 29.11.2023.

Potsdamer Institut für Klimafolgenforschung, Schwindende Widerstandskraft unseres Planeten: Planetare Belastungsgrenzen erstmals vollständig beschrieben, sechs von neun bereits überschritten (13.9.2023), *https://www.pik-potsdam.de/de/aktuelles/nachrichten/schwindende-widerstandskraft-unseres-planeten-planetare-belastungsgrenzen-erstmals-vollstaendig-beschrieben-sechs-von-neun-bereits-ueberschritten-1*, abgerufen am 9.11.2023.

Poulantzas, Nicos, Staatstheorie. Politischer Überbau, Ideologie, Autoritärer Etatismus (VSA 2002).

Preuß, Ulrich K., Revolution, Fortschritt und Verfassung. Zu einem neuen Verfassungsverständnis (Fischer 1994).

Projektgruppe Einwanderung, Konzeption einer linken Flüchtlings- und Einwanderungsgesetzgebung. Vorschlag der Projektgruppe im Auftrag der Linksfraktionen der Landtage Berlin, Brandenburg, Mecklenburg-Vorpommern, Sachsen, Sachsen-Anhalt und Thüringen, Berlin, 29.1.2017.

Qaim, Matin, Eine Welt ohne Hunger bis 2030? Stand und Perspektiven für das Sustainable Development Goal 2, in: APUZ. Aus Politik und Zeitgeschichte 30–32/2023 vom 24.7.2023, S. 20–26.

Rahmstorf, Stefan, Was ist los mit der Atlantikzirkulation? Beitrag vom 25.7.2023 (2023a), *https://scilogs.spektrum.de/klimalounge/was-ist-los-mit-der-atlantikzirkulation/*, abgerufen am 9.11.2023.

Rahmstorf, Stefan, »Es mangelt am Willen« – Klimaforscher Rahmstorf hält 1,5-Grad-Ziel politisch kaum noch für erreichbar, Interview mit Deutschlandfunk, 30.7.23 (2023b), *https://www.deutschlandfunk.de/es-mangelt-am-willen-klimaforscher-rahmstorf-haelt-1-5-grad-ziel-politisch-kaum-noch-fuer-erreichbar-100.html*, abgerufen am 9.11.2023.

Ramelow, Bodo/Ulrike Grosse-Röthig/Christian Schaft, Acht Herausforderungen für ein gutes Leben in Thüringen, Gemeinsame Erklärung vom 15.11.2023.

Rath, Christian, Zum Klimaschutz verurteilt. Die Regierung hat im Bereich Gebäude und Verkehr das Klimaschutzgesetz nicht eingehalten, urteilt das Oberverwaltungsgericht Berlin-Brandenburg. Noch ist das Urteil nicht rechtskräftig, in: Die Tageszeitung taz vom 1.12.2023, S. 3.

Rehm, Miriam/Vera Huwe/Katharina Bohnenberger, Klimasoziale Transformation – Klimaschutz und Ungleichheitsreduktion wirken Hand in Hand. Nachhaltige soziale Marktwirtschaft. Focus Paper #6 (Bertelsmann 2023).

Richter, Peter, Doch kompliziert. Nach einer skandalösen Anti-Israel-Demonstration an der Universität der Künste Berlin engagieren sich nun Studenten gegen antisemitische Ausfälle in postkolonialem Jargon, in: Süddeutsche Zeitung vom 1.12.2023, S. 9.

Rohbeck, Johannes, Grundwissen Philosophie. Marx (Philipp Reclam jun. Stuttgart 2014).

Roser, Max/Esteban Ortiz-Ospina/Hannah Ritchie, Life Expectancy (2019), *https://ourworldindata.org/life-expectancy*, abgerufen am 15.10.203.

Ruge, Wolfgang, Berlin – Moskau – Sosswa. Stationen einer Emigration (Pahl-Rugenstein 2003).

Ruge, Wolfgang, Lenin. Vorgänger Stalins. Eine politische Biografie. Bearbeitet und mit einem Vorwort von Eugen Ruge, herausgegeben von Wladislaw Hedeler (Matthes & Seitz 2010).

Saito, Kohai, Systemsturz. Der Sieg der Natur über den Kapitalismus (dtv 2023).

Salle, Grégory, Superyachten. Luxus und Stille im Kapitalozän (Suhrkamp 2023).

Sander, Hendrik, Linke Wärmewende. Eine sozial-ökologische Klassenallianz für die Wärmepumpe, in: Luxemburg. Gesellschaftsanalyse und linke Praxis (Rosa-Luxemburg-Stiftung 2023), *https://zeitschrift-luxemburg.de/artikel/linke-waermewende/*, abgerufen am 13.11.2023.

Sarotte, Mary Elise, Nicht einen Schritt weiter nach Osten. Amerika, Russland und die wahre Geschichte der NATO-Osterweiterung (C.H.Beck 2023).

Savoy, Bénédicte, Afrikas Kampf um seine Kunst. Geschichte einer postkolonialen Niederlage (C.H.Beck 2021).

Schäfer, Paul, Die Johnson-Legende. Wie der Westen angeblich einen Friedensvertrag verhinderte, in: Blätter für deutsche und internationale Politik 4/2023, S. 97–106.

Schöneberg, Kai, Mögliche Steuerfreiheit für E-Fuels: Lex Porsche. Finanzminister Christian Lindner will die umstrittenen E-Fuels praktisch steuerfrei stellen. Das wäre Klientelpolitik vom Feinsten, in: Die Tageszeitung taz vom 4.9.2023, *https://taz.de/Moegliche-Steuerfreiheit-fuer-E-Fuels/!5955087/*, abgerufen am 10.11.2023.

Schlindwein, Simone, Queer in Uganda: Backlash für die Menschenrechte, in: Blätter für deutsche und internationale Politik 7/2023, S. 33–36.

Schlott, Karin, 2023 sehr wahrscheinlich wärmstes Jahr seit Aufzeichnungsbeginn (8.11.2023), *https://www.spektrum.de/news/2023-sehr-wahrscheinlich-waermstes-jahr-seit-aufzeichnungsbeginn/2197637*, abgerufen am 9.11.2023.

Schmid, Bernhard, Kampf ums kühle Nass. In Frankreich gibt es heftige Auseinandersetzungen über den Umgang mit Wassermangel, in: Jungle World 26/2023 vom 29.6.2023, S. 4.

Schmidt, Ingo, Kampf der Giganten. Von streitbaren Imperialismustheorien, in: Luxemburg. Gesellschaftsanalyse und linke Praxis, Heft 3/2018 (Rosa-Luxemburg-Stiftung 2018), S. 88–95.

Schmidt, Joel, Klimakiller Internet. Industrie, Forschung und Unterhaltung benötigen in der digitalisierten Welt immer mehr Ressourcen. Das führt auch zu einem rasanten Anstieg der Treibhausgasemissionen, in: nd Die Woche vom 26./27.8.2023, S. 4–5.

Schmitt, Peter-Philipp, Eine Welt ist nicht genug, in: FAZ vom 2.8.2023, S. 6.

Schmitz, David, Demo gegen Waffenlieferungen. Von wegen Frieden – Worum es Wagenknecht wirklich geht, Kölner Stadtanzeiger vom 27.11.2023, *https://www.ksta.de/politik/ukraine-krieg/sahra-wagenknecht-kommentar-friedens-demo-berlin-wladimir-putin-ukraine-israel-russland-hamas-parteigruendung-bsw-holodomor-drohnenangriff-1-690928*, abgerufen am 27.11.2023.

Schneider, Ulrich, Armut auf Rekordhoch: Helft denen, die es wirklich brauchen!, in: Blätter für deutsche und internationale Politik 4/2023, S. 41–44.

Schrupp, Antje, Feministischer Sozialismus? Gleichheit und Differenz in der Geschichte des Sozialismus (1999), *https://antjeschrupp.de/feministischer-sozialismus*, abgerufen am 30.10.2023.

Schumpeter, Joseph A., Kapitalismus, Sozialismus und Demokratie (Narr Francke Attempto 2005).

Schwägerl, Christian, Und zwei Prozent retten doch die Welt (26.8.2023), *https://www.spektrum.de/news/klimaschutz-und-zwei-prozent-retten-doch-die-welt/2172312*, abgerufen am 9.11.2023.

Sebag Montefiore, Simon, Stalin. Am Hof des roten Zaren (Fischer 2007).

Seeßlen, Georg, Gesellschaft als Beute. Italien: Ein Lehrstück der Faschisierung in Europa, in: Jungle World 17/2023 vom 17.8.2023, S. 10–11.

Seliger, Berthold, Das Geschäft mit der Musik. Ein Insiderbericht (Edition Tiamat 2015).

Seliger Berthold, Vom Imperiengeschäft. Konzerne – Festivals – Soziales. Wie Großkonzerne die kulturelle Vielfalt zerstören (Edition Tiamat 2019).

Serif, Moritz, »Kulturelle Aneignung«: Weiße Band trägt Rastalocken und spielt Reggae - Veranstalter bricht Konzert ab, in: FAZ vom 27.7.2022, *https://www.fr.de/kultur/gesellschaft/kulturelle-aneignung-konzert-absage-weil-weisse-band-mitglieder-rastalocken-tragen-brasserie-lorraine-91691082.html*, abgerufen am 6.12.2023.

Slevogt, Esther, Kolumne: Aus dem bürgerlichen Heldenleben – Wie die Saat der BDS-Kampagne dieser Tage in Kulturinstitutionen aufgeht. Hässliche alte Welt, in: Nachtkritik vom 28.11.2023, *https://www.nachtkritik.de/kolumnen-esther-slevogt/aus-dem?fbclid=IwARoaZotrQEYlS-bzYBvw6px3vBs3Jw6nTkgByorZuYxjh9oVt3S2PrUDiCgY_aem_AUAnVZ-3XcKW5tFxWYo5_hXHfoSzagn333gKU2YfWgfAgnE8nrWfLJdvbqUISL8R5sw*, abgerufen am 30.11.2023.

Smith, Adam, Der Wohlstand der Nationen. Eine Untersuchung seiner Natur und seiner Ursachen (dtv 2001).

Snyder, Timothy, Der Weg in die Unfreiheit. Russland. Europa. Amerika (C.H.Beck 2018).

Spehr, Christoph, Kein Wunder an der Weser. Die Wahlen in Bremen (und Berlin) vor dem Hintergrund der Strategieentwicklung der LINKEN (2023a), *https://www.rosa-luxemburg.com/news/2023/kein-wunder-an-der-weser/*, abgerufen am 12.12.2023.

Spehr, Christoph, Ein Zug nach Nirgendwo. Sahra Wagenknecht gründet eine Partei. Was für eine Partei wird das? Und wie geht man damit um?, in: scharflinks vom 15.11.2023 (2023b), *https://www.scharf-links.de/news/detail-topnews/ein-zug-nach-nirgendwo*, abgerufen am 1.12.2023.

Stedman Jones, Gareth, Karl Marx. Die Biographie (Fischer 2017).

Steeger, Gesa/Annika Joeres, Klimaschädliche Pensionsfonds: Grüne in Sachsen-Anhalt und Bayern fordern Konsequenzen, Correctiv vom 12.5.2023, *https://correctiv.org/aktuelles/klimawandel/2023/05/12/klimaschaedliche-pensionsfonds-gruene-in-sachsen-anhalt-und-bayern-fordern-konsequenzen/*, abgerufen am 10.11.2023.

Steinhaus, Helena/Claudia Cornelsen, Es braucht nicht viel. Wie wir unseren Sozialstaat demokratisch, fair und armutsfest machen (Fischer 2023).

Steinke, Ronen, Vor dem Gesetz sind nicht alle gleich. Die neue Klassenjustiz (Berlin Verlag 2022).

Steinke, Ronen, Lasst die Flüchtlinge rein! Mehr Zäune, mehr Abschreckung: Die Innenminister der EU planen bei ihrem anstehenden Treffen, das Asylrecht radikal zusammenzustreichen. Sie verletzen damit Menschenrechte.

Und handeln außerdem nicht besonders weitsichtig, in: Süddeutsche Zeitung vom 1.6. 2023, *https://www.sueddeutsche.de/leben/john-rawls-meloni-migrationspolitik-1.5894115*, abgerufen am 10.11.2023.

Stiglitz, Joseph, Die Schatten der Globalisierung (Goldmann 2004).

Stiglitz, Joseph, Im freien Fall. Vom Versagen der Märkte zur Neuordnung der Weltwirtschaft (Siedler 2010).

Stögner, Karin, Intersektionalität und Antisemitismus, auf: Bundeszentrale für Politische Bildung 2023, *https://www.bpb.de/themen/antisemitismus/dossier-antisemitismus/516233/intersektionalitaet-und-antisemitismus/*, abgerufen am 30.11.2023.

Susskind, Jamie, Digital Republic. Warum unsere neue Welt eine neue Ordnung braucht (Hoffmann und Campe 2023).

Techniker Krankenkasse, Gesundheitsreport 2023. Arbeitsunfähigkeiten (TK 2023).

Ther, Philipp, Die neue Ordnung auf dem alten Kontinent. Eine Geschichte des neoliberalen Europa (Suhrkamp 2014).

Thompson, Edward P., Die Entstehung der englischen Arbeiterklasse, 2 Bände (Suhrkamp 1987).

Torsch, Bernhard, Reiche und Wohlhabende wollen kommende Katastrophen in Bunkern überleben. Kämpfen um die letzte Thunfischkonserve, in: Jungle World 26/2023 vom 29.6.2023, S. 6.

Umweltbundesamt, Gesellschaftliche Kosten von Umweltbelastungen, 10.8.2023 (2023a), *https://www.umweltbundesamt.de/daten/umwelt-wirtschaft/gesellschaftliche-kosten-von-umweltbelastungen#gesamtwirtschaftliche-bedeutung-der-umweltkosten*, abgerufen am 31.10.2023.

Umweltbundesamt, Projektionsberichte (integrierte Energie- und THG-Projektionen), 22.8.2023 (2023b), *https://www.umweltbundesamt.de/themen/klima-energie/klimaschutz-energiepolitik-in-deutschland/szenarien-fuer-die-klimaschutz-energiepolitik/integrierte-energie-treibhausgasprojektionen#Berichterstattung*, abgerufen am 10.11.2023.

UNEP, Emissions Gap Report 2023 vom 20.11.2023, https://www.unep.org/resources/emissions-gap-report-2023, abgerufen am 23.11.2023.

Urban, Hans-Jürgen, New Work zwischen Entgrenzung und Empowerment, in: APuZ. Aus Politik und Zeitgeschichte 46/2023 vom 11.11.2023, S. 17–22.

Vinke, Kira, Hitze, Dürre, Krieg. Klimawandel als Sicherheitsrisiko, in: APuZ. Aus Politik und Zeitgeschichte 28–29/2023 vom 10.7.2023, S. 39–44.

Vogel, Hans-Jochen, Mehr Gerechtigkeit! Wir brauchen eine neue Bodenordnung – nur dann wird auch Wohnen wieder bezahlbar (Herder 2019).

Vogel, Jefrim/Jason Hickel, Is green growth happening? An empirical analysis of achieved versus Paris-compliant CO_2–GDP decoupling in high-income countries, *www.thelancet.com/planetary-health* vom 7.9.2023, abgerufen am 23.11.2023.

Von Oertzen, Peter, Karl Marx (1818–1883), in: Walter Euchner (Hrsg.), Klassiker des Sozialismus. Erster Band. Von Gracchus Babeuf bis Georgi Walentinowitsch Plechanow (C.H.Beck 1991), S. 139–156.
Wagenknecht, Sahra, Die Selbstgerechten. Mein Gegenprogramm – für Gemeinsinn und Zusammenhalt (Campus 2022).
Wagenknecht, Sahra, Was man heute noch sagen darf? Shitstorms, Cancel Culture und #allesdichtmachen, in: Bessere Zeiten – Wagenknechts Wochenschau vom 29.4.2021, *https://www.sahra-wagenknecht.de/de/article/3045.was-man-heute-noch-sagen-darf-shitstorms-cancel-culture-und-allesdichtmachen.html*, abgerufen am 6.12.2023.
Wallerstein, Immanuel, Das moderne Weltsystem I. Die Anfänge kapitalistischer Landwirtschaft und die europäische Weltökonomie im 16. Jahrhundert (Promedia 2023a).
Wallerstein, Immanuel, Das moderne Weltsystem II – Der Merkantilismus. Europa zwischen 1600 und 1750 (Promedia 2023b).
Wallerstein, Immanuel, Die große Expansion. Das moderne Weltsystem III. Die Konsolidierung der Weltwirtschaft im langen 18. Jahrhundert (Promedia 2023c).
Wallerstein, Immanuel, Der Siegeszug des Liberalismus (1789–1914). Das moderne Weltsystem IV (Promedia 2023d).
Waquant, Loïc, Elend hinter Gittern (UVK Universitätsverlag Konstanz 2000).
Weber, Claudia, Der Pakt. Stalin, Hitler und die Geschichte einer mörderischen Allianz 1939–1941 (C.H.Beck 2019).
Weber, Hermann/Ulrich Mählert (Hrsg.), Terror. Stalinistische Parteisäuberungen 1936–1953 (Schöningh 1998).
Weiermann, Sebastian, Wagenknecht-Partei: Sozialistische Stiefmütterchen, in: nd Der Tag vom 5.12.2023, *https://www.nd-aktuell.de/artikel/1178231.bsw-wagenknecht-partei-sozialistische-stiefmuetterchen.html*, abgerufen am 5.12.2023.
Wehler, Hans-Ulrich, Entsorgung der deutschen Vergangenheit? Ein polemischer Essay zum »Historikerstreit« (C.H.Beck 1988).
Welzer, Harald, Täter. Wie aus ganz normalen Menschen Massenmörder werden (Fischer 2005).
Werner, Alban, Die Projektionslinke ... oder wieso die deutsche Linke an Barney Stinson erinnert, in: Prager Frühling vom 31.7.2015, *https://www.prager-fruehling-magazin.de/de/article/1236.die-projektionslinke.html*, abgerufen am 1.12.2023.
Wheen, Francis, Karl Marx (Bertelsmann 2001).
Wieters, Heike, Kleine Geschichte des internationalen Kampfes gegen den Hunger, in: APuZ. Aus Politik und Zeitgeschichte 30–32/2023 vom 24.7.2023, S. 13–19.
Witt, Uwe, Kann es nachhaltig umweltverträgliches Wachstum geben? Diskussionspapier für die PDS-Bundestagsgruppe, Bonn, 23.1.1998.

Witt, Uwe, Faktor 37. Die Mär vom nachhaltigen Wachstum, in: Luxemburg. Gesellschaftsanalyse und linke Praxis, Heft 1/2011 (Rosa-Luxemburg-Stiftung 2011), S. 56–61.

Witt, Uwe, Wehtu-Frage: Sind CO_2-Preise Teufelszeug?, in: Luxemburg. Gesellschaftsanalyse und linke Praxis, Heft 2/2021 (Rosa-Luxemburg-Stiftung 2021a), S. 122–129.

Witt, Uwe, Klimaschutz per Gericht. Klagen in Deutschland und den Niederlanden verschieben das Terrain der Kämpfe um Klimagerechtigkeit (Rosa-Luxemburg-Stiftung 2021b), *https://zeitschrift-luxemburg.de/artikel/klimaschutz-per-gericht/*, abgerufen am 13.11.2023.

Witt, Uwe, Wie viel Staat braucht der Energiesektor? Ist Vergesellschaftung immer die beste Antwort? In der Klimapolitik braucht es differenzierte Strategien, in: Luxemburg. Gesellschaftsanalyse und linke Praxis, Heft 1/2022 (Rosa-Luxemburg-Stiftung 2022), S. 88–93.

Wolf, Harald, Der Staat ist kein Fahrrad. Problematiken linker Regierungsbeteiligung, in: Luxemburg. Gesellschaftsanalyse und linke Praxis (Rosa Luxemburg-Stiftung 2014), *https://zeitschrift-luxemburg.de/artikel/der-staat-ist-kein-fahrrad/*, abgerufen am 1.12.2023.

Wolf, Harald, Rot-Rot in Berlin. 2002 bis 2011: eine (selbst-)kritische Bilanz (VSA 2016).

Wright, Erik Olin, Envisioning Real Utopias (Verso 2010).

Wright, Erik Olin, Warum Klasse zählt. Mit einem Nachwort von Oliver Nachtwey (Suhrkamp 2023).

Wurche, Bettina, Die Erhitzung der Ozeane – El Nino im Pazifik und Hitzeanomalie im Nordatlantik. Teil 5 (14.6.2023), *https://scilogs.spektrum.de/meertext/die-erhitzung-der-ozeane-el-nino-im-pazifik-und-hitzeanomalie-im-nordatlantik-teil-5/*, abgerufen am 9.11.2023.

Zick, Andreas/Beate Küpper/Nico Mokros, Die distanzierte Mitte. Rechtsextreme und demokratiegefährdende Einstellungen in Deutschland 2022/23. Hrsg. für die Friedrich-Ebert-Stiftung v. Franziska Schröter (J.H.W. Dietz Nachf. 2023).

Zinke, Guido, Lohnentwicklung in Deutschland und Europa, in: Bundeszentrale für politische Bildung vom 1.10.2020, *https://www.bpb.de/themen/arbeit/arbeitsmarktpolitik/322503/lohnentwicklung-in-deutschland-und-europa/*, abgerufen am 15.12.2023.

Zöttl, Ines, Megafusionen amerikanischer Ölgiganten. Die schmutzige Wette aufs schwarze Gold, in: Der Spiegel vom 2.11.2023, *https://www.spiegel.de/wirtschaft/exxon-und-chevron-megafusionen-amerikanischer-oelgiganten-wette-auf-das-schwarze-gold-a-06e4bb50-3912-4921-a138-81ecbe9e63e1*, abgerufen am 10.11.2023.

Zum Winkel, Detlef, Das nächste Abenteuer. Die Pläne zur Kernfusion beachten die Erfahrungen bei der Nutzung der Kernspaltung nicht, die Komplexität der Technologie wird unterschätzt, in: Jungle World 24/2023 vom 22.6.2023, S. 25–26.

PERSONENREGISTER

B

Baddiel, David 140
Beck, Kurt 133
Benjamin, Walter 72, 146
Berlin, Isaiah 36
Biermann, Wolf 18
Bisky, Lothar 169
Bismarck, Otto von 59
Bloch, Ernst 68
Blüm, Norbert 35
Bolsonaro, Jair 134, 163
Brandt, Willy 193
Breitenbach, Elke 125, 223
Brown, Travis 105

C

Cagé, Julia 154
Chavez, Hugo 115, 166
Corbyn, Jeremy 166

D

Dörre, Klaus 117, 121 f., 161
Doron, Lizzie 140, 207
Du Bois, W. E. B. 136
Duterte, Rodrigo 134

E

Eagleton, Terry 50, 56, 111, 115
Einstein, Albert 151, 161
Elsässer, Jürgen 116
Engels, Friedrich 16, 35 f., 38, 40, 55–57, 60, 83, 177 f.,
Engler, Wolfgang 27
Enzensberger, Hans Magnus 91
Erdoğan, Recep Tayyip 134
Eribon, Didier 153

F

Fanon, Frantz 136
Franziskus 118
Fukuyama, Francis 24

G

Geisel, Eike 32
Gorbatschow, Michail 14, 16
Gramsci 168

H

Haug, Frigga 117
Hebel, Stephan 110, 162 f.
Hegel, Georg Friedrich 53, 57, 147
Herrman, Ulrike 93
Heym, Stephan 18
Hickel, Jason 107
Hirschel, Dierk 125
Hobsbawm, Eric 31, 51, 58, 79
Höcke, Björn 115
Honecker, Erich 16 f.
Honneth, Axel 48
Hume, David 49

K

Kant, Immanuel 49, 114, 116
Kautsky, Karl 56
Keynes, John Maynard 56, 73, 77, 87
Khenin, Dov 169
Kindsmüller, Werner 119
Kipping, Katja 125, 223
Kluge, Alexander 112
Kohl, Helmut 22 f., 32
Kreck, Lena 125, 223
Krieger, Verena 167
Kühne, Lothar 152
Kupferberg, Shelly 140

L

Latif, Mojib 92
Lenger, Friedrich 149
Lenin, Wladimir Iljitsch 14, 63 f., 109
Lindner, Christian 95, 88
Lliuya, Saúl Luciano 97, 115
Ludwig XVI. 50
Luhmann, Niklas 112
Luxemburg, Rosa 28, 63

M

Maak, Niklas 94, 183, 208
Mann, Thomas 7
Marx, Karl 16, 35–45, 48, 52–60, 62–67, 76, 82, 111–114, 133, 144, 148, 151–153
Marx, Reinhard 37
Mau, Steffen 157 f., 160
de Mazière, Lothar 18
Mazzucato, Mariana 127
Merkel, Angela 35
Milanović, Branko 84, 99
Milei, Javier 134
Milk, Harvey 136
Minkmar, Nils 163
Misik, Robert 36, 144, 223
Müller, Heiner 18
Musk, Elon 105

N

Negt, Oskar 103
Neidhard, Wolfram 174

O

von Oertzen, Peter 67
Oesch, Daniel 150
Orban, Viktor 134
Oschmann, Dirk 26

P

Pannach, Gerulf 174
Piketty, Thomas 117, 123, 132, 154
Polanyi, Karl 46
Postone, Moishe 152
Putin, Wladimir 115, 136, 139, 141, 162

R

Ramsauer, Peter 133
Rawls, John 116
Reagan, Ronald 80, 83
Rockström, Johan 90
Rösinger, Christiane 147
Roosevelt, Franklin D. 73
Russwurm, Siegfried 103

S

Saito, Kohei 93
Sanders, Bernie 166
Sargnagel, Stefanie 147
Sarrazin, Thilo 167
Schaible, Jonas 91
Schelsky, Helmut 75
Schöne, Gerhard 14, 220
Schröder, Gerhard 83, 103
Scholz, Olaf 119
Schumpeter, Joseph A. 46
Sinn, Hans-Werner 37
Smith, Adam 49
Spehr, Christopher 167 f., 223
Stalin, Josef 18, 31, 64 f.
Steinke, Ronen 99, 104, 116
Stiglitz, Joseph E. 81, 87

T

Tabb, William 81
Thatcher, Margaret 80, 83, 101
Torsch, Bernhard 98
Trump, Donald 115, 134
Tusk, Donald 168

U

Ullmann, Wolfgang 27

V

Vogel, Hans-Jochen 187
Vogel, Jefrim 119
Voltaire 49

W

Wagenknecht, Sahra 8, 115–117, 121, 137, 156, 164 f.
Weber, Manfred 107
Westerwelle, Guido 86
Wilhelm I. 59
Wowereit, Klaus 167
Wright, Erik Olin 117, 148, 167, 190, 193
Wurche, Bettina 90

DANK

Dass es dieses Buch gibt, verdanke ich dem Vertrauen und der Unterstützung von Gunnar Cynybulk, meinem Verleger und Lektor, und der präzisen und schnellen Arbeit von Sabine Franke in der Korrektur. Ein dickes Dankeschön für Liebe, Hilfe und Verständnis gilt meinem Mann Oskar Lederer. Beim Schreiben haben mich Maria Kanitz, Tobias Rieder, Peter Laudenbach und Bov Bjerg eng begleitet – merci! Für Motivation und Unterstützung bin ich vielen Menschen zu Dank verpflichtet, vor allem aber Daniel Bache, Pieke Biermann, Norbert Bisky, Elke Breitenbach, Heidelinde Elstner, Alexander Fischer, Fabian Grischkat, Horst Kahrs, Wolfgang Kaleck, Alexander Karschnia, Katja Kipping, Stephan Koal, Lena Kreck, Konstanze Kriese, Kristine Listau, Dirk Ludigs, Robert Misik, Thomas Nord, Atif Mohammed Nor Hussein, Luise Neuhaus-Wartenberg, Sabine Ritter, Konrad Schmidt-Werthern, Tobias Schulze, Eva Schwarze-Kahrs, Berthold Seliger, Tom Strohschneider, Christoph Spehr, Jörg Sundermeier, Wolfgang Templin, Sigurt Vitols, Helmut Vollmar und Halina Wawzyniak.